KB059323

세일즈, 말부터 바꿔라

세일즈,
말부터 바꿔라

—— 자꾸만 사고 싶게 만드는 궁극의 세일즈 기술! ——

황현진 지음

비즈니스북스

세일즈, 말부터 바꿔라

1판 1쇄 발행 2017년 8월 25일
1판 19쇄 발행 2024년 9월 26일

지은이 | 황현진
발행인 | 홍영태
편집인 | 김미란
발행처 | (주)비즈니스북스
등 록 | 제2000-000225호(2000년 2월 28일)
주 소 | 03991 서울시 마포구 월드컵북로6길 3 이노베이스빌딩 7층
전 화 | (02)338-9449
팩 스 | (02)338-6543
대표메일 | bb@businessbooks.co.kr
홈페이지 | http://www.businessbooks.co.kr
블로그 | http://blog.naver.com/biz_books
페이스북 | thebizbooks
ISBN 979-11-86805-81-7 03320

비즈니스북스는 독자 여러분의 소중한 아이디어와 원고 투고를 기다리고 있습니다.
원고가 있으신 분은 ms1@businessbooks.co.kr로 간단한 개요와 취지, 연락처 등을 보내 주세요.

이 책을 먼저 읽은 독자들의 뜨거운 반응!

세일즈의 성과는 세일즈맨의 한마디 한마디에 의해 결정된다. 시시각각 변하는 금융 환경과 치열한 업계 간 경쟁으로 인해 세일즈 역량의 중요성은 점점 더 부각되고 있다. 세일즈맨의 말이 다듬어질수록 계약의 타율은 높아진다. 이제 막 세일즈에 발을 들여놓은 사원이든, 베테랑 영업자든 한 단계 더 도약할 수 있는 노하우를 이 책에서 찾을 수 있다.   신한생명 부사장 신환규

'왜 말을 잘해야 할까? 왜 말을 잘하고 싶을까?' 하는 질문에 답을 찾을 수 있는 책! 어떤 곳에서 어떤 일을 하든 진정한 소통과 공감이 필요한 모두에게 진짜 '말하기'를 알려 주는 책을 만나서 반갑다.   메리케이코리아 대표이사 김희나

제4차 산업 시대, 세일즈의 본질은 상품 중심의 '설득'이 아닌 사람 중심의 '설명'이다. 이럴 때일수록 황현진 코치의 세일즈 화법을 배우고 익혀 고객의 마음에 꽂히는 설명이라는 무기를 준비해야 한다. 우리 회사는 황 코치 덕분에 설명을 잘하는 회사가 되었다.   장수돌침대 회장 최창환

업계에 오랫동안 몸담아 왔지만 여전히 세일즈맨에게 가장 큰 고민은 '어떤 말이 고객의 마음을 움직이는가'다. 똑같이 열 명 상담해도 언제나 남다른 성과를 내는 사람들이 있는 법. 이 책에는 고객이 알아서 찾는 영업 고수의 세일즈 화법이 있다. 그야말로 세일즈 언어의 '정석'과 같은 책이다.   AXA손해보험 CCO (본부장) 김재헌

말 한마디로 누군가의 마음을 움직여 지갑을 열게 만드는 세일즈는 그야말로 맨몸으로 에베레스트를 오르는 것처럼 험난하지만 그만큼 아무나 도전할 수 없는 궁극의 비즈니스 영역이라 생각하고 자부심을 가져왔다. 《세일즈, 말부터 바꿔라》는 세일즈맨에게 정상으로 가는 가장 빠른 길을 안내해 주는 네비게이터 같은 책이다.   한샘 KB사업부 이사 김근서

말하기는 목적에 따라 관점이 달라져야 한다. 세일즈는 내가 하고 싶은 이야기가 아닌 고객이 알고 싶어 하는 이야기를 전달할 수 있어야 목적을 달성할 수 있다. 저자는 수많은 경험과 연구에서 체득한 성공 영업의 비밀을 이 책을 통해 구체적이고 명쾌하게 전달하고 있다.

GS칼텍스 영업교육담당 부장 주충일

쉬운 세일즈 언어가 고객의 뇌리에 꽂히는 순간, 고객은 나를 선택한다. 어린아이의 말하기와 같이 더 쉽게, 더 구체적으로 말하는 습관의 중요함을 일깨워 주는 단비 같은 책! 태생이 영업 체질인 사람은 없다. 이 책은 오로지 스킬의 차이임을 명심하게 만들어 준다.

한샘 KB사업부 황선민

세일즈 화법은 나에게 늘 풀리지 않는 숙제였다. '더 좋은 말, 더 쉬운 말, 더 공감되는 말은 과연 무엇일까?'를 늘 고민했다. 황현진 코치는 이 책에서 그에 대한 명쾌한 해결책을 제시해 주었다.

신한생명 실장 김은영

세일즈는 물건을 판다기보다 진심 어린 교감으로 내 사람을 얻는 일이다. 황현진 코치가 알려 주는 세일즈 화술에는 사람을 향한 가치가 담겨 있다.

ING생명 Premiere FC 이승환

우리 회사 보험 설계사들은 황현진 코치를 세일즈 화법의 백종원이라 부른다. 둘의 공통점은 세 가지다. 첫째, 쉽다. 둘째, 나도 할 수 있을 것 같다. 셋째, 해 보니 나도 된다. 《세일즈, 말부터 바꿔라》는 읽고 잊어버리는 책이 아니다. 바로 활용하고 있는 나를 발견할 것이다.

AIG손해보험 교육팀 과장 박미현

황현진 코치가 알려 주는 기술들을 내 세일즈에 적용하자 실적은 두 배가 되고 스트레스는 절반으로 줄었다. 그의 코칭이 없었다면 난 절대 판매왕이 될 수 없었을 것이다.

재규어랜드로버 판매왕 정철학

'쉽게 말하지 못한다는 것은, 곧 모른다는 것이다.' 알고 있어도 고객의 눈높이에 맞춰 설명할 수 없다면 제품의 가치를 고객에게 전달할 수 없다. 세일즈 화법의 답이 담긴 두 번째 책을 내준 황현진 코치에게 무한 감사를 드린다.

메리케이 세일즈디렉터 정진경

영업하는 나 자신을 되돌아보고 다시 생각하는 계기를 만들어 준 책이다. 당신이 세일즈를 업으로 삼고 있는데 최근 자신감이 떨어지고 있다면 저자의 이야기에 귀를 기울여 보라. 새로운 영감을 얻게 될 것이다.

로레알프로페셔널파리 영업부 차장 양승재

에둘러 말하지 않고 콕 집어 시원하게 일러 주는 그의 필력은 매우 탁월하다. 황현진 코치의 세일즈 노하우가 고스란히 담긴 이 책을 우리 회사 직원들에게 꼭 추천하고 싶다.

신세계인터내셔날 인재개발파트 김은경

유통업에서는 찰나의 순간, 무관심한 고객에게 강력한 임팩트로 관심을 이끌어 내야 한다는 말이 있다. 황현진 코치의 '세일즈 말하기' 비법을 통해 고객의 관심 끌기 그리고 성과 연결의 해답을 찾게 되었다.

이마트 인재개발팀 과장 최원준

세일즈 화법을 논하는 책이지만, 누군가를 설득하여 원만한 합의를 이끌어 내야 하는 고민에 놓여 있는 사람이라면 반드시 익혀야 하는 설득의 기술들이 고스란히 담긴 필독서다.

삼성화재 책임연구원 허지영

말하는 방법을 누구에게 배워 본 적이 있는가? 이 책은 비단 세일즈뿐만 아니라 모든 말하기의 '교과서' 같은 책이다. 몇 번이고 정독해서 완전히 내 것으로 만들고 싶다.

삼성화재 주임 김동혁

'설득하지 말고 설명하라. 고객이 납득할 수 있도록.' 이 문장 하나만으로도 저자가 생각하는 세일즈 화법의 방향을 느낄 수 있다. 그가 기업교육 시장에서 최고라 불리는 이유이기도 하다.

지식, 문화 콘텐츠 공유기업 '러닝미' 대표 유영호

저자의 화법은 화법話法이 아니라, 화법畵法에 가깝다. 어려운 것을 쉽게, 복잡한 것을 단순하게, 지루한 것을 재미있게, 말로 '그림'을 그려 준다. 그래서 영업 현장에서 먹힐 수밖에 없다. 그의 화법은 교본의 딱딱한 활자가 아니라 시장의 팔팔한 활어다!

보험대리점 해밀INS㈜ 대표 최은식

저자는 쇼호스트 선배이자 내가 아는 최고의 세일즈 화술 대가다. 저자에게 배웠던 세일즈 화법의 비밀이 이 책을 통해 공개된다고 하니 기쁘기도 하지만 못내 아깝기도 하다. 나만 알고 싶은 세일즈 화법의 비밀이 적나라하게 담겨 있는 책이다.

롯데홈쇼핑 쇼호스트 유형석

쇼호스트로 일하면서도 세일즈 화법은 늘 고민거리였다. 《세일즈, 말부터 바꿔라》는 세일즈 화법의 공식을 간결하게 풀어서 쉽게 떠먹여 주는 책이다. 사람을 얻는 진짜 세일즈맨이 되길 원한다면 이 책에 그 정답이 있다.

CJ오쇼핑 쇼호스트 이승훈

라이프 스타일이 변화하듯, 세일즈 화법에도 변화가 필요한 시대다. 시대를 앞서가는 세일즈 화술의 비법, 그가 제시하는 최신 트렌드의 세일즈 화법이 드디어 공개됐다!　현대홈쇼핑 쇼호스트 현세환

분위기를 띄우는 말솜씨가 부족해서 고민이었다. 이 책에서 말하는 화법은 장황하거나 화려하지 않다. 그러나 담백하게 상품을 설명하면서도 고객의 마음을 사로잡는 기술이 담겨 있다.
　　　　　　　　　　　　　　　　　　　　　　　　　　　　　　한국삼 영업총괄 부장 차익수

당신이 만약 세일즈 화법을 공부하는 '수험생'이라면, 이 책은 당신에게 '수학의 정석'과 같은 책이 되어 줄 것이다. 그러니 가장 잘 보이는 곳에 꽂아 두고 매일 들여다봐야 한다.
　　　　　　　　　　　　　　　　　　　　　　　　　　　　신한카드차투차 영업팀장 유제훈

어느 날 판매 사원에게서 연락이 왔다. "황 코치님께 배운 세일즈 화법을 적용해 그대로 설명했어요. 순간 고객이 고개를 끄덕이고, 단번에 구입하더라고요." '참 좋은 제품인데 쉽게 설명할 방법을 모르겠다'고 생각한다면 이 책을 추천한다.
　　　　　　　　　　　　　　　　　　　　　　　　　　　　㈜불스원 ISM 부장 김현호

세일즈 화법을 잘 구사하기란 너무 어렵다. 하지만 황현진 코치의 방법은 쉽다. 그리고 누구나 쉽게 효과적으로 활용 가능하다. 대한민국 최고의 화법 코치 황현진의 세일즈 화법은 제약업계에서도 통한다는 걸 몸소 체험했다.
　　　　　　　　　　　　　　　　　　　　　　　　　　　　한독 해외영업실 대리 원지민

'치료'의 시작과 끝은 '말하기'다. 이 책은 세일즈를 말하지만 말하기의 본질을 꿰뚫고 있다. 환자와 '무엇'을 '어떻게' 말할지 항상 고민하는 의사들이 꼭 읽어야 하는 책.
　　　　　　　　　　　　　　　　　　　　　　　　　　　　대한여자치과의사회 공보이사 정유란

전직 쇼호스트이자 세일즈 코치인 그의 영업기밀, 이렇게 만천하에 공개해도 되는 걸까? 진료는 의사에게, 약은 약사에게, 세일즈 스피치는 황현진에게.
　　　　　　　　　　　　　　　　　　　　　　　　　'세상을 바꾸는 시간 15분' 스피치코치 이민호

보험영업 현장에서 10년간 연구원으로 강의하며 수많은 세일즈맨들을 만났다. 성공하는 세일즈맨들의 공통점 중 하나는, 그들이 하는 말이 남들과 다르다는 것이다. 놀랍게도 이 책엔 그런 공통의 노하우가 알토란처럼 담겨 있다. 세일즈맨이여, 지금 당장 말부터 바꿔라!
　　　　　　　　　　　　　　　　　　　　　　　　　《착한보험레시피70》 저자 박용제

세일즈는 '말빨'이 아니다. '스킬'skill이다. 그래서 배울 수 있고 훈련할 수 있다. 이 책은 저자가 세일즈 현장에서 입증한 고급 스킬들로 가득 차 있다. 더 이상 말뿐인 세일즈에 머물고 싶지 않다면, 세일즈의 스킬을 제대로 배우고 싶다면 당장 이 책을 읽어야 한다.　　　　　　　　삼성전자 세일즈 강사 김광영

탁월한 짜임새를 갖춘 저지의 세일즈 코칭은 늘 나를 감탄하게 만든다. 그는 쉽고, 과하지 않으면서도 즉시 활용 가능한 세일즈 화술만을 알려 준다. 이 책의 문장 하나하나가 당신의 뭉쳐있는 세일즈 근육을 꾹꾹 시원하게 풀어 줄 것이다.　　　　　　삼성전자 디지털플라자 부점장 장흥민

대한민국 대표 세일즈 강사로서 전국을 누비는 그의 두 번째 책이 나왔다. 설득과 스피치에 대한 강의를 의뢰받는 나에게 이 책은 없어서는 안 될 '교과서'다.　　　　　　　　　　KBS 아나운서 심인보

이 책은 강렬한 힘이 있다. 그럼에도 한없이 친절하다. 그의 세일즈 코칭은 이동통신 분야에서도 빛을 발한다. 고객과 진심으로 소통하는 말하기의 핵심을 꿰뚫고 있는 책이다.
　　　　　　　　　　　　　　　　　　　　　　　　　　　　SK텔레콤 매니저 선우의성

황현진 코치가 알려 주는 세일즈 화법들은 나의 세일즈 커리어를 한 단계 업그레이드시켜 주었다. 오래도록 금융 상품을 세일즈해 왔고 말하는 것에 도가 텄다고 생각했는데 그건 나의 착각이었다. 이책에서 새로운 아이디어를 무궁무진하게 얻었다.　　　　　　　　성남중앙신협 주임 이기쁨

B2C, B2B를 총망라하여 교육 업계에서 일하는 분들에게 사이다 같은 책이다. 황현진 코치가 짚어주는 세일즈 화법의 포인트를 꼭 얻어 가길!　　　　　　　파고다교육 평생교육팀 대리 이초롱

세일즈맨에게
가장 강력한 무기

인간은 관계의 동물인지라 '말'은 삶의 필수요소다. 관계를 맺고 유지하는 모든 활동에 '말'이 있기 때문이다. 세일즈를 업으로 삼고 있는 사람이라면 이 말을 더욱 깊게 이해할 것이다. 세일즈는 고객과 관계를 맺고 유지하는 데서 성공이 판가름 나기 때문이다. 그런데 많은 사람들이 유독 '세일즈맨의 말하기'는 색안경을 끼고 본다. 왜 그럴까?

이 질문의 시작은 내가 홈쇼핑 쇼호스트로 일할 때로 거슬러 올라간다. 당시 나는 주어진 시간 내에 고객들을 설득하여 최고의 매출을 기록해야 했다. 고객을 설득하기 위해 나는 여러 가지 방법을 강구했고, 그것을 표현하기 위해 여러 가지 시도와 노력을 거듭했다. 그런데 이상하게도 내가 애써서 설득하려 할수록 방송을 보는 고객과 주변인들의 반응은 시원치 않았다. 심지어 마치 내가 약장수라도 된 것처럼 내가 하는 말은 무조건 믿을 게 못된다며 상품을 보기도 전에 거부감부터 갖는 사람도 있었다. 애초에 무언가를 사게 만드는 사람에 대해 갖는 당연한 의심이나 거부감이겠거니 생각했다. 그때까지만 해도 내 세일즈 화법에 문제가 있다는 생각은 전혀 하지 못했다.

시간이 지나 그 문제의 본질적 이유가 내 화법에 있었음을 깨달은 것은 아주 의외의 상황에서였다. 하루는 딸아이가 뭔가를 잘못했다. 그날따라 아이를 타이르는 아내의 모습을 유심히 관찰했다. 아내는 딸 아이에게 '설득' 아닌 '설명'을 하고 있었다.

"그런 행동을 하면 이러저러해서 좋지 않은 거야. 이렇게 행동하면 이런저런 면에서 아주 좋지."

평소의 나라면 '그 행동을 해서는 안 된다, 이렇게 행동해야 한다'고 '설득'하고 그 설득을 주입하려 했을 텐데, 아내는 인내심을 갖고 차근 차근 설명을 했다. 딸이 엄마의 말을 모두 이해했는지는 잘 모르겠다. 그러나 분명한 것은 딸은 엄마의 설명을 듣고 나서 만족스런 표정을 지 었으며 연신 고개를 끄덕였다는 것이다. 충분히 '납득'했다는 표시였 다. 이때 깨달았다. 나의 일방통행식 설득은 마음의 벽을 맞고 튕겨 나 왔지만 아내의 소통식 설명은 스펀지처럼 잘 흡수된다는 것을, 그리고 이 대원칙은 세일즈 화법에서도 마찬가지였다는 것을 말이다.

그제야 쇼호스트 시절 '반드시 고객을 설득하고야 말겠어'라고 욕심 을 부리며 방송에 임할 때보다 '고객에게는 이 상품이 생소할 거야. 잘 설명해야지'라는 마음으로 임했을 때 더 좋은 결과를 냈던 기억을 떠 올렸다. 결국 고객의 의심이나 거부감은 고객을 설득해 상품을 팔겠다 는 내 오만한 화법에서 비롯됐던 것이었다. 물론 설명이 빨리 가는 지름길이 아닐 수는 있다. 하지만 좀 더 인내하면서 고객을 배려하고 헤아리면 똑똑한 고객은 스스로 판단하고 알아서 찾아온다. 이것이 바로 세일즈 화법의 정수다.

어설픈 설득은 의도와는 달리 관계의 독으로 작용하는 경우가 많다. 다시 한 번 강조하지만 그저 고객이 당신의 제안을 납득하도록 설명하면 된다. 설명만 잘해도 설득이 가능하다. 이것이 바로 세일즈 화법을 논하는 이 책을 집필하게 된 가장 큰 계기다.

그렇다면 무작정 설명한다고 상대방이 납득을 할까? 물론 그건 아니다. 설명에도 기술과 방법이 필요하다. 그것을 알아내기 위해 수많은 서적과 논문을 탐독했고 지난 경험들도 되짚어 보았다. 꽤 많은 날을 고민하고 연구하면서 점차 '이렇게 하면 되겠지' 싶던 막연함에서 벗어나 세일즈 화법의 기술과 방법을 정리하게 됐다.

여기 담긴 내용이 당신을 주눅 들게 할 만큼 거창한 것은 아니니 지레 겁먹지 않길 바란다. 사실 이미 많은 세일즈맨이 일상생활에서든 사회생활에서든 고객을 매일 만나며 나름의 설명 스킬을 축적했을 것이다. 다만 알고 있지만 약간의 스킬 부족이나 습관화된 매너리즘, 또는 바쁜 일상에 떠밀려 실천하지 못하고 있을 뿐이다. 이 책이 그런 부분을 실천으로 이어지게 건드려 줄 것이다.

환자에게 설명을 잘하는 의사는 명의로 불린다.
학생에게 설명을 잘하는 교사는 존경을 받는다.
부하에게 설명을 잘하는 상사는 리더십을 인정받는다.

국민에게 설명을 잘하는 정부는 국민의 신뢰를 얻는다.

서로에게 설명을 잘하는 부부는 다투지 않는다.

아이에게 설명을 잘하는 부모는 공감을 얻는다.

친구에게 설명을 잘하는 친구는 인기가 많다.

상대의 입장에서 보면 설득은 '당하는' 것이지만, 설명은 '제공받는' 것이다. 그렇기에 설명에는 호소력이 있고 그것은 상대의 마음을 여는 열쇠로 작용한다. 그리고 비즈니스의 성공을 불러 온다.

세일즈도 마찬가지다. 고객의 이해와 납득을 얻어내는 말하기 능력이야말로 세일즈 세계에서 성공하기 위한 가장 큰 요소다. 아무리 자기 분야에서 전문성을 인정받고 남보다 몇 배로 노력할지라도 고객을 납득시키는 말의 힘이 부족하면 성공하기가 어렵다. 그런데 그것을 간과하는 세일즈맨이 너무도 많다. 실제로 세일즈 코치로서 수많은 세일즈맨들을 만나며 듣게 되는 가장 안타까운 말은 바로 이것이다.

"세일즈는 발로 하는 거야. 이번 달 말까지만 눈 딱 감고 구두 뒷굽이 닳아 없어질 정도로 움직여 봐! 그러다 보면 언젠가 장밋빛 미래가 펼쳐 질 거야."

물론 틀린 말은 아니다. 같은 상품을 판매하는 세일즈맨이라 하더라도, 하루에 열 명의 고객을 만나는 이와 백 명의 고객을 만나는 이의 성과는 다를 것이다. 발로 뛰며 많은 고객을 만나니, 많은 기회를 얻게 되는 것 역시 어찌 보면 당연한 이치다. 하지만 스마트 시대가 원하는 스마트한 세일즈맨의 모습은 아니다. 타석에 얼마나 많이 들어섰는지가 당신의 평가기준이 되어서는 안 된다. 문제는 타율이다. 정교하지 않은 방망이를 들고 매번 타석에 들어서는 타자는 그저 야구 선수일 뿐, 절대 많은 연봉을 받지는 못한다. 녹슨 면도날로 하루 세 번 죽어라 면도해 봐야 수염이 깎이기는커녕 피부만 상한다.

기회가 부족하다고 탓하지 마라. 지금 당신에게 필요한 건 단지 수많은 기회가 아니다. 하루 한 번의 기회가 주어진다 해도, 그 기회를 실적으로 연결시킬 정교한 방망이가 없으면 소용없다. 지금 당신에게 필요한 건 날카롭게 선 면도날이다. 제발 출전 회수로 자위하는 타자가 되지 마라. '타율'로 입증하는 타자가 되어야 한다.

하루에 한 명의 고객만을 만나더라도 실적으로 연결시킬 수 있는 핵심은 바로 당신의 말, 즉 설명해내는 힘이다. 그리고 그것이 프로세일즈맨의 세일즈 화법이다. 말씀 '설'說 밝을 '명'明이라는 설명의 의미 그대로 '말'로써 당신의 상품과 서비스에 담긴 진짜 가치를 밝혀야 한다. 선택권은 고객에게 있다. 그저 당신의 메시지가 고객의 뇌리에 확 꽂힐 수 있도록 잘 설명하면 된다. 그게 이 시대가 원하는 스마트 세일즈맨이다.

오늘도 당신의 고객은 정보와 광고의 홍수 속에서 헤엄치느라 헐떡이고 있다. 우리가 하루에 1,500개의 광고를 봐도 인지하는 것은 그중 70여 개, 기억하는 것은 고작 10개에 불과하다는 연구 결과처럼 고객의 머릿속에 모든 정보를 전할 수 없다. 지금은 뇌리에 팍 꽂히는 것만 살아남는 세상이다. 결국 전하고자 하는 메시지가 고객의 뇌 속 깊은 곳까지 파고들 수 있도록 당신의 화법을 날카롭게 다듬어야 한다.

지금부터 그 이야기를 시작해 보자. 이 책을 덮는 순간까지 나는 당신과 당신이 설득하려 하는 그 '님'에 대해 고민할 것이다. 당신이 세일즈맨이라면 그 '님'은 당신의 고객이 될 것이다. 당신이 세일즈 업무를 담당하는 사람이 아니라도 상관없다. 사실 비즈니스 세계에 있는 사람이라면 누구나 직장 동료나 상사, 부하직원, 배우자, 연인, 부모, 자녀, 학생, 환자, 클라이언트 등 각자의 '님'이 존재하니까 말이다.

불현듯 한 편의 영화 제목이 생각난다. '님은 먼 곳에.'

자, 이제 그 '님'을 향한 말의 세레나데를 고민해 보자.

2017년 7월, 제주에서

황현진

차례

제1장
그 고객은 왜 사지 않았을까

당신의 말을
점검하라

운동을 열심히 해서 근육을 키우듯, 세일즈 화법도 노력하면 힘을 기를 수 있다. 그리고 힘이 생긴 세일즈 화법은 고객과 통할 수 있게 만들어 준다.

혹시 당신의 세일즈 화법이 고객에게 정말 통하는지 테스트해 본 적이 있는가? 없다면 지금 당신의 세일즈 화법이 어느 정도 수준인지 테스트해 보도록 하자. 너무 심각하게 정답을 맞히기 위해 몰입할 필요는 없다. 다만 테스트를 해 보면 내가 내 화법의 힘을 기르기 위해 얼마나 더 노력해야 하는지 판단하기는 수월해질 것이다.

일단 상황을 가정해 보자. 당신은 지금 모 대학에 다니는 대학생으로, 의미 있는 대학생활을 위해 교내 신문사에서 기자로 활동하는 중이다. 그런데 어느 날 학교 홍보팀에서 교내 신문에 실어 달라며 보도자료 하나를 넘겨 주었다. 보도자료의 내용은 아래와 같다.

보도자료

날짜: 2018년 9월 5일 (수)

배포처: 한국대학교(서울 종로구 소재) 홍보팀

내용: 하단 참조

오늘 한국대학교 총장 황현진은 다음 주 수요일(9월 12일) 한국
대학교의 전 교수 및 교직원이 부산에서 열리는 새로운 교수법
세미나에 참가할 것이라고 발표했다. 이 세미나에는 국내 최고
의 인류학 권위자인 원시인 박사, 자기 주도 학습 분야의 전문가
홍자서 박사 등이 주요 강연자로 참석할 예정이다. 본 세미나를
진행하기 위해 총 2억 3천여 만 원의 예산이 투입될 예정이며,
이는 국내 대학에서 진행한 교수법 세미나 중 역대 최대 규모다.
황 총장은 이번 세미나를 계기로 한국대학교에 국내 대학을 넘
어선 세계 최고 수준의 교육 프로그램이 도입되기를 기대한다
고 밝혔다.

　같은 보도자료를 받아도 그 자료를 보고 멋진 제목(헤드라인, 표제)
을 뽑아내는 것은 전적으로 기자의 몫이다. 앞서 가정했듯 당신은 지
금 교내 신문사 기자로 활동하는 중이기에, 위의 보도자료를 보고 멋
진 제목을 뽑아내야 한다. 몇 번을 되풀이해서 읽어도 좋다. 단, 충분히
고민해서 구독자의 눈을 확 끌어당길 만한 제목을 뽑아 보라.
　어쩌면 당신은 다음과 같은 제목을 뽑았을지도 모른다.

- 세계 최고 수준의 교육 프로그램 도입!

- 한국대, 국내를 넘어 세계로!

- 역대 최대 규모 세미나, 부산에서 진행!

- 국내 최고의 인류학 권위자, 한국대에 뜨다!

- 역대 최대 규모 돈 잔치, 우리의 등록금은 어디로?

이 테스트에는 맞고 틀리고가 없다. 당신은 분명 최선의 노력을 다했을 것이고, 기자의 관점에서 '이 정도면 독자의 시선을 확 끌어당길 수 있을 거야'라고 생각하며 제목을 뽑았을 것이다.

강의를 하다가 청중에게 이 테스트를 하면 같은 조직에서 같은 일을 하는 사람들도 저마다 다른 시각으로 제목을 뽑아낸다. 앞서 말했듯 정답이 있는 것은 아니지만 중요한 전제, 즉 구독자의 관심을 끌어당겨야 한다는 전제는 꼭 충족시켜야 한다. 이를 위해서라면(세일즈맨으로서 고객의 관심을 끌어 당겨야 한다면) 남들과는 차별화된 시각으로 보도자료를 바라보는 것이 좋다.

자, 이런 헤드라인은 어떤가?

'다음 주 수요일 휴강!'

교내 신문의 주요 구독자는 학생이다. 즉 이 기사의 '고객'은 학생이므로 제목에서부터 그들이 볼 수밖에 없도록 시선을 사로잡아야 한다. 보도자료의 내용을 학생(고객)의 관점에서 다시 한번 읽어 보라. 일단 서울에 있는 대학이다. 대학의 전 교수와 교직원이 날을 잡아 부산으로 떠난다고 한다. 만약 정해진 날에 약속대로 세미나가 열린다면 '학생'(고객)들에게는 어떤 일이 일어날까? 앞서 뽑았던 거창한 제목들도 매우 훌륭하다. 하지만 구독자(고객)가 가장 주목할 만한 제목은 결국 '다음 주 수요일 휴강!'이 아닐까?

세일즈 화법도 마찬가지다. 분명 이 기사를 읽도록 설득하는 사람은 '기자'지만, 그 말을 듣고 마음을 열어야 하는 주인공은 '학생'이다. 다시 말해 세일즈맨인 당신은 고객의 관심을 끌고 마음을 움직여야 한다. 내가 말을 유창하게 하고, 투박하게 하고는 크게 중요하지 않다. 아무리 청산유수처럼 말을 쏟아 내도 정작 고객의 마음을 움직이지 못하면? 그 점수는 빵점이다.

성과로 이어지지 못하는 세일즈 화법은 그저 사실 전달에 그치는 경우가 많다. 반면 성과로 이어지는 세일즈 화법엔 내가 고객에게 전달하고 싶어 하는 '정보'가 스며들어 있다. (사실이 아닌, '정보'라고 말한 것을 기억하라. 정보란 있는 그대로의 사실에 의미가 더해져야 비로소 가치가 생긴다.) 결국 세일즈 화법이란, 사실 전달만으로는 부족하다. 고객은 분명 사실을 넘어선 정보(사실을 통해 자신이 얻게 될 의미)를 원하기 때문이다. 실컷 말했는데 고객의 입에서 "아이고, 의미 없다."라는 말이 나오면 얼마나 맥이 빠지겠는가!

당신이 고객에게 소개하는 상품과 서비스는 이미 존재하는 것이다. 당신이 제품 개발자가 아닌 이상, 그걸 뒤집어엎을 수는 없다. 다만 당신의 세일즈 화법을 가다듬어 고객이 얻을 수 있는 것을 명쾌하게 밝혀서 납득시켜야 한다. 이를 위해서는 나 중심의 설명이 아닌 고객 중심의 설명을 해야 한다. 수박 겉핥기식 세일즈 화법은 그저 내 입만 아프다. 그리고 고객의 귀는 피곤할 뿐이다. 수박 겉핥기식 메시지는 브로 슈어로 충분하다. 당신의 화법은 그 수박의 속을 떠먹이는 행위다. 그게 진짜 세일즈 화법이다.

제1장

그 고객은 왜
사지 않았을까

고객의 마음은
고객도 모른다

자신도 모르게 거짓말을 한 소비자들로 인해 의욕적으로 출발한 지 17개월 만에 폐간된 월간 여성지가 있었다.《마리안느》라는 이 잡지는 기존 잡지에 만연해 있던 섹스, 루머, 스캔들에서 벗어나(3무無) 진정 유익한 정보를 전해 주기 위해 창간된 여성지였다. 이 잡지는 출간 전부터 큰 화젯거리였다. 그 이유는 신선한 창간 취지는 물론, 사전에 대규모 소비자 설문조사를 벌여 큰 관심을 받았기 때문이다.

"만약 섹스, 루머, 스캔들 따위가 판치는 기존 잡지에서 벗어나 여성들에게 유익한 내용으로 알차게 구성한 잡지가 나온다면 당신은 사 보실 의향이 있습니까?"

이 질문에 놀랍게도 95퍼센트 이상의 소비자가 '그렇나'는 응답을 했다. 하지만 무섹스, 무루머, 무스캔들을 표방한 이 잡지는 창간 17호 만에 폐간되는 수모를 겪었다. 이유는 무엇이었을까? 가장 큰 원인은 설문조사에 응한 소비자들의 '거짓말' 때문이었다.

소비자들은 "섹스, 루머, 스캔들 관련 기사가 나오면 저도 모르게 눈이 가요."라는 참말 대신, 남들에게 보이고자 하는 이상적인 자기 모습 속 자아가 시키는 대로 거짓말을 한 것이었다. 한마디로 자신의 속마음을 무시하고 사회에서 무난하게 통용되는 응답을 했던 것이다.

"섹스, 루머, 스캔들 따위가 없어도 사 볼 거예요!"

결국 도덕적 기준이나 사회적 가치를 의식한 거짓 자아가 솔직해야 할 설문조사를 방해하고 만 것이다.

쇼호스트로 근무할 당시, 참 많은 상품군들을 다루었다. 농담처럼 '집하고, 사람하고, 여자 속옷'을 빼고 어지간한 상품은 다 팔아 봤다고 할 정도였으니 말이다. 다양한 상품의 방송을 준비하며 가장 신경 썼던 부분은 '무엇'을 팔 것인가보다 '누구'에게 팔 것인가였다.

남성용 팬티는 남편에게 팔아서는 안 된다. 어차피 홈쇼핑의 주 고객층은 아내이기 때문이다. (통상적으로 홈쇼핑에서 주 타깃층으로 삼는 고객은 40대 중후반 기혼 여성이다. 홈쇼핑을 유심히 보면 그녀들이 저녁 반찬을 고민할 즈음 고등어 방송을 한다. 그녀들이 침대에 들기 전 화장대 앞에 앉을 즈음 기초 화장품을 방송한다. 모든 방송 편성 시간대가 그녀들의 삶의 패턴에 맞춰져 있다고 해도 과언이 아니다.) 아내에게 남편의 팬티를 팔 땐, 절대 섹시한 디자인으로 승부해서는 안 된다. 차라리 잘 마르는 소재가 주는 편리함(잘 마르니 편하다), 빨래 갤 때 발견된 남편 빤쓰(?)의 구멍(남편 빤스 구멍 정도는 눈여겨보는 현명한 아내의 센스)을 이야기해야 팔린다. 100만 원이 넘는 학습지를 팔 때도 아이를 고객으로 생각해서는 안 된다. 그 아이를 자녀로 둔 엄마가 진짜 고객이다. 어르신들을 위한 마사지 기계를 팔 때도 어르신을 고객으로 생각해서는 안 된다. 친정 엄마 생각에 가슴 뭉클해지는 딸이 진짜 고객이다.

겉으로 드러난 섹시함만이 팬티의 세일즈 포인트가 아니듯, 당신의 세일즈도 반지르르한 겉포장에만 치중해서는 안 된다. 진짜 고객이 정작 듣고 싶어 하는 재료를 철저히 파헤쳐서 발견해야 한다.

짐작과 단정은 고객과 '통'하는 세일즈를 가로막는 첫 고비다. 나를 제외한 모든 사람, 즉 친구, 직장 동료, 상사, 고객, 심지어 가족까지도 내 마음과 같을 수는 없다. 설마 당신이 당신 머릿속에 떠오른 생각을 말하면 고객이 그 생각을 그대로 복제Copy할 것이라고 기대하는가? 그건 절대 불가능하다. 아예 있을 수도, 믿을 수도 없는 일이다. 차라리 당신의 귀에서 코피Copy가 난다는 말을 믿는 게 더 현실성 있다.

내 마음도 모르는데 고객의 마음을 어찌 알까

당신이 세일즈에 실패하는 가장 큰 이유는 내 마음 같지 않은 고객이 내 마음과 같을 거라 짐작하고 단정을 내리기 때문이다. 아무리 가까워도 마음이 통하기는 어렵다. 실제로 우린 오랜 세월을 함께한 배우자와도 하루가 멀다 하고 갈등을 빚기 일쑤다.

성공적인 세일즈를 기대한다면 고객과 마음이 일치하기를 바라지 마라. 이건 헛된 욕심일 뿐이다. 그저 세상에 흩뿌려진 유전자만큼이나 사람의 마음이 다양하다는 것을 인정하고, 그 퍼즐을 맞춰 나가는 게 속 편하다. 서로 다른 지점에서 출발한다는 사실을 있는 그대로 인정하라. 고객과 진심으로 통할 수 있다는 착각을 버려라. 그리고 고객에게 다가가야 한다.

소위 '먹히는' 세일즈 멘트를 하고 싶다면 그 이전에 먼저 고객이 진짜로 듣고 싶어 하는 내용을 발견하기 위해 노력해야 한다. 그래야 고객의 감정을 공략해, 마음을 휘어잡는 설명을 할 수 있다.

다음의 이야기는 똑같은 상황을 두고 세입자와 집주인의 마음이 어떻게 다른지 잘 보여 준다. 이것은 맞다, 틀리다의 문제가 아니다. 그저 '같은' 상황을 바라보는 시각이 '다른' 것뿐이다.

세입자: 물가가 많이 올랐는데 집세까지 오르면 곤란해.

집주인: 물가가 많이 올랐으니 집세 좀 올려야겠군.

세입자: 집을 고쳐 주지도 않고 너무 무신경하네.

집주인: 집을 너무 험하게 쓰는군. 주의를 줘야겠어.

세입자: 비슷한 집을 더 싸게 빌려 주는 사람이 얼마나 많은데.

집주인: 비슷한 집을 더 비싸게 빌리는 사람이 얼마나 많은데.

세입자: 지내기가 어떤지 한번도 묻지 않네. 세입자에게 너무 무심하군.

집주인: 세입자의 사생활을 존중해 줘야지. 괜히 불편하다고 할 수 있을 테니.

'내 마음 나도 몰라'라는 노래 가사처럼 우리는 남의 마음은커녕 자기 마음도 잘 모르는 게 현실이다. 그러므로 항상 잘 듣고 고객과 마음의 거리를 좁힌다는 자세로 겸손하게 설명해야 한다. 완벽한 마음의 일치? 불가능하다. 다만 맞춰 갈 뿐이다.

설득하지 말고 설명하라

학창 시절, 흩날리는 분필가루에도 아랑곳하지 않고 열변을 토하던 수학 선생님의 설명을 제대로 이해하지 못해 쩔쩔맸던 일이 있지 않았는가. 열정을 다해 설명하시던 선생님, 그분의 목에 불끈 튀어나온 핏줄에게 미안해서라도 당연히 수학 문제를 잘 풀어야 하는데 실은 그렇지 못했던 기억이 있다. 그런데 재밌게도 그 쩔쩔매는 문제에 대해 옆자리에 앉은 짝꿍에게 설명을 들으면 막혀 있던 변기가 뚫리듯 시원하게 머릿속에 들어오곤 했다.

그렇다고 짝꿍이 선생님보다 더 실력이 좋아서 그런 것은 절대 아니었다. 사실 짝꿍 역시 조금 전까지만 해도 이해를 못 해 쩔쩔매던 학생이었다. 선생님의 설명이 어렵게만 느껴졌던 건, 단지 선생님이 지식의 저주에 걸려 자기 관점에서만 설명하는 바람에 알아듣기가 힘들었던 것뿐이다.

'지식의 저주'라는 말을 들어 보았는가? 서던캘리포니아 대학의 어빙 비더만Irving Biederman 교수는 현대인이 '지식 중독'으로 고생한다고 말했다. 비더만에 따르면 인간의 뇌에는 지식을 습득했을 때 사세직으로 보상을 제공해 기쁨을 선사하는 시스템이 있다고 한다. 물론 끊임없이 새로운 정보를 무의식적으로 추구하는 현상을 비판하기 위해 이런 말을 하는 것은 결코 아니다. 다만 이런 지식 중독 현상이 자칫 지식의 저주로 변질될 수도 있기에 노파심에서 주의를 당부하는 것이다. 지식의 저주란, 무언가를 알고 난 뒤 그걸 알기 이전의 느낌이 어땠는지 잊어버리는 현상을 말한다. 수학 선생님이 학생들에게 이렇게 말하는 것처럼 말이다.

"이걸 몰라? 이 정도도 이해가 가지 않아? 이건 당연히 이거지! 쏼라, 쏼라…." (학생들은 하나둘씩 수포자[수학 포기자]가 되어 간다.)

그런데 방금 전까지만 해도 함께 쩔쩔매던 짝꿍은 선생님과는 다른 설명을 한다. 대단한 개념과 공식을 들먹이지 않는다. 귀에 쏙쏙 들어오게끔 쉬운 말로 설명해 준다. 짝꿍 역시 선생님의 어려운 설명이 얼른 귀에 들어오지 않아 쩔쩔맸었기 때문에 내 상황을 누구보다 잘 안다.

고객이 인식하는 수준을 정확히 파악하고 거기서부터 출발하는 설명이야말로 세일즈 화법에 있어 최고의 전략이다. 옛말에 '개구리 올챙이 적 생각 못 한다'는 말이 있다. 당신은 개구리지만 고객은 아직 올챙이다. 고객이 아무리 많이 배운 지식인이어도, 설사 박사님의 할아버지여도 내 상품과 서비스에 대해서는 내가 더 전문가다. 올챙이를 앞에 두고 개구리의 관점에서 설명하면 안 된다. 올챙이에게 설명할 때는 나역시 올챙이가 돼야 한다.

언젠가 한 손해보험사의 보상 담당자들을 위한 교육 과정을 개발한적이 있다. 그들은 보험사를 대표해서 교통사고 피해자와 원만한 합의를 이끌어 내기 위해 고군분투한다. 당신이 한번이라도 교통사고 피해자가 된 적이 있다면 아마 이들을 만나 봤을 것이다. 당시 나는 교육 과정을 개발하기 위해 보상 담당자들을 따라다니며 그들이 실제 현장에서 피해자들과 합의하는 과정을 수차례 관찰했다. 원만한 합의를 방해하는 요인은 꽤 여러 가지였지만, 그중에서도 내가 가장 주목한 것은 바로 지식의 저주였다.

보상 담당자들은 '호의동승', '자배법', '과실상계' 등 일반인들이 생전 처음 들어 봤음직한 어려운 용어를 아무렇지 않게 마구 사용하고 있었다. 합의 상대인 피해자가 아무리 학식이 있는 사람이라 해도 교통사고와 관련된 전문용어까지 두루 꿰고 있긴 힘들지 않을까? 뒤로 넘어져도 코가 깨질 만큼 재수가 없기로서니 한평생 살면서 교통사고를 대체 몇 번이나 겪어 봤을까?

그런 상대에게 나만 아는 어려운 용어로 설명하는 것은 오히려 혼란만 부추기는 꼴이다. 아무리 설명을 들어도 납득이 가지 않는데 어떻게 기꺼이 합의서에 사인을 할 수 있겠는가? 흔히 하는 '내가 알면 상대방도 알 거다'라는 생각의 오류, 이것은 어디까지나 착각에 불과하다.

'아닌데? 내가 만났던 고객들은 내가 종종 어려운 용어를 섞어 가며 유창하게 설명해도 다 고개를 끄덕이며 알아듣던데?'라고 생각하는가? 미안하지만 그건 정말 알아서 고개를 끄덕이는 게 아니다. 그저 아는 '척'하는 것뿐이다. 그러니 절대 고객의 아는 '척'에 속지 마라. 무엇을 상상하든 당신이 소개하는 상품과 서비스에 있어 고객의 수준은 당신이 상상하는 그 이하이다.

물론 더러는 고상한 단어가 전달력이 더 강한 경우도 있다. 가령 추리닝을 저지로, 내복을 히트텍으로, 쫄쫄이를 레깅스로, 팬티를 드로즈로, 바지를 슬랙스로, 운동화를 스니커즈로 표현하면 단어 자체가 상품의 격을 높여 주는 느낌을 전할 수도 있다. 하지만 이런 경우가 아니라면? 지식의 저주는 한낱 저주일 뿐이다.

보험 설계사들을 대상으로 강연을 할 때에도 가장 강조하는 것이 '지식의 저주' 타파다. 놀랍게도 일반 고객은 '보험료'와 '보험금'의 차이조차 명확히 구분하지 못하기 때문이다. (비슷한 말 같지만 보험료는 보험에 가입해서 매달 내는 돈을 말하고, 보험금은 사고가 났을 때 보험사로부터 받는 돈을 의미한다.) 사실 보험회사 직원이 아니라면 이 말장난 같은 용어 차이에 굳이 신경 쓸 필요는 없기 때문이다.

가령 "의자란 무엇입니까?"라는 고객의 질문을 받았을 때, 세일즈맨인 당신은 어떻게 설명할 수 있을까? 이 질문을 받고 의자의 역사부터 의자의 상징적 의미, 디자인의 변천사, 세계 여러 나라에서의 의자의 역할 등 의자의 실체와 전혀 상관없는 것을 떠올리며 어떻게 하면 멋지게 대답할지 고민해서는 안 된다. 고객은 절대로 당신이 팔고자 하는 진짜 의자를 떠올릴 수 없다. 오히려 다음과 같이 기본에 충실한 메시지가 보다 구체적으로 의자를 설명해 준다.

"의자란 네 개의 다리가 달려 있고 나무나 플라스틱, 또는 철제로 만듭니다. 그 위에 엉덩이를 걸치고 앉아서 쉬면 몸이 편안해집니다."

세일즈 화법은 당신의 할머니를 떠올리며 구사해야 한다. 할머니께 설명하듯 구체적이고 정성스럽게 해야 한다. 다시 한번 강조하건대, 어머니가 아닌 할머니다. 가급적 쉬운 용어를 골라 친절하고 구체적으로 설명하라. 당신의 상품과 서비스를 팔고 싶은가? 고객이 누구든 그렇게 설명해야 한다.

소크라테스는 이렇게 말했다.

"타인과 대화할 때는 타인의 경험에 비춰 말해야 한다. 예를 들어 목수와 대화할 때는 목수가 쓰는 용어를 써야 한다."

상대의 눈높이에 초점을 둔 설명이야말로 세일즈 화법이 가야 할 궁극의 방향이다. 만약 당신이 고객의 눈높이를 생각한다면 분명 이런 결론에 도달할 것이다.

'설명하라! 처음 본 것처럼.'

'설득하라! 처음 안 것처럼.'

쉬운 '말'이
멀리 간다

습관이라는 녀석만큼 무서운 것도 없다. 아무렇게나 뒤집혀 거실에 널브러져 있는 양말을 보며 아내가 불같이 화를 낸다. 한두 번이야 정신 바짝 차리고 세탁기에 집어넣지만 조금만 긴장의 끈을 풀면 또다시 불같은 아내의 잔소리(?)를 피하기 어렵다. 세일즈 역시 마찬가지다. 정신 바짝 차리지 않으면 '지식의 저주'라는 못된 습관은 또다시 당신의 발목을 잡는다. 그러므로 한번 풀려났다고 안심하고 있어서는 안 된다. 오늘 지식의 저주를 풀어내고 세일즈를 잘 마무리했다 해도 내일 다시 발목이 잡힐 수도 있다. 다이어트의 주적이 냉장고라면 설명의 주적은 바로 지식의 저주다. 지식의 저주로 인해 눈앞의 고객을 고생시키고 있지는 않은지 늘 돌아봐야 한다.

로널드 레이건의 유능한 보좌관이던 페기 누난Peggy Noonan은 문장 및 연설문 작성 기술에 관해 다음과 같이 말했다.

"우리는 위대한 연설가가 될 필요는 없다. 무엇보다 중요한 것은 자신에게 어울리는, 자신만의 어조가 필요하다는 점이다. 당신의 표현법이 당신보다 거창해서는 안 된다."

질병을 초기에 휘어잡지 못하면 나중에 걷잡을 수 없이 심각해지듯, 지식의 저주도 얼른 벗어나지 않으면 설명을 가로막는 무시무시한 고질병이 되고 만다.

내가 고상하면 고객이 고생한다

세일즈 화법과 관련해서 고질병이라 부를 만한 것 중 하나가 바로 '고상병'이다. 고상병이란 쓸데없이 '고상'하게 말하려다 오히려 고객의 납득이 불가능해지고 마는 심각한 난치병이다. 지식의 저주가 '상대가 잘 모르는 것을 모르게 만드는 것'이라면, 고상병은 '상대가 잘 아는 것조차 모르게 만드는' 무서운 질병이다.

이 책에서 우리가 함께 고민하는 것은 바로 고객의 뇌리에 꽂히는 쉬운 세일즈 화법, 즉 설명이다. 아무리 생소한 상품과 서비스라 하더라도 고객이 잘 알게끔 설명을 잘해야 한다.

이쯤에서 설명과 지식의 저주, 일반어와 고상병의 차이를 간단하게 짚어 보자.

- 설명: 상대가 잘 모르는 것을 알게 해 주는 행위
- 지식의 저주: 상대가 잘 모르는 것을 모르게 만드는 행위
- 일반어: 상대가 잘 아는 것을 알게 만드는 행위
- 고상병: 상대가 잘 아는 것조차 모르게 만드는 치명적 행위

고객과 겪게 될 최악의 문제는 보통 고상병 때문에 생긴다. 아는 것조차 모르게 만드는 고상병 때문에 설명은커녕 고객과의 불통으로 고통을 겪는다. 당신이 세일즈맨이라면 반드시 명심해야 할 금쪽같은 문장이니 가슴 깊은 곳에 콱 새기시라. '내가 고상하면, 상대는 고생한다.'

상사가 고상하면, 부하직원이 고생한다.

부하직원이 고상하면, 상사가 고생한다.

강사가 고상하면, 교육생이 고생한다.

의사가 고상하면, 환자가 고생한다.

엄마가 고상하면, 자녀가 고생한다.

그래서일까, 세일즈맨이 고상하면? 고생은 전적으로 고객의 몫이다. 고상병을 그냥 내버려 두면 조만간 절대 치료할 수 없는 병으로까지 악화된다. 그 병에 더 고상한 이름을 붙여 봤다. '엘레강스병.'

수많은 기업과 세일즈맨들을 코칭하다 보면 쓸데없이 엘레강스하게 자신을 돋보이고자 애쓰는 사람을 만나기도 한다. 그리고 이들은 늘 치명적인 실수를 범한다. 예를 들어 백화점의 수입 화장품 코너에 갔다

고 가정해 보자. 판매 직원의 설명이 그야말로 지나치게 엘레강스해서 제대로 알아듣기가 쉽지 않다.

"리치하고 집중적인 이 젤은요, 천연성분인 스윗아몬드와 맥아 오일 그리고 살구 오일이 첨가돼 있답니다. 그래서 환경으로부터 보호하기 위한 방벽 작동을 합니다."

여기까지만 들으면 '먹는 건가?' 싶기도 하다.

"게다가 피부를 위한 에너지 미러클 브로스가 어웨이크닝 퍼먼트 그리고 일루미네이팅 퍼먼트와 만나 손상의 징후를 개선한답니다."

판매 직원은 계속해서 열심히 설명한다. 고객은 잘 알아듣는 듯 고개를 끄덕인다. 3미터 정도 떨어져서 그 광경을 바라보면 멋져 보인다. 마치 설명만 끝나면 고객이 당장이라도 신용카드를 꺼낼 분위기다. 그런데 정작 판매 직원의 설명이 끝나면 고객은 미련 없이 자리를 뜬다. "네, 좋아 보이네요. 좀 더 돌아보고 올게요."라는 안타까운 말을 남긴 채 말이다. 도대체 뭐가 문제였을까? 고개까지 끄덕이며 모두 수긍하는 듯한 모습을 보이더니 어째서 그냥 돌아선 것일까? 왜? 왜!

판매자와 고객의 속마음을 들여다보자.

판매 직원

'그냥 이렇게 말하라고 교육을 받았으니 말하고 있지만, 나도 내가 뭐라고 말하는지 잘 모르겠다. 어쨌거나 그래도 눈앞에 있는 고객이 고개를 끄덕이는 걸 보니 뭘 알아듣긴 하는가 보군. 그럼 됐지 뭐. 근데 진짜 사려나?'

'도대체 뭐라고 하는 건지 하나도 알아듣지 못하겠네. 그래도 백화점까지 와서 모르는 티를 내면 창피하니까 그냥 아는 척 고개라도 끄덕이자. 이게 대체 뭐라고 설명이 이렇게 장황한 건지. 비싸긴 또 더럽게 비싸네.'

잘 알면 쉽게 말할 수 있다

쇼호스트로 근무하던 시절, 난 한없이 착한 천사표 선배였다. 하지만 내가 유독 독사로 변해 후배에게 독기를 뿜을 때가 있었다. 바로 아끼는 후배가 고상병(엘레강스병) 초기로 의심할 만한 증상을 보일 때였다. 후배는 여성용 흰색 꽃무늬 티셔츠를 판매하면서 이렇게 말했다.

"고객님! 젠 스타일의 모던한, 그러면서도 아이보리 플라워 프린트 패턴을 믹스 매치해 더욱 화려하면서도 부해 보이지 않죠?"

이건 조사만 빼면 도대체 어느 나라 말인지조차 모를 정도다. 그냥 "흰색 꽃무늬가 있어서 더 예쁘고 날씬해 보입니다." 하는 정도만 말해도 충분하지 않을까? 굳이 '젠 스타일, 모던, 패턴, 믹스 매치, 부해 보이다'와 같은 국적 불명의 엘레강스한 언어로 고객을 고생시킬 필요가 있었을까?

그렇다고 내가 외래어를 혐오하는 것은 아니니 오해는 마시라. 전문 분야에서 구체적인 의미 전달과 업무의 효율을 꾀하다 보면 어쩔 수 없이 외래어를 사용해야만 할 때도 있다. 그러나 티셔츠가 4차 산업혁명을 진두지휘할 정도로 대단한 기술 집약적인 상품은 아니지 않나? 알아듣기 쉽게 전달할 수 있음에도 불구하고, 굳이 고상한 척 어려운 말을 골라 쓰는 것은 어디까지나 못된 고정관념일 뿐이다. 그냥 '젖꼭지'라고 하면 그만인 것을 우리는 굳이 멋지게 설명하려 한다.

"수컷에게는 흔적으로 남아 있지만 암컷의 성체에서는 잘 발달해 유아가 유즙乳汁을 빨아먹기에 알맞게 된 부위를 일컫는다. 인간의 경우 유방의 중앙에 있는 원주상의 융기물로, 남성은 제4늑간강第四肋間腔이나 제4늑골 또는 제5늑골 위에 있다. 여성의 경우 반구상半球狀으로 융기된 유방의 중앙에서 약간 아래쪽에 있으며 그 높이는 제4늑간강이나 제5늑골 위에 위치해 있다."

젖꼭지는 그냥 젖꼭지라고 설명해야 알아먹는다.

1만 시간 넘게 '말'로 먹고살며 고민한 끝에 내가 깨달은 소중한 교훈은 이것이다. '쉽게 말하지 못한다는 것은, 곧 모른다는 것이다!' 진짜 제대로 알면 상대가 초등학생이든 어른이든 누구에게나 쉽게 말하여 납득시킬 수 있다. 가급적 고상하게 말하려고 애쓰는 것은 단·언·컨·대 모른다는 것을 드러내는 것이나 다름없다. 내 지식의 엉성함을 가리고자 고상하고 엘레강스한 말로 어설프게 내 무지함을 포장하는 것뿐이다.

다시 한번 강조하지만 정말 제대로 알면 쉽게 말할 수 있다. 쇼호스트로 근무하며 마음에 품었던 철학 중 하나는 이것이었다. '고객은 절대 똑똑하지 않다. 상품이 어떤 것이든 사용하는 어휘와 문장 수준을 초등학교 4학년 수준에 맞추자.' 이건 결코 고객을 무시해서가 아니다.

말은 글과 다르다. 듣는 즉시 알아들어야 하기 때문이다. 말은 다시 생각할 기회도, 곱씹을 기회도 주지 않고 획획 지나간다. 그러니 가능하면 입에 떠 넣어 주듯 쉽게 설명하는 것이 최고다. 더구나 나는 홈쇼핑 고객이 어떤 사람인지 정확히 알 수 없었다. 개중에는 물론 사회적 지위가 높고 지식이 풍부한 사람도 있었을 것이다. 그렇더라도 내가 방송에서 소개하는 그 상품에 대해서만큼은 내가 훨씬 더 많이 알고 있을 것이므로 방송을 시청하는 고객을 '내 친할머니'라고 생각하며 설명했다.

쇼호스트를 그만두고 강의와 코칭을 업으로 삼은 지금도 그 생각에는 변함이 없다. 그래서일까? 강의가 끝나면 '쉽고 재미있다'는 피드백을 많이 받는다. 이것은 앞으로도 내가 가장 듣고 싶어 하는 피드백이기도 하다.

세일즈의 언어는 무조건 쉬워야 한다. 절대 고객이 당신만큼 많이 알고 있을 거라고 짐작하면 안 된다. 가능하면 쉬운 용어를 골라 설명하라. 고객에게 상품과 서비스의 정확한 용어를 가르쳐 외우게 만드는 것이 중요한 게 아니다. 그저 조금이라도 더 쉽게 이해하여 선택하게끔 만드는 것이 더욱 더 중요하다.

당신의 세일즈가
벽에 부딪히는 이유

여기 한 학생이 있다. 자신이 세상에서 가장 큰 짐을 짊어지고 있다는 생각으로 하루하루를 견뎌 내는 대한민국 고3 학생이다. 그 아이는 당신의 아들 혹은 딸일 수도 있고 조카, 동생, 아니면 당신이 가르치는 학생일 수도 있다. 가령 그 아이의 이름이 '현진'이라고 가정해 보자. 현진이가 당신에게 본질적인 질문을 던진다.

"미분, 적분, 기하, 벡터…. 우리가 왜 이렇게 어려운 수학을 공부해야 하는 거죠? 더하고 빼고 곱하고 나누기만 하면 인생을 살아가는 데 전혀 지장이 없잖아요. 로그가 제 인생에 무슨 의미가 있다는 겁니까?"

만약 당신이 이런 질문을 받았을 때, 현진이의 동기를 유발하고 싶다면 어떻게 대답해야 할까? 다음의 두 가지 답변을 살펴보자.

답변 A

"현진아, 수학은 세상을 이해하는 과정에서 필수불가결한 학문이야. 삶이라는 복잡한 집합 속에서 일정 패턴을 연구하는 학문이자 타인과의 논리적 소통을 위해 반드시 필요한 분야기도 하지. 빅데이터 시대가 던져 주는 복잡다단한 삶의 구조를 발견하거나, 미래의 삶에 꼭 필요한 데이터를 다루도록 도와주는 것이 바로 수학이란다. 그래서 수학 공부가 필요한 거야, 알겠니?"

답변 B

"현진아, 일단 네가 원하는 대학에 들어가려면 수학 점수가 좋아야 한다는 건 알지? 그뿐 아니라 수학은 네가 진학하려는 기술공학 분야에서도 가장 중요한 공부야. 기초가 되는 언어라고 할 수 있지. 숫자나 부호로 표시하면 간단할 것을 일일이 말로 풀어낸다고 생각해 봐. 얼마나 복잡할 지 상상이 가지? 중국어를 알고 중국 여행을 가면 훨씬 더 많은 걸 보고 느낄 수 있는 것과 마찬가지야. 게다가 수학은 어른이 된 후에 집을 사거나 경제 뉴스를 볼 때에도 도움이 돼. 내가 만약 지금의 너로 돌아간다면 수학을 가장 열심히 공부할 거야"

답변 A와 답변 B 중 어느 쪽 설명이 더 현진이의 동기를 유발할까? '수학을 공부해!'라는 메시지는 똑같지만, 현진이의 눈높이에 맞춰 그 필요성을 설명하는 데는 큰 차이가 있다. 마음을 잡아당기는 설명을 하려면 결국 상대방이 최고의 이해력을 발휘할 수 있는 수준에 내 화법의 주파수를 맞춰야 한다.

흔히 뛰어난 교사는 '잘 전달하는 교사'라고 한다. 물론 많이 알고 있는 것도 중요하다. 하지만 내 두뇌에 온 우주의 지식이 들어 있더라도, 그것을 떼어내 건네줄 수 없다면? 말짱 꽝이다. 어디까지나 상대방이 받아들일 수 있는 수준으로 맛있게 요리해서 떠먹여야 한다.

세일즈도 마찬가지다. 대한민국 거의 모든 보험사는 텔레마케팅TM 조직을 갖고 있다. 눈에 보이지 않는 '보험'이라는 상품을, 그것도 얼굴을 보지 않은 상태에서 오로지 말로써 계약을 이끌어 내야 하는, 극강의 세일즈 화법 스킬이 필요한 업무다. 그리고 각 조직은 보험 상품마다 필살 '스크립트'(유선상으로 고객에게 상품을 소개하여 계약을 이끌어 내기 위한 대본)를 가지고 있다. 재미있는 사실은 똑같은 스크립트를 가지고 고객을 설득한다 해도 보험 설계사마다 실적은 천차만별이라는 것이다. 즉 같은 상품과 서비스를 소개한다 하더라도 전달의 기술과 방법이 세일즈의 성과를 좌우한다는 것이다. 이처럼 세일즈의 세계에서 화법은 늘 고민스러울 수밖에 없다.

그러면 먼저 당신의 세일즈 화술이 벽에 부딪치는 근본적인 이유를 짚어 보자. 다음 두 가지 질문에 답해 보라.

"'정'이 무엇인지 설명해 보시오."

"'초코파이'가 무엇인지 설명해 보시오."

혹시 "정은 정이고 초코파이는… 음… 정이지!"라고 설명하지는 않았나? 강연을 하다가 간혹 청중에게 이 질문을 하는데, 그때 의한하게도 이렇게 답하는 청중이 대다수다. 그것도 한참이나 머릿속을 휘젓고 난 뒤에 내놓는 대답이 겨우 그 정도라니, 참으로 신기한 일이다. 배움의 혜택을 받지 못한 사람이 극소수일 정도로 '빛나는 졸업장'을 신성시하는 대한민국에서 멀쩡한 성인들이 이런 쉬운 질문에 당황하는 것은 정말 아이러니다.

'정'은 눈에 보이지 않는 추상적 개념이라 그렇다 치자. 초코파이조차 선뜻 설명하지 못하는 건 왜일까? 겨우 일곱 살 먹은 내 딸에게 똑같은 질문을 해 봤다. 놀랍게도 딸아이는 배울 만큼 배운 성인들보다 훨씬 더 명쾌하게 대답을 한다.

"아빠, 초코파이는 겉은 까맣고 속은 하얗게 생겼어요. 입에 넣으면 초콜릿 맛이 나는데, 씹으면 껌이나 젤리 같은 것이 막 씹혀요."

성인들이 초코파이를 몰라서 아이만큼 명쾌하게 설명하지 못하는 것이 아니다. 재고 따지면서 좀 더 폼 나게 설명하려고 의식하다 보니 결국 머릿속에서 회로가 꼬여 버리고 마는 것이다. 머릿속에선 초코파이의 이미지가 가득 떠도는데 정작 입으로는 나오지 않고 '어버버' 하다가 끝나고 마는 것이다.

성공적인 세일즈를 원하는가? 고객은 쉬운 말을 원한다는 것을 잊지 마라. 장황하지 않게 쉬운 말을 골라 핵심으로 곧장 찔러 들어가면 게임은 간단하게 끝난다. 고객에게 소위 있어 보이려고 목에 힘을 주며 고급스런 단어를 고르려고 애쓸 필요도 없다. 그저 엉켜 있는 당신의 머릿속 회로를 가위로 싹둑 잘라 내어 필요한 말만 하면 된다.

"어머니, 금일 오전 11시 이후로 그 어떤 영양 성분도 섭취하지 못했습니다. 이로 인해 저의 위가 현재 현저하게 수축된 상태이며 이 상태가 지속된다면, 소장과 대장 역시 공복감을 느껴 결국 10분 이내에 아사 직전의 상태에 도달할 것으로 분석됩니다. 시급한 조치가 필요해 보입니다 어머니."라고 말하지 마라.

그저 "엄마, 배고파. 밥 줘!"라고 말해야 한다.

세일즈 언어
처방전

'지식의 저주, 고상병, 엘레강스병….' 이 녀석들이 당신의 세일즈 화법을 망치는 주범들이다. 이 주범들이 머릿속 회로를 꼬이게 만드는 순간, 당신의 말은 '추상화 대찬치'를 벌이게 된다. 앞에서 문제를 진단했으니 이제 본격적인 치료를 해 보자. 다음이 병에 걸린 당신의 세일즈 화법 치료를 위한 처방전이다.

'추상적'말고, '구체적'으로.

보다 정확한 치료를 위해 추상적이라는 말과 구체적이라는 말의 의미를 곱씹어 보자.

- 추상적: 뺄 추抽, 모양 상象. 직접 경험하거나 지각할 수 있는 일정한 형태 및 성질을 갖추지 않은, 즉 '모양이 없는' 상태
- 구체적: 갖출 구具, 몸 체體. 사물이나 현상이 일정한 모습을 갖추고 있는, 즉 '모양이 있는' 상태

당신의 세일즈 화법은 추상적이어야 할까, 아니면 구체적이어야 할까? 질문을 바꿔 보겠다.

"고객은 추상적인 언어에 반응하는가, 아니면 구체적인 언어에 반응하는가?"

추상화 대잔치는 이제 그만

당신의 세일즈는 분명 사람을 상대로 한다. 세상엔 사람의 수만큼 다양한 성격이 있지만 그럼에도 인간의 뇌가 반응하는 프로세스는 거의 동일하다. 불의에 분노하고, 사랑을 원하며, 행복을 갈구한다. 다시 질문으로 돌아와, 당신의 고객은 어떤 언어에 반응할까? 섣불리 답을 내리기 어렵다면 당신이 직접 추상적인 표현과 구체적인 표현의 차이를 느껴 보기 바란다.

어떤 것이 더 더러운가
- 추상적: 태평양에 떠 있는 플라스틱 쓰레기의 추정치가 2만 톤에 육박한다.

- 구체적: 가래침과 담배꽁초가 버무려진 사발면 그릇을 식탁에 쏟다.

어느 쪽이 더 슬픈가
- 추상적: 시리아에서 전염병이 창궐해 오늘 기준으로 천여 명이 사망했다.
- 구체적: 9년간 함께 살던 강아지가 오늘 교통사고로 죽었다.

어느 것이 더 아픈가
- 추상적: 췌장암 말기 환자의 고통.
- 구체적: 손톱 밑을 커터 칼로 후벼 팠더니 새빨간 피가 흐르고 손톱이 덜렁거린다.

위의 표현에서 추상적인 것과 구체적인 것은 이성적으로만 생각하면 대조 자체가 무의미하다. 당연히 추상적인 쪽이 훨씬 더 더럽고, 슬프고, 아파야 한다. 하지만 당신의 뇌가 느끼는 현실 감각은 다르다. 지구 반대편에서 지진이 일어나 수천 명이 사망한 것보다는 당장 내 이마에 솟아난 뾰루지가 더 신경 쓰이는 법이다. 그만큼 우리의 뇌는 실제로 느낄 수 있는 것에 더욱 강렬하게 반응한다.

같은 맥락에서 고객 역시 유독 구체적인 메시지에 반응한다. 왜 그럴까? 왜 추상적인 메시지에는 시원찮게 반응하는 것일까? 이유는 간단하다. 바로 '감'感이 오지 않기 때문이다.

그 고객은 분명 살 것만 같고 계약할 것만 같았다. 30분간 열심히 설명했음에도 그는 당신을 선택하지 않았다. 무엇이 문제였을까? 문제는 감이다. 세일즈를 업으로 삼는 당신이 상품과 서비스를 소개하고 난 후 듣게 될 가장 속상한 고객의 반응은 이것이다.

(속으로) '뭐래니? 감이 오지 않아!'

진심으로 사랑하는 그녀에게 고백을 했다. 그런데 그녀가 '싫다'고 단호하게 말한다. 차인 거다. 마음 접으면 된다. 하지만 그녀가 '오빠의 진심을 모르겠어요. 거짓말 같아요'라고 한다면? 미친다. 눈앞에서 심장이라도 꺼내 보여 줘야 하나 싶다.

세일즈도 마찬가지다. 고객에게 선택하라고 했을 때, 고객이 '싫다'고 반응하면 차라리 속 편하다. 왜? 내 상품과 서비스가 아무리 좋다 한들, 선택은 고객의 몫이다. '싫다'는 건 지금 당장 마음이 움직이지 않는다는 거다. 단호히 싫다고 말하는데 어쩔 것인가. 그건 그 사람 마음이 그런 것이니, 따라서 내가 마음을 정리하기도 한결 쉽다. (지금 당장 싫다고 말하는 고객에 대한 해결책은 뒤에 가서 이야기할 것이다.)

반면 30분간 목에 핏대 세워 가며 말했으나 감이 오지 않는다고 하면? 이건 멘붕(멘탈 붕괴)이다. 분명 최선을 다해 말했는데도 고객이 그 말조차 이해하지 못했다면 이 얼마나 황당한 일인가? 스스로 마음을 다독이지도 못하고, 오히려 이러려고 세일즈를 시작했나 싶어 자괴감이 밀려올 수도 있다.

지금 이 순간 과거의 과오(?)를 떠올리며 슬퍼하고 있는가? 슬퍼하지 마시라. 이 책을 읽는 당신에게는 분명 해결책이 있다.

문제는 감感이다

- 감: 느낄 감感. 어떤 대상에 대한 반응으로 나타나는 기분으로 직관적으로 상황을 파악하는 능력

감이 오지 않는다는 것은 말 그대로 아무런 느낌이 없다는 얘기다. 필feel이 오지 않는데 마음을 여는 사람은 없다. 그만큼 말이 겉돌거나 추상적으로 흐르고 있다는 의미다. 왜 추상적인 메시지에는 감이 오지 않는 걸까? 반대로 왜 구체적인 메시지에는 즉각 감이 올까?

앞서 살펴본 정의대로 구체적인 것은 모양, 즉 실체가 있고 추상적인 것은 실체가 없다. 이것을 사랑에 비유하자면, 구체적인 것은 볼 수도 만질 수도 있는 사랑이지만, 추상적인 것은 그 반대다. 당신은 어떤 사랑을 하고 싶은가? 고객과 실체(성과)가 있는 사랑(세일즈)을 나누고 싶다면 추상화 대잔치는 끝내야 한다. 실체 없이 뜬구름 잡는 세일즈 화법은 고객의 머리에 각인되지 않는다. 그저 훅 날아가 버리고 만다.

지금까지 당신의 세일즈 화법이 갖는 본질적 문제에 대해 살펴보았다. 이어질 제2, 3, 4장에서부턴 이 문제에 대해 손에 잡히는 해결책을 제시할 것이다. 각 장에서 다룰 각각의 키워드는 바로 'L', 'T', 'E'다.

본격적인 해결책을 이야기하기에 앞서 다음 페이지에서 'LTE'의 의미를 간략하게 정리해 보자.

세일즈 화법은 LTE처럼

LTE란, 롱 텀 에볼루션Long Term Evolution의 머리글자를 딴 것으로 말 그대로 해석하자면 '오랫동안 진화해 온 것'이다. 많이 들어 봤고 그래서 우리 귀에 익숙한 용어이기에 이 'LTE'에 세일즈 화법과 관련해 새로운 의미를 부여해 봤다.

- Listen: 듣고
- Talk: 말하여
- Emotion: '감정'을 공략하라.

듣고 말하라 그리고 공략하라

이 책을 덮고 난 뒤 다른 것은 다 잊어도 괜찮다. LTE와 그 의미만 기억해도 내겐 영광일 것이다. 여기서 LTE의 본래 의미를 이해하는 것이 '세일즈 화법'과 무슨 관련이 있겠냐마는, 그래도 잠시 LTE의 뜻을 짚어 보자. 이름을 빌려 쓰는 사람으로서 최소한의 예의를 지키고 싶기에.

• LTE: 3세대 이동통신인 WDCMA에서 진화한 4세대 이동통신기술. 3세대보다 12배 이상 빠른 속도로 통신이 가능하다.

무지 어렵다. '아, 그렇구나' 하는 정도는 가능하지만 이 무지막지한 용어를 누군가에게 설명하려 하면 참으로 난감할 것 같다. 더구나 이 책이 세일즈 화법을 '설명'하는 책이다 보니 왠지 좀 더 자세히 설명하는 것이 마땅하다는 비장한 책임감마저 느껴진다. 그럼 본격적인 이야기를 시작하기 전에 당신에게 질문 하나를 던져 본다. "당신은 누군가에게 'LTE'를 설명할 수 있는가?"

만약 이 질문에 덥석 "당연하지, 그 정도쯤이야!"라고 말했다면 당신은 세일즈의 초보일 가능성이 크다. 왜냐하면 이 질문의 핵심 단어는 'LTE'가 아니다, 바로 '누군가'이기 때문이다. 당신이 설명의 고수라면 내게 다시 한번 질문을 했어야 한다.

"그 '누군가'가 대체 누구란 말이오?"

그 누군가는 옆자리에 앉아 있는 직장 동료일 수도 있고, 여섯 살짜리 아들, 칠순을 앞둔 부모, 휴대전화를 써 보지 못한 아프리카 오지의 청년, 심지어 타임머신을 타고 이동해서 뵙게 된 존경하는 이순신 장군일 수도 있다. 고객에 따라 당신의 언어는 완전히 달라진다. 또한 고객에 따라 카멜레온처럼 변화무쌍해야 한다. 3세대 이동통신을 아는 사람이라면 이런 설명도 가능할 것이다.

"당신이 쓰는 것보다 딱 열두 배 빠른 거야. 예를 들어 당신이 서울에서 부산으로 가려고 할 때 뛰어가는 게 빠를까, 아니면 KTX를 타고 가는 게 빠를까? 당연히 KTX를 타고 가는 거지. 지금 쓰는 이동통신 환경이 뛰어가는 거라면 LTE는 KTX를 타고 가는 것과 같아."

그런데 만약 이순신 장군에게 설명해야 한다면? 이동통신이라는 광범위한 맥락부터 차근차근 설명하느라 종일이 걸릴지도 모른다. 아마 말도 안 되는 얘기로 세상을 현혹시킨다고 곤장을 맞고 다시 현실 세계로 쫓겨 올 수도 있겠다.

앞서 설명했듯 LTE에 부여된 새로운 의미를 다시 들여다보자.

- Listen: 듣고
- Talk: 말하여
- Emotion: '감정'을 공략하라.

이제 여기에 생략한 단어를 집어넣고 LTE의 정의를 다시 내려 보자.

- Listen: (누군가로부터) 듣고
- Talk: (누군가에게) 말하여
- Emotion: (누군가의) '감정'을 공략하라.

역설적이게도 세일즈는 '무엇'을 설명하느냐가 중요한 게 아닐 수 있다. 더 중요한 것은 '누구'에게 설명하느냐다. 말장난처럼 들릴 수도 있으나 고객에게 맞춰 설명 수준을 결정하는 것은 굉장히 중요한 일이다. 고객의 수준에 맞춰 직설적으로 설명하든, 돌려서 설명하든 다 좋다. 어떤 방법이든 '현재 쓰는 것보다 열두 배 빠르다'는 것을 전할 수 있으면? 당신의 세일즈는 성공이다. 이거면 충분하다.

제2장

무엇을
말해야 하는가

» Listen

?

이 상품은 고객에게
어떤 의미인가

가치 1

지난 3년여간 롯데카드의 상담사들을 대상으로 화법 컨설팅을 해 오고 있다. 카드회사의 상담사 조직은 크게 '인바운드'inbound와 '아웃바운드'outbound 두 종류로 구분된다.

인바운드란, 고객으로부터 걸려 온 전화를 콜센터에서 처리하는 행위를 말한다. 따라서 인바운드 조직이란, 고객이 먼저 문제를 인식하고 그에 대한 해결책을 얻기 위해 전화를 할 경우, 이를 응대해 주는 조직이다. 아웃바운드란, 인바운드의 반대 개념으로 홍보나 정보 제공 등 여러 가지 프로모션을 목적으로 고객에게 먼저 전화를 거는 행위를 말한다. 따라서 아웃바운드 조직은 무관심한 고객에게 관심을 갖게 하여 기업의 상품과 서비스를 적극적으로 소개한다. 쉽게 말해서 고객인 낭신이 전화를 걸면 인바운드 상담사랑 통화하는 것이고, 당신이 전화를 받으면 아웃바운드 상담사랑 통화하는 것이다.

시간이 지날수록 이 두 경계는 모호해져 가고 있다. 이를테면 인바운드 상담사도 고객의 문의 사항에만 응대하는 것에서 한 걸음 더 나아가 고객에게 기업의 상품과 서비스를 권유해야 하기도 한다.

하지만 편의상 위에서 언급한 분류 기준만 놓고 보면 업무의 강도는 인바운드 상담사들보다 아웃바운드 상담사들이 더 크다. 왜냐하면 스스로 대화의 의지를 갖고 전화를 건 인바운드 고객은 상담사가 문의 사항에 대해 답변만 잘해 주면 되기 때문이다. (물론 악의적인 의도를 갖고 시비를 걸려고 전화한 진상 고객 응대는 예외로 하자.) 하지만 대화의 의지 없고 무관심한 고객의 관심을 불러일으켜야 하는 아웃바운드 상담사들은 단지 '답변'만 해서는 안 된다. 답변 이상의 그 '무엇'이 필요하다. 그래서일까? 강의를 해 봐도 인바운드 상담사들보다는 아웃바운드 상담사들의 눈이 더 초롱초롱하다. 아마도 세일즈 화법의 필요성을 몸소 체험했고 그 중요성을 인식했기 때문이리라.

세일즈맨인 당신은 현재 인바운드 세일즈를 하고 있는가, 아니면 아웃바운드 세일즈를 하고 있는가? 별다른 노력을 하지 않아도 고객이 절로 상품과 서비스에 대한 문의를 해 온다면(인바운드) 당신은 대한민국 상위 1퍼센트의 행복한 세일즈를 하고 있는 것이다. 하지만 수동적으로 가만히 기다리며 들어오는 문의에만 기대기에는 조만간 한계가 보일 것이다. 당신이 애초부터 무관심한 고객을 내 편으로 만들어야 하는 아웃바운드 세일즈를 하고 있다면, 이 책을 잘 선택했다.

실적을 내야 하는 세일즈가 아니라면 상관없지만 '매출이 곧 인격'이라는 영업·세일즈 시장에서 반드시 실적을 내야 한다면 당신의 세일즈 화법에는 고객이 혹할 만한 가치가 담겨 있어야 한다. 그래야 고객이 관심을 갖는다. 동시에 고객이 그 가치를 납득하도록 충분히 세일즈해야 한다. 여기서 가치란 '고객이 의미 있다고 느끼는 것'을 말한다. 즉 고객의 입장에서 '의미'를 느끼는 세일즈가 곧 '가치 있는 세일즈'다.

그럼 가치를 담은 세일즈 화법이란 무엇인지 좀 더 깊이 들여다보자.

사람을 봐야 가치가 보인다

쇼호스트 시절, 치아 미백제 방송을 앞두고 사전 회의를 할 때, 함께 방송하게 된 후배가 내게 물었다.

"선배님, 이번 치아 미백제는 어디에 포인트를 두고 방송하는 것이 좋을까요? 아무래도 명문대 교수진이 개발에 참여했다는 것과 성분이 특별하다는 것 그리고 모 대학병원에서 시술받는 치아 미백과 동일한 원리로 작용한다는 것을 강조해야겠지요?"

열심히 준비한 후배가 기특했다. 그런데 가만히 듣고 있자니 후배의 말에 상품이 갖는 진짜 가치는 빠져 있다는 생각이 들었다. 후배에게 이런 이야기를 해 줬다.

"고객은 제품이 잘났다는 설명을 듣고 싶을까 아니면 그 제품이 자신에게 어떤 가치가 있는지 알고 싶을까? 가치를 전해. 물론 성분과 원리도 중요하지만 거기서 끝내면 안 돼. 그걸 뛰어넘어 제품의 진짜 가치를 발견한 다음 그것을 고객에게 알아듣기 쉽게 설명해야지.”

내 말을 듣고 멍한 표정으로 나를 바라보던 후배의 눈길을 지금도 잊을 수가 없다.

‘가치’라는 키워드는 어떤 세일즈의 상황에서든 반드시 명심해야 할 핵심 포인트다. 얼마 전 삼성전자에서 내게 세일즈 교육 의뢰를 할 때에도 가치를 언급했다. 담당자는 “강사님, ‘일반 세일즈’ 교육 말고 ‘가치 세일즈’라는 주제로도 강의해 주실 수 있으신지요?”라고 문의를 해 왔다. 나는 “네, 물론 가능합니다.”라고 답하고, 과거에 했던 강의 자료를 열어 제목에 ‘가치’라는 키워드만 살짝 넣어서 강의를 했다. 강의를 마치고 교육 담당자가 감사 인사를 전해 왔다.

“감사합니다. 그 빠른 시간에 어찌 그렇게 저희의 요구 사항을 완벽하게 반영해 주셨어요. 오늘 강의를 통해 가치가 세일즈에서 얼마나 중요한 건지 모두 느꼈습니다.”

그 말에 나는 피식 웃으며 속으로 생각했다.

‘특별히 새로운 것을 반영해 드린 건 없습니다. 왜냐하면 원래 세일즈는 가치라는 키워드를 빼면 강의 자체가 안 됩니다.’

가치라는 단어는 어느 날 갑자기 하늘에서 뚝 떨어진 단어가 아니다. 예전에도 있었고, 앞으로도 세일즈 시장에서 두고두고 이야기될 단어다. 다만 과거에는 성능 대비 가격으로 승부를 보던 기업이 많았는데 이제는 저가 시장 아니면 고가 시장으로 나뉘는 양극화 현상이 두드러지고 있다. 고가의 상품과 서비스로 이윤을 얻기 위해서는 고객들이 돈을 쓰는 ‘가치’를 기업이 만들어 줘야 한다. 그래서 요즘 들어 더더욱 가치의 중요성이 부각되고 있다.

가치라는 한자어를 사전에서 찾아보면 여러 가지 정의가 나온다.

가치

사물이 지니고 있는 쓸모

대상이 인간과의 관계에 의해 지니게 되는 중요성

인간의 욕구나 관심의 대상 또는 목표가 되는 진, 선, 미 따위를

통틀어 이르는 말

이 중에서 유난히 두 번째 철학적 정의가 눈에 띈다. 이 정의야말로 세일즈에서의 가치의 의미를 완벽하게 정의하고 있다. 당신이 지금 손에 들고 있는 이 책은 가치가 있을까? 그 가치는 당신이 이 책을 어떻게 활용하느냐에 따라 달라진다. 폐지를 수집하는 노인의 눈에는 몇 푼의 동전만을 쥐어 주는 종잇조각에 불과하다. 책장의 장식용으로 쓰는 사람에게는 한 줌의 뿌듯함만 안겨 줄 뿐이다. 그러나 내용을 읽고 단 한 줄이라도 자기 삶에 활용하는 사람에게는 책값과 읽는 수고를 뛰어넘는 커다란 가치를 제공한다.

가치라는 단어의 한자어를 들여다보자. '價値.' 값 가, 값 치. 언뜻 보면 단지 '값'을 이야기하는 듯 보이지만, 자세히 보면, 사람 인人 자가 두 개나 들어 있다. 결국 가치란 단지 상품과 서비스가 존재한다는 이유만으로 생기는 것이 아니다. 당신의 상품과 서비스가 고객에게 어떤 의미가 있는지 밝혀 주었을 때 비로소 진짜 가치가 생기는 법이다.

간지 화법

나는 강의와 컨설팅을 통해 설득의 기술에 목마른 사람들, 그중에서도 가장 난이도가 높다는 세일즈 분야의 수많은 사람들을 만나는 전문 강사이자 컨설턴트다. 이 일을 업으로 살며 생긴 직업병(?)이 하나 있다면, 그것은 '3분만 대화를 나누면 상대의 세일즈 경력을 자동으로 산출하는' 요상한 촉이 꿈틀댄다는 것이다.

세일즈 초보는 죽어라 상품만 설명하며 판다. 고수는 상품을 넘어 그 상품을 사용할 사람(고객)의 입장에서 의미를 부여하며 판다. 그런데 초고수는 상품을 넘어 그 상품을 사용할 사람도 뛰어 넘어, 그 상품을 사용하는 사람을 바라보는 '또 다른 사람'까지도 의식하며 판다.

얼마 전, 현대자동차 카마스터(자동차 세일즈맨)를 대상으로 특강을 한 적이 있다. 강의를 앞두고 청중에게 보다 현실적인 코칭을 하기 위해 잠재 고객으로 가장(?)하여 몇 군데 대리점을 방문했다. 일부러 새로 출시된 최고급 라인의 신차에 똑같은 관심을 보이며 상담을 받았다.

첫 번째 대리점에서는 내게 신차의 최대 출력, 토크 그리고 강화된 차체의 강판 위주로 설명했다.(초보) 두 번째 대리점에서는 내게 신차의 특장점을 비롯해 내가 누릴 수 있는 승차감, 안전성 그리고 안락한 드라이빙까지 설명하며 시승까지 시켜 줬다.(고수) 세 번째 대리점에서는 내게 신차의 특장점, 내가 누릴 수 있는 승차감, 안전성, 안락한 드라이빙을 넘어 그 차를 타는 나를 바라보는 '다른 사람의 시선'까지 설명했다.(초고수)

세 번째 대리점에서 깐깐한 고객인 척 괜한 트집을 잡아 봤다.

"이 신차가 좋은 점이 많긴 한데 뒷좌석이 너무 좁네요. 운전자만 생각했지 동승자는 배려하지 않고 설계됐나 봅니다."

그가 내게 어떤 반론을 펼칠지 궁금했다. 당연히 내 이야기에 "그렇지 않습니다."라며 정면으로 반박할 줄 알았던 세일즈맨이 오히려 내 의견에 동의하더니 이렇게 질문을 했다.

"맞습니다, 고객님. 그렇게 생각하는 분들이 많이 있더라고요. 그런데 고객님, 실례입니다만 혹시 뒷좌석에 태울 자녀가 있나요?"

"네, 일곱 살 된 딸도 있고 얼마 전에 태어난 아들도 하나 있습니다."

"아, 그렇군요! 저도 아이들을 키웁니다만 금방 쑥쑥 크더라고요. 장기적으로 보면 자녀들이 성장할수록 더 좁게 느껴질 수 있습니다. 더구나 카시트도 두 개나 설치해야 하고요."

그의 말에선 초고수의 향기가 났다. 그런데 단지 여기서 끝이 아니었다. 그는 한 번 더 내게 질문을 했다.

"그런데 고객님, 1년에 자녀를 몇 번이나 태우십니까?"

"음, 한 달에 한두 번 태웁니다."

"그렇군요. 고객님, 자녀들이 한 달에 한두 번 타면서 뒷좌석을 조금 좁다고 느낄 건 분명합니다. 동급 배기량의 다른 차종에 비해 뒷좌석이 조금 좁은 것도 사실이고요. 하지만 고객님, 자녀들을 생각한다면 더욱더 이 차종을 권하고 싶습니다. 왜냐하면 한 달에 한두 번 타면서 자녀들이 느낄 수도 있는 아주 약간의 불편함만이 선택 기준의 전부가 되어서는 안 됩니다. 자녀들이 1년, 2년, 5년, 아니 그 이상의 긴 시간

동안 '이 차'를 타는 아빠를 자랑스러워할 것이기 때문입니다."

"…."

그 세일즈맨은 초고수였다. 짧은 순간이지만 고객인 나의 마음을 후벼 팠다. 결론부터 말하자면 괜한 트집을 잡으려다 멀쩡히 타던 차를 팔고 새 차를 살 뻔했다.

세 번째 대리점의 세일즈맨은 상품(차) 그리고 사람(고객인 나)을 뛰어넘어 다른 사람(가족)의 시선까지 감안하여 세일즈 화법을 전개했다. 이것이 바로 가치가 담긴 세일즈 화법이다. 물론 내 상품과 서비스 그 자체에 대한 소개도 중요하다. 하지만 그것이 고객에게는 그다지 중요하지 않을 수도 있다. 나의 상품과 서비스가 고객과 고객 주변 사람에게까지 어떤 의미가 있는지 명백히 밝혀 주는 것이 진짜 가치 있는 세일즈 화법이기 때문이다.

이런 세일즈 화법에 이름을 붙여 봤다. '간지 화법.'

간지라고 하면 보통 속어로 '폼이 난다', '멋있다'는 의미로 쓰인다. 하지만 내가 말하려는 간지는 '사이 간'間과 '알 지'知를 조합한 간지間知이다. 사람과 사람 '사이'를 제대로 알고 던지는 화법이라는 뜻이다.

'So what?'이라고 물어라

가치 2

고수의 단계를 뛰어넘은 초고수는 한마디로 간지 화법의 달인이다. 그들의 말은 마치 솜사탕처럼 기분을 환하게 해 주는 동시에 고객의 마음속에 살살 녹아들어 간다. 귀와 마음을 한꺼번에 즐겁게 만들어 주기 때문이다.

예를 들어, 당신이 어린이재단에서 후원을 요청하는 글을 작성하는 담당자라고 가정해 보자. 이런 일에서도 초보와 고수, 초고수 사이에는 확연한 차이가 드러난다. 초보는 이렇게 설명한다.

"한 달 3만 원이면, 한 아동이 따뜻한 겨울을 보낼 수 있습니다."

고수는 그보다 한 걸음 더 나간다.

"한 달 3만 원이면, 당신은 한 아이의 후원자가 되어 베풂이 선사하는 삶의 행복과 여유를 알게 될 것입니다."

초고수의 설명은 그보다도 한 걸음 더 나간다.

"한 달 3만 원이면 당신의 책상 위에 한 아동의 사진이 놓일 것입니다. 그 사진을 보며 당신의 다섯 살짜리 외동딸은 '아빠, 우리 ○○오빠는 잘 지내고 있겠지?'라며 걱정할 겁니다. 딸의 말을 들으며 괜히 가슴 뭉클해지는 당신을 상상해 보시죠."

초고수는 기대하게 만든다

앞서 쇼호스트 시절, 후배와 함께 치아 미백제 방송을 앞두고 회의를 하며 나누었던 대화("가치를 전해.")를 다시 곱씹어 보자. 홈쇼핑 방송의 목적은 제품을 최대한 많이 파는 데 있다. 고객의 마음을 흔드는 설명으로 최대한 많은 물건을 팔아야 하는 것이 쇼호스트의 지상 과제다. 하지만 소위 말 좀 한다는 그들의 세일즈 화법이 모두 고객의 마음에 팍팍 꽂히는 것은 아니다. 이번에도 초보와 고수, 초고수는 분명 다른 모습을 보인다. 초보는 상품의 특징, 즉 명문대 교수진이 개발했다는 것, 유명 대학병원에서 사용하는 제품과 동일한 시술 원리로 작용한다는 것만 죽어라 설명한다. 고수는 그 상품이 고객에게 어떤 가치를 주는지(가령 굳이 치과에 가지 않아도 집에서 편안하게 하얀 치아를 만들 수 있다는 것)를 설명한다. 초고수는 상품의 특징과 고객에게 주는 가치는 물론 그 고객을 바라보는 다른 사람의 시선까지 설명한다.(하얀 치아로 썸남의 재미없는 유머에도 환하게 반응해 그의 마음을 훔칠 수 있다, 면접

을 볼 때 당신의 환한 미소로 면접관에게 당당한 자신감을 표현할 수 있다 등)

이제 초보와 고수, 초고수의 세일즈 화법에 어떤 차이가 있는지 느낌이 확 오는가? 당신의 세일즈 화법이 초고수를 향해 가고자 한다면, 그리고 나아가 최고의 실적을 올리고 싶다면 다음의 사실을 꼭 기억해야 한다.

"세일즈의 주체도, 대상도 사람이다. 당신의 말은 늘 사람을 향하고 있어야 한다."

설명의 초보는 눈에 보이는 것에만 집중해 승부를 결정지으려고 한다. 반면 설명의 초고수는 눈에 보이지 않는 것까지 건드려서 설명에 쐐기를 박는다. 초고수의 관점으로 고객에게 상품과 서비스를 소개하려면 먼저 스스로에게 이런 질문을 던져야 한다.

"고객은 무엇을 '기대'하며 내 이야기를 들을 것인가?"

그래서, 어쩌라고?

당신의 화법에 고객이 원하는 가치를 담아내려면 어떻게 해야 할까? 질문은 어렵지만 그 해답은 매우 간단하다. 본격적인 세일즈에 임하기 전, 먼저 당신의 메시지를 고객에게 던진다고 가정하라. 그리고 고객이 당신에게 이렇게 물어온다는 가정 하에 이어질 답변을 준비하면 된다.

"그래서, 어쩌라고?"

만약 당신이 이 질문에 명쾌하게 대답할 수 있다면 충분히 고객을 설득할 수 있다. 반면 당신이 이 질문에 조금이라도 우물쭈물한다면 절대로 설득할 수 없다. 세일즈 분야뿐만 아니라 많은 사람이 설득에 실패하는 이유도 바로 여기에 있다. 언제나 상대(고객)의 입장이 되어 끊임없이 자기 자신에게 물어봐야 한다.

"그래서, 어쩌라고?"

당신이 팔려는 상품과 서비스의 특장점에도 '어쩌라고?' 주문을 걸면 마법처럼 세일즈 화법이 만들어진다.

- 명문대 교수진이 개발한 성분과 원리로 만든 치아 미백제입니다. (어쩌라고? 명문대라고? 좋겠네, 명문대라서.)
- 이것은 이 분야에서 가장 최근에 출간된 책입니다. (어쩌라고? 새 책이 뭐 어쨌다고? 책 냄새가 좋다는 건가?)
- 이 SUV는 초고장력 강판 비율이 50퍼센트가 넘습니다. (어쩌라고? 초고장력? 그게 뭔데 그래?)
- 3만 원이라는 부담 없는 후원금으로 사랑을 실천해 보시죠. (어쩌라고? 부담이 없다고? 나는 부담스러운데?)

이처럼 당신의 세일즈 화법에 '어쩌라고'의 주문을 걸면 무엇을 말해야 할지 명확히 정리할 수 있다. 세일즈 화법은 단지 상품과 서비스를 자랑하는 것이 아니다. 상품과 서비스를 통해 고객이 갖게 될 의미를 소개하는 것이다.

- 나는 명문대 교수진이 연구 및 개발에 참여한 치아 미백제를

팔았지만, 고객은 썸남의 마음을 얻기 위한 환한 미소를 산 것일 수 있다.

- 나는 잘 달리는 자동차를 팔았지만, 고객은 사회적 성공의 징표를 산 것일 수 있다.

- 나는 최고 화소의 카메라를 팔았지만, 고객은 가족과의 추억, 연인과의 소중한 시간을 기록할 수 있는 기회를 산 것일 수 있다.

- 나는 고기능성 아이 크림을 팔았지만, 고객은 주름 하나 없는 눈가로 자기 관리의 상징을 산 것일 수 있다.

- 나는 친환경 성분의 디퓨저(방향제)를 팔았지만, 고객은 누군가를 집에 초대했을 때 창피하지 않을 분위기를 산 것일 수 있다.

- 나는 최신형 식기세척기와 로봇청소기를 팔았지만, 고객은 가사의 편리함이 주는 여유, 그 여유를 부러워할 옆집 엄마의 시선을 산 것일 수 있다.

- 나는 침대를 팔았지만, 고객은 고3 수험생인 아들의 달콤한 꿀잠을 산 것일 수 있다.

상품과 서비스를 소개하기 전에 어림짐작으로 미리 단정을 내리면 안 된다. 사람의 속마음은 우리의 얼굴이 모두 다르듯 제각각이기 때문이다. 굳이 말하지 않아도 서로 마음이 통하는 고객을 만나기란 길을 걷다가 우연히 옛사랑을 만나는 일만큼이나 어려운 일이다.

내 마음 같지 않은 고객이 내 마음을 알아주길 바라는가? 그에게 어떤 기대를 선사할 수 있을지 먼저 고민하라. 그 기대가 고객이 느끼는 가치다. 이것이야말로 성과를 만드는 세일즈 화법의 가장 중요한 재료다.

고객의 마음을 여는
마법의 키워드, 기대

기대 1

1년간 기다려온 가수 ○○○의 콘서트를 앞두고 당신은 웃돈을 줘 가며 두 장의 표를 손에 넣었다. 기대에 부풀어 그날의 환상적인 쇼를 그려 보는 것도 잠시, 생각지도 않던 암초에 덜컥 걸려 버렸다. 함께 가기로 했던 연인이 갑자기 지방으로 출장을 가게 됐다. 어렵게 구한 표가 아깝기는 했지만 혼자 가는 것은 더 싫었다. 어쩔 수 없이 친구에게 같이 가자고 제안한다.

"야, 넌 정말 억세게 운이 좋은 것 같다. 이번 주말에 ○○○의 콘서트가 있거든. 내가 표를 쏠 테니까 같이 가자. 어차피 너는 주말에 하릴없이 집에서 뒹굴며 지낼 거잖아. 어때?"

내심 친구로부터 격한 감사의 인사를 기대했던 당신, 그런데 놀랍게도 친구에게 돌아온 대답은 완전히 예상을 빗나갔다.

"별론데? 난 싫어."

당신은 어렵게 구한 공짜표로도 친구를 설득하지 못했다. 도대체 무엇이 문제였을까?

기대는 고객을 움직이는 원동력

세일즈에 실패한 사람들은 대개 외부적 요인을 탓한다. 강의장에서 세일즈하시는 분들께 물어보면 세일즈가 잘 안 되는 이유로 다양한 것들을 말한다.

"상품이 타사에 비해 이런 부분이 약해요." (그 부분이 약해도, 살 사람은 산다.)

"상품이 비싸요." (비싸도, 살 사람은 산다.)

"어린 고객들은 아예 관심도 없어요." (어려도, 살 사람은 산다.)

"계약 관련 법적 기준이 까다로워져서 잘 안 팔려요." (법적 기준이 까다로워져도, 살 사람은 산다.)

앞선 이야기에서 당신은 공짜표로도 친구를 설득하지 못했다. 아마 외부적 요인으로 핑계를 댈 것이다. 이렇게 말이다.

"아니, 쟤는 바보야? 왜 저리도 말귀를 못 알아들을까? 이렇게 좋은데 왜 관심조차 보이지 않는 거지? 도무지 이해할 수가 없어. 이게 얼마나 좋은 건지도 모르면서 말이야."

왜 이런 현상이 일어나는 걸까? 내 화법에 도대체 어떤 문제가 있던 것일까? 인간은 늘 선택을 하며 살아간다. 세일즈 역시 고객의 선택을 이끌어 내는 과정이다. 하지만 세상 그 누구도 아무런 이유 없이 선택하지는 않는다. 뭔가를 선택한다는 건? 그 상품을 통해 고객이 뭔가를 기대한다는 뜻 아닐까? 세일즈의 세계에서는 이런 현상이 더욱 극명하다. 고객이 샀다는 건 적어도 뭔가를 기대했다는 뜻이다.

예를 들면 화장품은 예뻐질 수 있다는 기대감으로 산다. 안마 의자는 피로감이 풀릴 거라는 기대감, 청소기는 집안일이 편해질 거라는 기대감, 원액기는 가족이 건강해질 거라는 기대감으로 산다. 다시 말해 고객은 현재와 달라질 수 있다는 기대를 가지고 뭔가를 선택한다. 즉 인간 행동의 주된 동기 요인은 행동 전보다 후에 더 나아지려는 욕구에 있다. 고객이 거절하는 것은 당신의 제안이 형편없어서가 아니다. 다만 고객이 기대하는 것을 설명하지 못했기 때문이다.

홈쇼핑 고객은 언제 살까

홈쇼핑을 보면 한 시간 동안의 방송 중 유독 주문이 쏟아지는 때가 있다.(예를 들면 시청률 높은 드라마가 끝난 직후라든가 방송 종료 시간 10분 전부터 등) 그중 하나가 바로 '비포 앤 애프터' 장면을 보여 주었을 때다. 백문이 불여일견이라고 했던가. 쇼호스트가 아무리 입 아프게 백 마디를 떠들어도 확연한 차이를 눈으로 볼 수 있는 '비포 앤 애프터' 장면

한 번에 고객은 즉각 반응한다. 쇼호스트를 그만둔 지금도 나는 홈쇼핑 방송을 즐겨 시청한다. 홈쇼핑이야말로 세일즈 커뮤니케이션의 노하우를 엿볼 수 있는 집약체이기 때문이다. 그런데 볼 때마다 작위적이고 유치하다는 생각이 드는 장면도 바로 비포 앤 애프터다.

가령 헤어기기 방송을 보면 모델이 비포 장면에서는 세상의 온갖 근심 걱정을 다 안고 있는 듯 울상을 짓는다. 그러다가 특허를 받은 헤어기기로 머리를 예쁘게 말아 올린 애프터 장면에서는 세상 모든 것을 가진 것처럼 행복한 표정으로 바뀐다. 머리를 예쁘게 말아 올렸다는 이유만으로 갑작스레 표정까지 밝아질 리는 없다. 이런 사실(?)은 홈쇼핑 측도 알고 고객도 아는 것이다. 고객의 입장에서는 유치하다고 생각할 수도 있다. 그럼에도 불구하고 홈쇼핑에서 그 유치한(?) 장면을 계속 내보내는 데는 그만한 이유가 있다. 비포 앤 애프터 장면에서 유난히 고객의 주문이 몰려오기 때문이다. 그래서 고객이 유치하게 여기든 말든 절대 포기할 수 없는 특단의 세일즈 장치인 것이다.

주문량이 급상승하는 이유는 뭘까? 해답은 간단하다. 일단 홈쇼핑 방송을 보는 고객은 막연한 기대를 안고 시청한다. 막연한 기대조차 없었다면 이미 채널은 다른 곳으로 돌아가 버리고 말았을 것이다. 그러다가 비포 앤 애프터 장면이 나오면 고객의 막연했던 기대는 드디어 확신으로 바뀐다. 여기에 약간의 상상력이 더해진다. 결국 '아, 나도 저걸 쓰면 저렇게 바뀔 수 있겠구나'라고 생각하게 되는 것이다. 그리고는 주문을 하기 위해 휴대폰을 집어 든다. 이처럼 기대는 고객을 움직이게 만드는 원동력이다.

스스로에게 질문해 보라. 이 책을 만 원이 넘는 돈을 투자하여 샀든, 누군가로부터 빌렸든 당신의 금쪽같은 돈과 시간을 투자하여 읽고 있는 이유는 무엇인가? 도대체 무엇이 당신의 눈을 이 책에 머물게 하고 있는 걸까? 그 해답 역시 '기대'다.

김 대리는 어떻게 부장을 설득했을까

소주를 반 병만 마셔도 정신줄을 놓아 버리는 당신은 늘 회식자리가 부담스럽다. 술에 강한 것도 능력으로 인정받는 주류 문화에 편승하는 데 상당히 애로를 느끼는 당신에게 오늘도 상사가 소주를 한 잔 권한다. 무척 곤혹스러운 상황이지만 그렇다고 당황할 필요는 없다. 입은 '술'을 마시는 데만 쓰는 게 아니다. 특별한 '화술'을 발휘하는 데도 쓸 수 있으니까. 자, 만약 당신이 술 권하는 상사라면 부하직원의 어떤 이야기가 더 설득력 있게 들릴까?

- 1안: "부장님, 저 요즘 약을 먹습니다. 병원에서 의사가 절대로 술을 먹지 말라고 했습니다."
- 2안: "부장님, 저는 술에 약합니다. 술을 마시고 크게 사고 친 적도 있어서 조심스럽습니다."
- 3안: "부장님, 술을 마시는 대신 부장님이 노래하실 때 술 취한 놈처럼 열심히 춤을 추겠습니다. 술자리를 마치고 댁으로 가실 때도 제가 택시를 잡아 드리고 싶습니다. 지금 주시는

잔은 무조건 받겠습니다. 다만 얼마 전 네 잔을 마시고 기절한 적이 있습니다. 이후 잔은 좀 봐 주십시오. 부장님 챙겨 드리고 싶습니다."

누가 봐도 '3안'에 마음이 끌릴 것이다. 3안의 메시지가 설득력 있는 이유는 '나는 이렇다'에서 끝내지 않고, 상사인 부장이 소소하게나마 얻을 수 있는 것을 기대하도록 만들었기 때문이다.(상사를 위한 부하직원의 재롱, 여기에 안심 귀가까지)

만약 이렇게까지 이야기를 해도 부장이 "헛소리 말고 닥치고 받아!"라고 한다면? 그건 당신이 그동안 회사 생활을 개떡같이 했다는 증거이거나 부장이 돌아이라는 증거이니 상심하지 말고 앞으로 잘 이겨 내길 바랄 뿐이다.

내가 준비한 이야기를 할 때 고객은 무엇을 가장 중요시할까? 그것은 고객 자신에게 미치는 영향이다. 더 구체적으로 말하자면 자신이 무엇을 얻을 수 있는가를 늘 생각한다. 결국 고객의 마음을 끌어당기는 가장 명확한 방법은 고객이 얻게 되는 것을 구체적으로 기대하게 만드는 것이다.

세일즈에 실패하는 이유는 당신이 상품에만 한껏 도취된 나머지, 고객의 기대를 충족시킬 무언가를 제시하지 않았기 때문이다. 제발 뭐라도 좋으니 세일즈 화법에 고객이 기대할 수 있는 바를 구체적으로 담아라. 그래야 세일즈에 성공할 수 있다.

고객의 머릿속에 기대를 그려 줘라

지금까지 말한 내용을 머릿속으로 정리하며 '약'을 한번 팔아 보자. 세일즈 과제는 한번쯤 들어 봤을 법한 '케토톱'이다.

- 1안: "붙이는 관절염 치료제, 케토톱입니다. 케토프로펜 성분이 들어간 이 약으로 말씀드리자면 세계 15개국의 특허를 획득했고 관절염뿐 아니라 근육통, 오십견(어깨관절주위염)에까지 탁월한 효과가 있습니다."
- 2안: "행복한 노후라는 게 그리 대단한 것은 아닙니다. 나를 닮은 손주들과 손을 잡고 키즈카페에서 트램폴린(방방) 위를 뛰고, 북한산 최정상까지 등반한 뒤 내려와 시원한 막걸리 한 잔과 파전 한 젓가락을 즐기는 것. 이 정도면 행복한 노후가 아닐까요? 더 이상 미루지 마십시오. 그놈에 관절염만 해결돼도 이 모든 게 가능합니다. 케토톱!"

어떤 세일즈 메시지가 더 와닿는가? 당연히 2안이다.

생존을 위한 최소한의 본능적 행동(먹고, 자고, 싸는 등)을 제외한 모든 행동(지갑을 열어 물건을 사는 것, 모임에 참석하는 것, 아이디어를 발표하는 것, 프로젝트를 기획하는 것 등)에는 기대하는 바가 있다. 인간은 자신이 기대하지 않으면 거의 움직이지 않는다. 설사 움직인다 해도 그건 어디까지나 귀찮고 고통스러울 뿐이다.

인간은 누구나 머릿속에 저울을 하나쯤 갖고 있다. 한쪽에는 무언가를 했을 때 얻는 것, 다른 한쪽에는 무언가를 하기 위해 내가 써야 할 시간과 비용이 놓여 있다. 그리고 우리는 어떤 행동을 하기 위해 매 순간 끊임없이 저울질을 한다. 저울의 무게에 따라 내가 쓸 시간과 비용보다 얻는 것이 더 많으면? 움직인다. 하지만 얻는 것보다 내가 쓸 시간과 비용이 더 많다면? 움직이지 않는다. 고객도 마찬가지다. 그렇다면 방법은 간단하다. 내 상품과 서비스를 통해 고객이 얻는 것을 늘려 주면 된다.

인간은 기대할 때 움직인다. 움직인다는 것은 곧 생각과 행동이 변화했음을 의미한다. 이러한 변화는 당신의 세일즈 화법이 고객의 기대감을 자극했을 때 나타난다. 고객의 기대를 자극하고 그 기대를 확신으로 바꿔 놓을 수만 있다면 당신은 누구라도 설득할 수 있다.

자신의 제안에 어떤 장점이 있는지 그저 죽 나열하며 자랑하는 것은 아마추어다. 그러나 그 장점을 통해 고객이 기대하게끔 만들 수 있다면 그건 프로다. 고객이 기대하는 것은 단순히 상품의 기능이 아니다. 고객은 그 상품이 약속하는 환상을 기대한다. 이 사실을 염두에 두고 의식적으로 고객의 눈망울이 어떤 기대에 반응하며 반짝거리는지 주시하라. 세일즈의 성공률을 높일 수 있다.

이익, 해결, 안심, 가족, 자부심이라는 그물

기대 2

고객은 무엇을 기대할 때 움직일까? 그 답을 너무 멀리서 찾으려 할 필요는 없다. 마취제 클로로포름의 효능을 입증하기 위해 직접 수건에 묻혀 들이마신 영국의 산부인과 의사 제임스 영 심프슨James Young Simpson처럼, 당신 자신을 실험 대상으로 삼아 들여다보면 답이 나온다. 왜냐하면 당신 역시 누군가의 고객이 될 수 있기 때문이다.

　습관처럼 사 먹는 테이크아웃 커피 한 잔도 고객의 기대를 충족시켜 줄 때 팔린다. 갈증 해소를 위해, 졸음을 떨치기 위해, 심심함을 달래기 위해 등이 커피 한 잔이 빚어 내는 기대다. 심지어 어떤 사람은 우아하게 커피를 마시는 자신을 바라보는 다른 사람의 시선을 의식하며 마시기도 한다. 이처럼 커피 한 잔조차 고객이 가질 수 있는 기대는 다양하다. 커피가 이 정도인데, 하물며 훨씬 더 설명할 것도 많고 복잡한 당신의 상품과 서비스는 어떻겠는가. 어떻게 하면 그 수많은 고객의 기대들을 충족시킬 수 있을까?

고객의 기대에도 공통분모가 있다

쇼호스트 시절, 무수히 많은 상품군을 소개했었다.(보험, 가전, 생활용품, 일반 식품, 건강 기능 식품, 상조, 패션, 학습지, 뷰티, 회원권, 렌탈 상품 등) 어제는 암 보험을 팔았다면 오늘은 고등어를 판다. 내일은 정수기를 팔아야 한다. 공통점이라고는 전혀 없어 보이는, 완전히 다른 분야의 상품들이다. 하지만 중요한 것은 어떤 분야의 상품과 서비스든, 유독 한국인이 중요시하는 기대에는 공통점이 있었다는 것이다. 그리고 그 가짓수는 딱 다섯 가지였다. 어떤 상품과 서비스를 소개하든 고객이 기대하는 바는 그 다섯 가지의 기대 요소를 절대 벗어나지 않았다.

'이익, 해결, 안심, 가족, 자부심.'

이 다섯 가지 요소다. 이것들을 탄탄한 그물코로 삼아 촘촘한 세일즈 화법의 그물을 만들어야 한다. 고객이 어떤 어종(?)이든 당신의 그물에 99.9퍼센트 걸려들 것이다. 그물을 촘촘하게 짜는 방법은 아래와 같다.

- 이익: "그렇군요. 지금껏 손해만 보아 온 당신, 그리고 앞으로
  손해를 볼지도 모를 당신은 제 상품으로 이러저러한 시간적·

경제적 이익을 얻을 것입니다."

- 해결: "안타깝게도 당신은 온갖 문제에 휩싸였지만 제 상품
  이 문제 해결과 상황 극복에 도움을 줄 것입니다."
- 안심: "많이 불안했겠군요. 이제 제 상품이 그 불안을 떨쳐
  내고 안심하도록 도울 것입니다."
- 가족: "그렇군요. 당신은 제 상품을 통해 가족 사랑을 실천할
  수 있습니다."
- 자부심: "기운을 내십시오. 자존감과 자신감에 상처를 입은
  당신은 제 상품을 통해 과거의 모습을 극복하고 자부심을 느
  낄 수 있습니다."

세일즈는 고스톱이다

사람들의 기대가 모두 같다면 세상은 마치 온통 한 가지 색으로 뒤덮
인 것처럼 밋밋할 것이다. 고객의 다양한 기대를 충족시키느라 곤란을
겪고 있는가? 오히려 다양해서 다행이라고 생각하자. 세상이 죄다 노란
색이면, 아무리 그 색을 좋아하더라도 지긋지긋해질 것이다. 내 상품과
서비스에 대해 고객이 갖는 기대가 오로지 한 가지라면 당신의 세일즈
는 얼마나 무미건조해질 것인가? 나아가 얼마나 재미없을 것인가?

고스톱의 고수들은 이야기한다. 고스톱은 내가 들고 있는 패가 아
닌, 바닥에 뒤집어져 있는 패로 친다고. 그래서 고스톱이 늘 흥미진진
하다고. 같은 상품도 고객에 따라 전혀 다른 이유로 팔릴 수 있기에 세

일즈는 재미있다. 그렇다고 너무 많은 걸 생각하다 보면 당신의 화법이 산으로 갈지도 모른다. 적어도 방금 언급한 다섯 가지의 기대 요소를 기억하면 변화무쌍한 고객의 기대에 변화무쌍하게 대응할 수 있다.

다음에 제시한 예는 다섯 가지 기대 요소에 관한 당신의 이해를 도와줄 것이다. 만약 당신이 고객이라면 다섯 가지 기대 요소 중에서 무엇을 눈여겨보며 선택하겠는가?

수분 크림 구입

- 이익: 할인율이 높고 구매할 때 샘플도 많이 주니까 구입하고 싶다.
- 해결: 최근에 늘어난 눈가 주름이 고민이다. 이 문제를 해결하고 싶다.
- 안심: 피부에 바르는 크림이므로 적어도 부작용이 없었으면 좋겠다.
- 가족: 늘 찬바람을 쐬는 어머니에게 사랑을 담아 선물하고 싶다.
- 자부심: 국내 최고의 화장품 브랜드를 쓰는 것은 내 자부심을 높여 준다.

최신형 SUV 계약

- 이익: ○○카드 프로모션으로 가격 부담이 줄고 연비도 좋다. 그래서 유류비를 절감할 수 있다.

- 해결: 가족이 늘어 큰 차가 필요하다. 그리고 직장을 옮겨 무조건 차로 출퇴근해야 한다.
- 안심: 유수의 언론에서 안전성을 입증했고 고장 시 애프터서비스A/S가 확실하다.
- 가족: 초등학생 딸과 국내 맛집을 여행하기 위해 실내 공간에 여유가 있는 차를 구입하고 싶다.
- 자부심: 좋은 차는 집과 함께 중요한 재산 목록이다. 그리고 최신형은 내 체면을 세워 준다.

보험 가입

- 이익: 미래의 손실을 막고 싶다. 보장이 좋고 보험료가 싼 보험에 가입하고 싶다.
- 해결: 능력과 지갑이 함께 쪼그라든 노후에 병이 나면 자식에게 기대지 않고 병원에 가고 싶다.
- 안심: 평생 유지해야 할 보험이므로 이왕이면 자산 규모 면에서 안심할 수 있는 보험회사를 택하겠다.
- 가족: 내 아이(부모)를 위해 가입하고 싶다. 보험은 가족에게 남길 최선의 유산이다.
- 자부심: 이미 200만 고객이 선택한 대한민국 1등 보험이라는 사실만으로도 자부심이 생긴다.

배우자에게 아파트 분양 권유

- 이익: 인근보다 저렴한 평당 분양가, 장기적으로 봐서 시세 차익을 노려 볼 만하다.
- 해결: 직장과 거리가 더 가까워지니 출퇴근 문제가 해결된다.
- 안심: 작년에 분양한 인근 단지 역시 시세 차익을 봤고, 고속도로가 추가로 연결될 예정이니 가격이 떨어질 걱정은 없다.
- 가족: 최고의 학군을 자랑하는 지역이다.
- 자부심: 이름만 들으면 누구나 알 만한 건설사 그리고 그 건설사의 대표 아파트 브랜드다.

위에 제시한 예의 각 항목에서 당신이 가장 크게 고개를 끄덕인 기대 요소는 무엇이었는가? 다섯 가지 요소에 대한 기대의 크기는 사람마다 제각각이다. 고객도 마찬가지다. 아무리 당신이 세일즈 화법을 기막히게 준비했어도 실전에서 통하지 않는 이유가 바로 여기에 있다.

고객의 기대를 고취시키는 말 한마디

기대 3

중요한 다섯 가지 기대 요소가 선뜻 머릿속에 담아지지 않아 걱정인가? 그럼 '이익, 해결, 안심, 가족, 자부심'의 앞글자만 따서 이렇게 기억하라. '이해안가? 자!(버럭)'

만약 직장 후배가 당신의 말을 한번에 이해하지 못할 때 당신이 버럭 버럭 화를 내는 스타일이라면 더욱더 잘 기억할 수 있을 것이다.

"이해안가? (잠이나) 자!"(버럭)

다섯 가지 기대 요소를 정확하게 전하는 꿀팁

이익, 해결, 안심, 가족, 자부심까지, 이 다섯 가지는 당신의 세일즈 포인트를 뽑아낼 수 있는 기막힌 코드가 될 것이다. 다섯 가지 기대 요소에 대한 완벽한 이해를 위해 각각의 요소를 조금 더 자세하게 뜯어서 살펴보자.

1. 이익

샤넬 백은 비쌀까? 물론 비싸다. 질문을 바꿔 보자. 당신의 상품과 서비스 역시 비싼가? 당신이 거두절미하고 단지 '비싸다'라고 대답했다면 그건 세일즈맨인 당신의 고정관념일 수 있다. 만약 그렇게 생각한다면 당신은 비싼 상품을 아무 이유 없이 호갱(비싼 상품을 아무 이유 없이 사는 고객을 얕잡아 이르는 속어)에게 팔아 치우는 나쁜 사람에 불과하다. 또한 나의 상품과 서비스가 결코 비싸지만은 않다는 확신이 없다면 당신의 세일즈 화법엔 진정성이 담길 수 없다.

다시 질문으로 돌아가 보자. 샤넬 백은 과연 비싸기만 할까? 예를 들어 샤넬 백보다 훨씬 가격이 저렴한 10만 원짜리 가방을 구입했다고 가정해 보자. 그런데 옷장에 있는 옷과 코디해 보니 어울리는 옷이 없다. 싸다 싶어 샀지만 1년에 한 번 들까 말까다. 당신은 10만 원짜리 수표를 땅바닥에 내동댕이친 것과 같은 헛짓을 한 거다. 이게 진짜 비싼 거다. 만에 하나 다행히도 디자인이 예쁘다. 그래서 자주 들 수 있을 것 같다. 그런데 수납 공간이 엉망이라 가방으로서 본연의 역할을 해내지 못한다. 그래서 많이 들지 않게 된다면? 그 역시 진짜 비싼 거다. 또는 가방 끈 부분의 연결이 엉성하여 두 번 들었더니 끈이 떨어져 버렸다. A/S를 맡기려 했더니 A/S 비용은 고객 부담이란다. 매번 들 때마다 수

리비를 걱정해야 한다면 이것도 비싼 거다. 살 때는 분명 가격이 저렴한 가방이었는데 들면 들수록 돈 나갈 일이 걱정이다. 중고시장에 팔기로 결심한다. 10만 원짜리 가방이었지만, 중고거래가를 살펴봤더니 고작 만 원에 팔기도 쉽지 않다. 다시 한번 눈물을 머금는다. 내가 샀던 가방은 결코 싼 가방이 아니었다.

당신의 상품과 서비스가 결코 비싸지만은 않다는 확신을 갖기 위해 꼭 알아야 할 개념이 바로 이거다. '가격'과 '비용.'

가격은 단지 카드를 꺼내 긁게 되는 숫자에 불과하다. 상품의 가치를 결정하는 건 가격이 아닌 비용이다. 이 비용은 크게 네 가지로 구분해서 정리할 수 있다. '볼 때, 살 때, 쓸 때, 팔 때.'

- 볼 때: 상품을 구입하기 위해 탐색할 때 드는 시간적·금전적 비용 역시 돈이다. 그런 의미에서 보자면, 인터넷으로 구입하는 게 무조건 싸지만은 않다. 예쁘다 싶어 샀는데 내 사이즈가 아니다. 반품해야 한다. 반품 비용, 반품에 걸리는 시간 역시 당신이 활용할 수 있는 소중한 자산이기에 구입을 위해 탐색하는 비용 역시 돈으로 환산될 수 있다.
- 살 때: 우리가 싸다, 비싸다를 이야기하는 단편적 기준인 가격이다. 그런데 이건 어디까지나 전체 비용을 구성하는 일부임을 잊지 마라.
- 쓸 때: 상품과 서비스를 선택하여 유지할 때 드는 비용이다. 차를 예로 들자면 연비가 될 수도 있고, 패션 상품군이라면

A/S 비용이 될 수도 있다. 폴라로이드 카메라라면 추가로 구입해야 할 필름 비용이 될 수도 있다. 보험 상품이라면 매년 갱신할 때 올라가는 보험료가 될 수도 있다.

- 팔 때: 시간이 지나 나에게 이 상품이 더 필요하지 않을 때 발생하는 처분 비용도 중요하다. 같은 가방이라도 10만 원짜리 시장 가방보다는, 샤넬 백이 구입가에 가까운 제값을 받고 처분할 수 있지 않을까? 그런 의미에서 샤넬 백이 무조건 비싸다고만 할 수는 없다. 자동차의 경우 독특한 색상보다는 무난한 흰색이 중고시장에서 더 높은 금액에 거래된다면? 보험 역시 해지 환급금이 다른 상품에 비해 높다면? 고객의 입장에선 충분히 선택할 만한 이유가 생기는 것이다.

만약 당신의 고객이 단지 '이익'적 측면만을 가지고 이의를 제기한다면 이렇게 말하라.

"고객님께서 고민하시는 부분이 '가격'인가요, '비용'인가요?"

"고객님, '가격은 한순간이지만 품질은 영원하다'라는 말씀 들어 보셨죠?"

"고객님, 조금 더 싼 모델을 원하시는 마음 충분히 이해합니다. 하지만 싼 모델을 선택하신 고객님께 품질 문제로 앞으로 주욱 사과드리느니 비용에 대해 한번 설득하는 게 나을 것 같습니다. 다시 한번 설명드리고 싶습니다."

2. 해결

고객이 내 상품을 놓고 고민한다는 것은 머릿속에서 끊임없이 저울질한다는 뜻으로 해석하라. '내가 처한 문제를 당신의 상품이나 서비스가 어떻게 해결해 줄 수 있나요?'라고.

고객의 뇌 속 저울엔 두 개의 추가 대롱대롱 매달려 있다. 하나는 투자해야 할 '비용'이고, 반대쪽 하나는 나의 문제가 해결됐을 때 얻을 수 있는 '혜택'이다. 따라서 해결이라는 기대 요소를 활용하는 세일즈 화법은 두 가지를 이야기해야 한다.

'당신은 현재 이런 문제가 있다.'

'그리고 이 상품이 그걸 해결해 줄 것이다.'

예를 들어 주방 가구를 고객에게 판다면 '해결'이라는 기대 요소를 활용하여 이렇게 말할 수 있다.

"고객님, 엄지손가락의 손톱 한번 들여다보시죠. 미세하게나마 세로결들을 확인할 수 있을 겁니다. 몇 개나 보이나요? 맞습니다. 셀 수 없을 정도로 많이 보일 겁니다. 손톱의 세로결이 많다는 건? 애석하게도 고객님께서 이미 늙어 가고 있다는 증거입니다. 왜냐하면 어린아이들에게선 이게 잘 안 보이거든요. 우리 몸은 시간이 지날수록 늙어만 갑니다. 절대 젊어지지는 않죠. 더 안타까운 사실은, 몸은 갈수록 늙어만 가고 돈 쓸 일은 많아지는데 지갑은 갈수록 얇아져만 간다는 겁니다. 그래서 많은 고객분이 걱정하는 게 노후 준비라고들 하죠.(문제 제기)

여담이지만 노후 준비 다른 거 없습니다. 두 가지만 준비하면 든든합니다. 첫 번째는 내 상황에 잘 맞는 '보험'이고요, 두 번째는 바로 '주방'입니다.

앞으로 몸은 늙어 가고, 수입은 줄어들 겁니다. 지금이야 여력 되니까 외식도 자주 하시죠? 앞으로는 힘들 수 있지 않을까요? 남은 여생 자녀분들 출가시키고 난 뒤에, 두 분 알콩달콩 행복하게 맛있는 거 해 먹으려면 이 정도는 투자하십시오. 행복한 노후? 별거 없습니다. 잘 먹고, 잘 싸고, 잘 자고. 이 세 가지만 잘 하셔도 행복한 거 아니겠습니까? 맛있는 거 잘해 먹어야 잘 싸고, 잘해 먹어야 잘 자는 건 당연한 이치입니다. 자녀 키우실 때에도 무작정 공부하라고 강요만 하지는 않았을 겁니다. 부모로서 자녀가 집중해서 공부할 수 있는 환경부터 만들어 주지 않았나요? 주방도 마찬가지입니다. 좋은 환경이 바탕이 되어야 좋은 음식을 많이 만들 수 있습니다. 최고의 주방이 결국 최고의 노후 대비입니다.(문제 해결)"

3. 안심

비용적 측면에서 투자할 만한 가치가 있음을 충분히 설명하고, 나아가 고객의 문제를 해결해 줄 수 있음을 납득시켰음에도 고객이 망설인다는 것은 '불안함'이 남아 있다는 것이다. 아무리 좋은 조건을 고객에게 제시한다 해도 불안함이 해소되지 않으면 고객은 절대 선택하지 않는다. 고객을 안심하게 만들 수 있는 세일즈 화법의 재료들은 이렇다.

- 고객의 불안함을 제거할 수 있는 상품의 특장점
- 세일즈맨의 경력 및 보유 고객 수
- 회사(브랜드)의 연혁 및 자산 규모
- 상품, 또는 세일즈맨의 수상 이력
- A/S 시스템
- 전문 검사기관의 데이터
- 권위자 또는 유명인의 소견
- 현재 사용하고 있는 다른 고객의 후기

얼마 전 신한생명 설계사들을 대상으로 강의를 진행했다. 교육 전 그분들이 고객에게 상품을 설명하는 스크립트를 보며 아쉬운 점이 있었기에 강의 때 코칭을 해 드렸다.

"신한생명이기에 자랑할 점이 많은데 왜 그리 겸손하신지 모르겠습니다. 고객이 안심하고 선택할 수 있게끔 회사 자랑도 좀 하세요."

코칭한 세일즈 화법은 이러했다.

"고객님, 보험을 가입할 때에는 좋은 상품을 선택하는 것도 중요하지만, 좋은 보험사를 선택하는 것도 그에 못지않게 중요합니다. 좋은 보험사를 선택하길 원하십니까? 딱 두 가지만 보시면 됩니다. 첫째, 그 보험사의 돈 주머니가 큰지 둘째, 그 돈 주머니가 잘 열리는지입니다.

첫째, 신한생명은 돈 주머니가 큽니다. 2016년 기준 보험금 지급

여력 비율이 200퍼센트를 넘습니다. 현재 가입되어 있는 고객이 다 사망한다고 가정해 보겠습니다. 보험금이 싹 다 지급된다 해도 주머니에 돈이 남아 있습니다. 물론 그럴 일은 없겠지만, 돈 주머니에 남은 돈으로 한 번 더 지급된다 해도 돈이 남는 보험사가 신한생명입니다. 게다가 대한민국에서 존경받는 금융그룹으로 늘 손꼽히는 신한금융그룹의 신한생명입니다. 대한민국을 대표하는 은행인 신한은행을 가족으로 보유한 글로벌 금융그룹이라면 더 믿을 만하지 않겠습니까?

둘째, 아무리 돈 주머니가 크다 한들, 그 주머니가 잘 열리질 않으면 아무 의미 없을 겁니다. 동네에서 계모임 하나 가입해도 계주가 믿을 만한 사람인지 확인하시지 않습니까? 평생 함께해야 할 보험사를 선택하실 때에도 마찬가지입니다. 고객에게 좋은 보험사는 돈 주머니도 커야 하지만 한발 더 나아가 고객에게 문제가 생겼을 때 보험금 잘 내주는 회사일 겁니다. 그래야 걱정이 없습니다. 신한생명은 금융감독원 선정 민원발생평가 최우수 등급을 받았습니다. 민원 발생률이 낮다는 건? 그만큼 고객이 필요할 때 보험금을 빠른 시일 내에 잘 지급한다는 뜻입니다. 그래서일까요, 2016년 기준, 9년 연속 보험금 지급 능력평가에서 트리플 A를 받은 회사가 신한생명입니다. 초등학교 6년, 중학교 3년을 포함하여 9년 연속 전교 1등을 놓치지 않은 학생이 있다면? 대단하지 않습니까? 보험업계의 엄친아이자 모범생입니다. 신한생명과 함께하실 이유는 충분합니다.

4. 가족

'가족'이라는 가치는 한국사회에서 유난히 많은 고객들이 강하게 반응하는 기대 요소이다. 나를 위해 쓰는 만 원엔 손을 벌벌 떠는 엄마가, 아들을 위해 쓰는 30만 원은 아끼지 않는다. 이처럼 가족이야말로 고객의 지갑을 열게 만드는 최고의 명분이다.

쉬운 이해를 돕기 위해 당신이 얼마 뒤에 있을 여름휴가를 준비하는 중이라고 가정해 보자. 당신은 이것저것 준비하느라 바쁜 와중에도 불필요한 것을 처분해서 휴가 경비에 보태고 싶은 마음이 굴뚝같다. 특히 작년에 샀다가 딱 두 번밖에 들지 않은 빅사이즈 백이 영 눈에 거슬린다. 꼭 필요할 거라고 생각해서 구입했지만 별로 쓸 일이 없었다.

온라인 중고거래 사이트에 올릴까 고민하다가 문득 옆자리의 워킹맘 김 대리라면 빅사이즈의 백이 꼭 필요할 거라는 생각이 든다. 아이가 아직 어려서 이것저것 챙겨야 할 물건이 많을 것이기 때문이다. 당신의 가방을 그녀에게 팔려면 어떻게 설명해야 할까?

- 1안: "김 대리, 이거 매장에서는 절대 이 가격에 살 수 없는데 관심이 있으면 내가 싸게 줄게. 정가에서 50퍼센트쯤은 할인해 줄 의향이 있어. 대박 조건이지? 이거 딱 두 번밖에 사용하지 않았어. 잘 계산해 봐. 매장가의 50퍼센트면 어디 가서도 찾을 수 없는 대박 가격이야. 어때? 필요하면 말해."
- 2안: "김 대리, 인스타그램 보니까 주말에 아들이랑 좋은 시간 보냈던데? 역시 좋은 엄마야. 그런데 아이를 데리고 어딜

나가려고 하면 챙길 게 너무 많지 않아? 양손 가득 짐을 싸 들고 나갔다가 돌아오면 추억은커녕 마치 짐꾼이 된 듯한 기분일 거 같아. 참, 이 빅사이즈 백 이번에 중고거래 사이트에 내놓을 생각인데 관심 있으면 김 대리가 살래? 일단 사이즈가 커서 아들 데리고 외출할 때 웬만한 짐은 여기에 다 들어갈 거야. 짐은 한 손에 다 들고, 다른 한 손은 아들의 손을 잡고. 캬, 완전 그림이 그려지네."

1안과 2안 중 어느 쪽 설명이 더 워킹맘 김 대리의 마음을 움직일까? 어쩌면 김 대리는 어린이집에 맡겨 두고 출근한 네 살짜리 아들 이야기만 나와도 눈물을 글썽이는, 즉 가족이라는 기대 요소를 최우선시하는 사람일지도 모른다. 그런데 그녀를 설득하려는 당신이 1안처럼 단지 경제적 이익에만 집중해서 설명한다면 어떨까? 당연히 김 대리의 마음을 움직이기가 어렵다. 그건 완전히 맥락을 헛짚은 것이다.

한 보험사에 강의를 갔다가 연세 지긋하신 어머님 연배의 설계사님들께 웃픈(웃기면서도 슬픈) 이야기 하나를 들었다. 행복과 불행의 비밀번호에 관한 이야기였다. 행복의 비밀번호는 '9988234'라고 한다. '99세까지 88하게 살다가 2, 3일 아프고 죽는 것(4).'

반면 불행의 비밀번호는 '8899234'라고 한다. '88세까지 9질9질하게 살다가 2, 3년 더 아프고 죽는 것(4)'이란다. 참 공감되는 이야기지만 곱씹어 보면 웃기면서도 슬프다. 눈여겨볼 사실은 9988234든 8899234든, 행복과 불행을 좌우하는 가장 중요한 요소는 가족에게

'짐'이 되고 싶지 않다는 거다. 이 두 숫자의 의미를 곱씹으며 고개를 끄덕였다면 당신은 한국인이다. 그리고 가족이라는 기대 요소를 중요하게 생각하는 사람이라는 뜻이다. 당신의 고객도 마찬가지다.

만약 당신이 B2C영업(개인 고객을 대상으로 영업하는 세일즈)이 아닌 B2B영업(개인 고객이 아닌 기업이나 단체의 대표자를 대상으로 영업하는 세일즈)에 종사하는 세일즈맨이라면 가족이라는 개념을 고객(담당자)의 혈연 관계에만 국한해서는 안 된다. 가족의 범주를 확장하여 기업에 속한 다른 구성원들에게도 의미 있는 선택이라고 세일즈해야 한다.

저자인 나 역시 세일즈맨이다. 기업에 내 세일즈 교육 콘텐츠를 끊임없이 세일즈해야 하기 때문이다. 고객인 기업의 교육 담당자를 설득할 때도 마찬가지다. 강사료 할인(이익)도 중요하고, 세일즈 화법 구사 역량 강화(해결)도 중요하고, 강사의 과거 출강 이력 및 저서, 수상 이력 등 (안심)도 중요하다. 하지만 교육 과정에 참여하는 교육생들에게 딱딱하기만 한 교육이 아닌 함께 참여하는 과정을 통해 깔깔깔 웃으며 서로 친해지고 힐링될 수 있는 교육(기업의 교육 담당자 입장에서는 가족이라는 기대 요소)도 매우 중요한 세일즈 포인트가 될 수 있다.

인간은 한없이 이기적인 존재라고 한다. 하지만 때로는 주변인을 한없이 끔찍하게 생각하는 참 오묘한 존재이다. 따라서 때로는 가족이라는 기대 요소로 당신의 세일즈 화법을 재정비해야 한다.

5. 자부심

다섯 가지의 기대 요소 중 마지막 요소가 '자부심'이다. 자부심에 대해 설명하기 전 기억해야 할 점 하나가 있다. 다섯 가지 기대 요소가 아무렇게나 배열된 것이 아니라는 사실이다. 이익-해결-안심-가족-자부심의 배열을 보면 왼쪽에서 오른쪽으로 갈수록, 세일즈 화법으로 구사하기가 더 어렵다. 왜냐하면 더 많은 고민을 필요로 하기 때문이다. 세일즈 화법 구사의 난이도로 본다면 이런 식이다.

'이익 〈 해결 〈 안심 〈 가족 〈 자부심'

실제로 이익과 해결은 내 상품을 슬쩍 훑어만 봐도 눈에 쏙 들어오는 경우가 많다. 반면 안심, 가족, 자부심은 세일즈맨의 충분한 고민이 따라야 표현 가능한 기대 요소들이다.

강의를 할 때, 나는 교육생들과 함께 이 다섯 가지 기대 요소를 바탕으로 실제 상품의 세일즈 화법을 만들어 보는 실습을 한다. 그런데 교육생들은 다른 네 가지 기대 가치(이익, 해결, 안심, 가족)는 잘 만들지만 유독 '자부심' 요소를 설명할 때 많이들 어려워한다. 그래서 지금부터는 자부심을 설명하는 소소한 팁을 드리고자 한다. 자부심을 설명하려 할 때 뾰족한 아이디어가 떠오르지 않는다면 다음의 두 가지를 그 기준으로 생각하라. 그 두 가지 키워드는 '새롭다'와 '특별하다'이다.

① 새롭다

고객은 새로운 것을 좋아한다. "세상에서 가장 매력적인 여자는 처음 본 여자다."라고 말하는 남성들의 우스갯소리가 왠지 설득력이 있어 보이는 것도 같은 맥락이다. 디자인과 재질에 별다른 차이가 없는데도 가격이 저렴한 이월상품보다는 신상품에 더 눈길이 가는 것도 비슷하다. 실제로 신경과학자들은 우리의 뇌가 새로운 것에 더 매력을 느끼도록 설정되어 있다는 사실을 밝혀내기도 했다.

그 이유는 무엇일까? 새로운 것을 추구하는 성향은 아마 인류가 진화해 오는 과정에서도 상당한 이점으로 작용했을 것이다. 식량을 구할 수 있는 '새로운' 장소, '새로운' 인간과의 관계는 최소한의 생존을 보장받는 매력적인 조건이었을 테니 말이다.

어쩌면 그러한 경향이 우리의 DNA에 남아 비록 더 이상 수렵이나 채집을 하지는 않지만 본능적으로 새로운 것을 추구하도록 만드는 것인지도 모른다. 세일즈 역시 마찬가지다. 고객은 '구舊상'보다는 '신新상'에 눈길을 준다. 따라서 세일즈 화법에 '최초'라는 단어를 넣을 수 있다면 고객은 더욱 커다란 자부심을 느낄 것이다. 최초라는 단어는 홈쇼핑에서도 매우 좋아하는 말이다. 최초 구성, 최초 가격 인하, 최초 출시, 최초 혜택 등 최초라는 말을 빼놓고는 상품을 설명하기가 곤란할 정도니까.

최초가 성립되려면 기존의 것과는 분명 달라야 한다. 즉 판을 갈아엎어야 한다. 이것은 기업의 수많은 마케팅 사례에서도 단연 눈에 띄는 전략이기도 하다. 특히 후발주자가 선발주자를 따라잡기 위해서는 최초를 등에 업은 '판 갈아엎기'가 필수적이다. 과거에 하이트는 맥주 시장에서 철통같던 OB의 시장 점유율을 빼앗아 오기 위해 '천연 암반수'라는 말을 최초로 사용했다. 그리고 최근에는 여러 논란이 있긴 하지만 클라우드가 물 타지 않은 맥주라는 콘셉트로 시장 점유율을 늘려가고 있다. 소주 시장에서도 부드러움을 강조한 기업과 과일 소주를 들고 나온 기업이 시장을 잠식해 나가고 있다.

이처럼 새롭다거나 최초라는 말에는 고객의 자부심을 세워 주는 큰 힘이 있다. 누구나 새로운 것을 좋아한다. '새롭다'라는 말만으로도 고객은 '모험을 두려워하지 않는 자, 끊임없이 도전하는 자, 시대의 리더'가 되었다는 자부심을 느끼게 된다.

② 특별하다

자부심을 강조할 수 있는 두 번째 키워드는 '특별하다'이다. 고객이 누구든 당신의 상품을 특별하게 느끼면 당연히 반응을 보인다. 그렇다고 무작정 아무 근거 없이 당신의 제안이 특별하다고만 강조할 수는 없는 노릇이다. 그렇다면 무엇을 특별하다고 설명해야 할까? 당신의 상품(서비스), 고객이 현재 처한 상황 그리고 고객의 존재다. 이 세 가지를 말하라.

첫째, 내 상품 자체가 고객에게 특별하다는 것을 설명하라. 특별하지 않은 상품에 고객이 자부심을 느끼지는 않는다. 다만 내 상품을 특별하게 만드는 데에도 화법의 기술이 필요하다. 이 내용은 제3장의 '대조'를 이용한 화술 부분에서 좀 더 자세히 얘기할 것이다. 문제는 우리가 특별하다고 목소리 높여 강조하는 내용이 단지 내 제안(상품, 서비스 등)에만 국한되어 있다는 것이다. 고객에게 특별함을 강조하기 위해 추가로 설명해야 할 것은 바로 다음 두 가지다.

둘째, 상대가 처한 현재의 상황을 특별하게 설명하라. 결혼식을 앞두고 있으면 대개는 일생에 한 번밖에 없는 특별한 상황이라 여겨 특별한 선택을 하려고 한다. 결혼식장, 꽃 장식, 사진 촬영, 옷, 신혼여행 등에서 남보다 특별한 것을 선택하기 위해 고심한다. 결혼 관련 상품과 서비스를 파는 이들은 하나같이 결혼이라는 상황과 그 순간의 특별함을 강조한다. 당연히 고객도 특별한 순간임을 인지하고 있기에 좀 더 특별한 것을 기대한다.

당신이 고가의 캐리어 가방을 판매하는 사람이라고 가정해 보자. 결혼을 앞둔 고객에겐 이렇게 팔아야 한다. "결혼식이 얼마 남지 않으셨다고요? 그럼 신혼여행(특별한 상황)도 떠나실 텐데 특별한 것으로…"

이제 막 입사한 신입사원에게는 같은 캐리어 가방도 이렇게 팔아야 한다. "취업을 하셨다고요? 그럼 신입사원 연수(특별한 상황)를 떠나실 텐데 특별한 것으로…"

이처럼 고객이 처한 상황을 보다 특별하게 인식시키면, 고객은 당신의 화법을 통해 상품을 자부심이라는 기대 요소와 연결한다. 핵심을 정리하자면 이렇다.

"이럴 때(고객이 처한 상황)는 이런 게(당신의 제안) 격에 맞죠."

셋째, 고객의 존재를 특별하게 설명하라. 인간은 누구나 자신을 특별한 사람으로 대접해 주기를 기대한다. '너는 참 특별해. 너는 참 독특해. 너는 정말 개성이 강해.' 당신이니까, 당신이기에, 당신이 아니면 안 되기에, 당신은 특별하니까 등의 메시지는 고객의 자부심을 한껏 부풀게 만든다. 내 경험상 강사 섭외 회사에 근무하는 K씨는 섭외의 달인이다. 그녀가 나에게 섭외 문의를 해 올 때면 기존에 받던 강사료보다 적은 조건임에도 불구하고 쉽게 거절하기가 어렵다. 그녀가 보낸 섭외 메일의 끝자락에는 꼭 이런 문구가 적혀 있다.

"이번에 진행하는 세일즈 프로 과정의 프로그램 중 세일즈 커뮤니케이션 분야는 대한민국에서 황현진 코치님이 아니면 맡아 주실 분이 없어 이렇게 간곡히 부탁드립니다."

사실 나 말고도 대한민국에 세일즈 관련 강의를 하는 강사는 아주 많다. 그저 의례적인 말이라는 것을 알지만 그럼에도 그 문구를 읽으면 왠지 내가 꼭 해야 할 것 같은 의무감마저 느껴진다. 심지어 약간의 오만함도 불쑥 튕겨져 나온다.

"특별한 내게 제안하는 것이니만큼 이 제안이 특별해 보이는 걸. 맞아, 내가 아니면 누가 하겠어?"

고객 역시 늘 자신이 특별한 존재가 되기를 기대한다. 그러므로 '당신이기에 가능합니다', '당신은 특별합니다'라는 메시지로 세일즈하라. 성공 세일즈의 원동력으로 작용할 것이다.

당신이 만나는 고객이 누구든 사람마다 중요하게 기대하는 요소는 다 제각각이다. 그렇기에 당신은 핵심 기대 요소(이익, 해결, 안심, 가족, 자부심)를 늘 마음에 품고 있어야 한다. 하나라도 빠뜨리면 당신의 세일즈 그물은 그물코가 빠져 있는 셈이다. 그물이 엉성할 경우, 비어 있는 그물코 사이로 고객의 마음이 쏙쏙 빠져나가고 만다. 생각과 달리 고객이 내 화법에 찰떡같이 반응하지 않는다면, 이 다섯 가지 요소를 떠올리며 과연 어떤 그물코가 빠져 있는지 늘 확인해야 한다.

'3빡'하게 말하기

설득 없는 세일즈는 없다. 성공적인 세일즈를 하고 싶다면 먼저 설득에 대한 정의를 새롭게 내려야 한다. 그래야 적어도 고객의 입에서 '설득당했다'라는 볼멘 소리를 듣지 않는다. 내가 생각하는 설득의 정의는 이렇다. "진정한 설득이란, 말로써 '네'가 얻는 것을 설명하는 일이다." 다시 말해 설득(말씀 설設, 얻을 득得)이란 '내'가 얻기 위해 말로써 설명하는 일이 아니다. '네'(고객)가 얻는 것을 설명하는 것이다.

세 가지만 팍 꽂히게!

고객의 기대를 충족시킨다고 해서 무작정 앞서 살펴본 기대 요소를 주욱 늘어놓으면 오히려 헷갈릴 수 있다. 너무 장황한 화법은 고객도 힘들고 나도 힘들다. 모든 걸 다 말하려는 건 어디까지나 나의 욕심일 뿐이다. 그러면 과연 몇 가지 기대를 건드리는 것이 좋을까?

당신에게 주어진 시간은 오직 20분. 이 시간 내에 세일즈 프레젠테이션을 해야 하는 상황을 가정해 보자. 떨리긴 했지만 당신은 첫 단추를 잘 끼운 덕분에 어느덧 중반을 넘어 마무리를 향해 순탄하게 항해하는 중이다. 그때 불쑥 청중석에 앉아 있던 고객 중 하나가 손을 들고 질문을 한다.

"잘 들었습니다. 말씀 중 금액 측면(이익)뿐 아니라 귀사의 신뢰(안심)에 대한 이야기도 매우 인상적이었습니다. 그런데 제가 궁금한 것은 현재 처한 문제를 어떻게 '해결'할 것인가 하는 점입니다. 그 부분을 설명해 주실 수 있는지요?"

느닷없는 질문에 당황한 당신이 혹시라도 이렇게 말하지 않기를 바랄 뿐이다.

"아, 네. 고객님, 잠시만요. 제가 설명드릴 다섯 가지 포인트 중 아직 세 가지나 더 남아 있습니다. 먼저 가족(고객사의 임직원 만족 부분)과 자부심 부분을 마저 설명하고 대표님께서 궁금해하시는 해결 부분을 설명하겠습니다. 그러니 기다려 주시지요."

이건 망한 프레젠테이션이다. 매 상황마다 '이해안가자' 다섯 가지 기대 요소를 모두 설명해야 한다는 오해는 하지 않길 바란다. 이것은 어디까지나 세일즈의 포인트를 뽑아 내는 공식일 뿐, 매번 모든 것을 다 말해야 한다는 의미가 아니다. 그렇다면 '이해안가자'로 정리한 다섯 가지 세일즈 포인트 중 과연 몇 가지를 설명해야 할까?

여기에도 물론 딱 몇 가지라는 정답은 없지만 그에 대한 대답은 홈쇼핑 이야기로 대신하려 한다. 홈쇼핑 방송에 정해진 대본이 있을까, 없을까? 없다. 없을 뿐 아니라 있어서도 안 된다. 왜냐하면 한 시간의 방송 중에 몇 번이나 설명을 해야 할지, 그리고 한 번 할 때 몇 분간 설명해야 할지 등을 생방송 시작 전에 그 누구도 가늠할 수 없기 때문이다. 생방송에서 이뤄지는 설명 시간과 설명 횟수는 인간의 예측 가능 영역이 아니다.

공중파 인기 프로그램이 끝난 뒤 전국의 시청자들이 리모컨을 들고 채널을 돌리는 그 찰나의 타이밍(홈쇼핑에서는 이를 짧게 치고 들어오는 시간이라는 뜻으로 '재핑 타임'Zapping time이라고 한다.)이 언제 올지, 그리고 몇 분간 지속될 수 있을지 아무도 알 수 없다. 이번에 6분짜리 설명을 해야 할지, 10분짜리 아니면 1분짜리 설명을 해야 할지 미리 알 수 없기에 그저 물 흐르듯 방송의 흐름에 몸을 내던질 뿐이다.

상황이 이렇기에 홈쇼핑 대본을 딱 정해서 진행하는 것은 불가능하다. 그러면 쇼호스트들은 대체 무엇을 가지고 1분 혹은 10분간 쉬지 않고 떠들 수 있는 것일까? 그 비법은 다음의 두 가지에 있다.

'전체를 암기하지 말 것! 단지 세 가지만 인지할 것!'

여기서 인지한다는 것은 상품의 세일즈 포인트를 간략하게 세 가지 정도만 기억한다는 뜻이다. 가령 350밀리리터짜리 제주 삼다수를 판매한다고 가정해 보자. 이것을 '이해안가자'의 기대 요소에 맞춰 전달하려면 사전에 세일즈 포인트를 이렇게 정리할 수 있다.

- 이익: 세트 구매 시 가격이 20퍼센트 저렴하다.
- 해결: 그동안 500밀리리터 생수는 작은 핸드백에 넣고 다니기 힘들었으나 용량을 줄여 문제를 해결했다.
- 안심: 수질 안전 검사를 깐깐하게 거친, 믿을 수 있는 제주산 물이다.
- 가족: 아이 등굣길의 신발장 앞에 놓인 물 한 병은 부모의 세심한 사랑을 의미한다.
- 자부심: 제주 삼다수는 브랜드만으로도 제대로 된 물을 마신다는 뿌듯함을 준다. 여기에다 플라스틱 병 뚜껑의 크기를 절반으로 줄인 에코캡을 적용하여 지구 환경까지 고려한 친환경 제품이다. 난 물 한 병을 먹어도 환경을 생각하는 사람이다.

일단 다섯 가지 기대 요소로 세일즈 포인트를 뽑았다면 여기에서 고객이 기대할 수 있는 핵심 포인트를 세 가지로 간추려 전달해야 한다. 이익-해결-가족을 설명할지, 아니면 안심-가족-자부심을 설명할지는 당신의 선택에 달린 문제다. 단, 고객의 가장 큰 기대 가치를 발견해 반드시 거기에 초점을 맞춰야 한다.

특히 당신의 상품이 복잡하여 검증해야 할 것이 많다면 간결하게 포인트를 잡는 것이 더욱 중요하다. 가령 최근에 출고된 따끈따끈한 신차의 경우, 설명할 거리가 너무 많다. 고객은 그걸 다 들어 줄 정도로 인내심이 강하지 않다. 고객이 왜 구입해야 하는지에 초점을 두고 간결하게 설명해야 한다. 자동차의 새로운 사양이나 특징 등에 관해 열 가지씩 소개하는 것은 고객을 더 깊은 고민의 수렁으로 밀어 넣는 무책임한 행위이기 때문이다.

상품商品에서 '품'品은 본래 수많은 사람이 와글와글 의논하는 형상, 혹은 많은 물건이 늘어선 것을 나타낸다. 하지만 나는 그 '입 구'口 자 세 개를 어떤 상품이든 세 가지만 설명하라는 의미로 해석하고 싶다. 한두 가지도 좋지만 세 가지 '정도'는 되어야 부족함이 없어 보인다. 인간에게 가장 안정감과 신뢰감을 주는 숫자는 '3'이기 때문이다.

여하튼 다 설명하려 하지 마라. 세 가지가 넘어가면 고객이 제대로 기억하기도 힘들 뿐더러 오히려 피로감을 느끼고 말 것이다. 세 가지에 승부를 거는 것만으로도 충분하다. 그러므로 설명하기 전에 다음의 체크 리스트를 머릿속에 넣고 세일즈를 시작하라.

내 설명이 끝난 뒤, 고객의 뇌리에 박혀야 할 세 가지 단어는
＿＿＿＿,＿＿＿＿,＿＿＿＿이다.

여기까지 배웠다면 이렇게 외쳐 보자.
"거 좀, 3빡(세 가지만이라도 '빡' 꽂히게)하게 갑시다!"

'기대'를 발견하는
극강의 스킬, 질문

지난 결혼기념일, 아내에게 깜짝 선물을 하기 위해 백화점 화장품 코너에 간 적이 있다. 물론 가기 전에 아내의 화장대를 미리 살펴 아내가 즐겨 쓰는 브랜드를 알아두었다. 똑같은 상황에서 내가 경험했던 판매 직원의 태도에는 현격한 차이가 있었기에 소개하려 한다.

> 나: (아내가 쓰는 까만 사각형 화장품을 보며) 이건 얼마인가요?
> 직원 A: 네, 고객님 ○○원입니다.
> 나: 아, 그렇군요. 하나만 예쁘게 포장해 주세요.
> 직원 A: 몇 호를 쓰시나요?
> 나: 예? 호수가 따로 있나요?

직원 A: 물론이죠! 피부 타입에 따라 아홉 가지가 있습니다.

나: 헉, 아홉 가지나요? 그럼 호수를 모르면 살 수 없겠군요.

직원 A: 네.

나: (잠시 침묵이 흐른 뒤) 알겠습니다. 그럼 안녕히 계세요.

아내의 선물을 사는 데 실패한 나는 인근의 다른 백화점에 들어가 같은 브랜드 매장을 찾아갔다. 그리고 짐짓 모른 척하며 조금 전에 들렀던 매장에서와 똑같이 물었다.

나: (아내가 쓰는 까만 사각형 화장품을 보며) 이건 얼마인가요?

직원 B: 네, 고객님 ○○원입니다.

나: 아, 그렇군요. 하나만 예쁘게 포장해 주세요.

직원 B: 몇 호를 쓰시나요?

나: 예? 호수가 따로 있나요?

직원 B: 물론이죠! 피부 타입에 따라 모두 아홉 가지가 있습니다.

나: 헉, 아홉 가지나요? 그럼 호수를 모르면 살 수 없겠군요.
　　(여기까지는 이전 매장과 같다. 중요한 건 이 다음부터 이어지는
　　대화다.)

직원 B: 그렇긴 합니다만, 혹시 실례가 되지 않는다면 선물을 하
　　　　시려는 건지 여쭤 봐도 될까요?

나: 네, 아내한테 선물하려고요.

직원 B: 아, 그렇군요. 아내분이 꼭 이 제품을 원하시던가요?

나: 아뇨. 꼭 그런 건 아니지만 아내의 화장대를 보니 주로 이걸
   쓰는 것 같아서요.

직원 B: 와! 자상한 남편이네요.

나: 아, 아닙니다. 하하.

직원 B: 고객님, 선물용이라면 요즘 굉장히 반응이 좋은 상품이
   있는데 제가 소개드려도 괜찮을까요? 호수에 관계없이
   여성들이 누구나 좋아하며 즐겨 쓰는 상품이 있거든요.

나: 아, 그래요? 그럼 저야 좋죠. 보여 주세요.

질문만 바꿔도 더 팔 수 있다

원래 사려던 상품은 아니었지만 결국 나는 두 번째 매장에서 예상
금액을 훨씬 초과하는 화장품을 샀다. 선물을 받은 아내는 무얼 이렇
게 비싼 걸 샀느냐며 타박했지만 아내의 광대는 하늘로 치솟았다.

직원 A와 직원 B의 행동에는 어떤 차이가 있었을까? 바로 '질문'이
다. 똑같은 상황이지만 직원 A는 질문을 하지 않았다. 하지만 직원 B
는 고객인 나를 관찰하고 질문했다. 남성이 혼자서 여성 화장품 코너
를 기웃거린다는 건? 99퍼센트 선물용 구입을 고민하는 고객이다. 특
히 남편이 아내가 사용하는 화장품의 호수도 모르고 구입하러 왔다는
건? 깜짝 선물임을 암시한다. 아내를 위한 깜짝 선물을 목적으로 한다
면, 내 기대 요소는 '이해안가자' 중 가족이다. 그렇다면 판매 직원은 내
가 가격을 물어본 그 상품만 사야 하는 것은 아니라는 걸 간파하고 질

문을 던져야 한다.

처음부터 무엇을 말할지 고민하지 마시라. 그 이전에 최우선시해야 할 것은 고객에 대한 관심이다. 그 관심이 관찰 기회를 만들어 줄 것이다. 고객에게 관심도 없으면서 당신의 목적에만 관심을 두고 접근하는 것은 저급한 커뮤니케이션이다. 당신의 목적은 잠시 접어 두자. 오히려 고객의 관심에 집중해 먼저 마음을 얻어야만 한다.

고객의 기대 요소를 발견하는 가장 좋은 방법은 질문이다. 질문은 고객 마음의 문을 여는 단 하나의 열쇠다. 똑같은 상품을 똑같은 고객에게 판다 해도 질문은 당신의 목적을 달성하는 데 유리한 고지를 점령하게 만들 것이다. 다음의 두 문장을 비교해 보라.

- 담배는 백해무익합니다. 끊는 것이 좋습니다.
- 담배를 꼭 피워야 할 이유가 있을까요? 그걸 끊기 힘든 이유
  는 무얼까요?

금연의 유용성이라는 똑같은 메시지를 설명하는 두 문장 중 사람들은 어느 쪽에 더 마음을 열까? 일방적 주장이나 강요는 오히려 마음의 문을 더 닫아 버린다. 그와 달리 질문은 상대에게 스스로 생각할 시간을 주면서 부드럽게 나의 의도대로 이끌어 준다.

특정 질문과 확대 질문

《질문력》의 저자 마사히코 쇼지는 "질문에는 상대를 간파하고 상황을 장악하는 놀라운 힘이 있다."라고 말한다. 나 역시 전적으로 동의한다. 질문은 여러 가지 범주로 구분할 수 있지만 세일즈 화법에서 적용할 만한 질문을 편의상 세 가지 기준으로 구분해 보았다. 그 첫 번째 구분은 특정 질문과 확대 질문이다.

특정 질문

겨냥하는 것이 무엇인지 정확히 알고 던지는 질문이다. 이 경우 대답은 대개 '예' 혹은 '아니요'로 돌아온다. 즉 무언가를 확인하거나 부인하기를 원하는 것이다. 이는 폐쇄형 질문이라고도 한다. (시험문제로 치면 객관식 느낌이다.)

확대 질문

미끼를 던져 상대가 원하는 기대가 무엇인지 깊이 있게 말하도록 만드는 질문이다. 고객의 내면을 들여다볼 수 있는 깊이 있는 질문이기에 개방형 질문이라고도 한다. (시험문제로 치면 서술형 느낌이다.)

위의 두 종류 중 어느 쪽 질문이 더 좋은 질문일까? 당신이 '확대 질문'을 골랐다면 한 번 더 생각해 봐야 한다. 세상에서 가장 무서운 질문이 '다짜고짜 확대 질문'이기 때문이다. 예를 들면 이런 질문들이다.

"10년 뒤 당신은 가족에게 어떤 모습으로 기억되길 원합니까?"

"당신 인생의 목적은 무엇입니까?"

언뜻 보면 멋진 질문처럼 보인다. 그러나 정작 대답을 해야 하는 상대의 입장에서는 난감하다. 오히려 마음의 문이 탁 닫힐 수도 있는 질문이다. 약간 과장을 더하면 길을 걷다가 느닷없이 "도를 아십니까?"라는 질문을 받은 것처럼 당혹스러울 수 있다.

따라서 이전부터 잘 알고 지내온 막역한 사이가 아니라면 '다짜고짜 확대 질문'은 신중하게 할 필요가 있다. 물론 확대 질문이 좋지 않은 질문이라는 얘기는 아니다. 다만 질문의 목적이 성공적 세일즈에 있다면 고객을 향한 질문의 순서를 좀 더 전략적으로 배치하는 것이 좋다는 것이다.

'특정 질문 → 확대 질문'의 순서로 질문하라.

특정 질문은 단순해 보이지만 어쨌든 고객이 좀 더 쉽게 답할 수 있는 질문이다. 예 또는 아니오로 쉽게 답할 수 있기 때문이다. 본격적인 설명에 앞서 특정 질문으로 고객에게 '예!'라는 대답을 많이 이끌어 내면 당연히 유리하다.

이는 일관성의 원칙이라고도 한다. 설명하기 전에 많은 예스 질문을 하면 고객의 이성과 감정이 부드러워지면서 마음의 문이 서서히 열린다. 쇼호스트 시절 즐겨 사용하던 화법 전략 중 하나가 바로 특정 질문의 연속이었다. 예를 들어 보험상품을 설명해 최종적으로 '예'라는 긍정적 답변을 이끌어 내고자 할 경우, 확대 질문에 앞서 고객이 계속 고개를 끄덕일 만한 질문을 던지는 것이다. 설령 고객이 대답하지 않더라도 속으로 당신의 예스 질문에 수긍할 정도면 충분하다. 예를 들어 보자.

누군가에게는 설렘이었고, 누군가에게는 지긋지긋함이었던 명절이 또 이렇게 지나갔네요?(예스) 명절 잘 보내셨습니까?(예스) 피 섞인 가족이지만 1년에 한두 번 만나다 보면 막상 만나서 할 이야기도 많지 않은 게 현실이죠?(예스)

한 조사에 따르면 명절에 가족들이 모여 가장 많이 하는 놀이가 고스톱이라고 합니다. 어색함 없이 시간 때우기에는 이만한 게 없다더라고요?(예스)

그런데요 고객님, 전국 어딜 가든 고스톱 룰에는 약간의 차이가 있겠지만 필승 전략은 어느 지역이나 같더라고요. 궁금하시죠?(예스)

고객님께서는 이 전략을 아는지 여쭤 보겠습니다. 당신이 선을 잡았고, 바닥엔 똥광과 똥쌍피가 깔려 있습니다. 뭐부터 드시겠습니까? 당연히 쌍피부터 챙기시지 않겠습니까?(예스)

화려해 보이는 광보다 쌍피 먼저 챙기는 게 어느 지역에서든 통하는 필승 전략이랍니다.(예스)

이유는 분명합니다. 광으로 내가 점수를 내는 것보다 중요한 건, 일단 피박부터 면해야 되는 거 아니겠습니까?(예스)

보험도 마찬가집니다. 주변에 혹시 보험에 가입해서 부자될 수 있다고 하는 설계사가 있다면, 그 설계사는 사기꾼입니다.(예스) 보험은요, 언제 닥칠지 모르는 지독한 가난으로부터 나를 지키는 최소한의 장치여야 합니다.(예스)

당신의 보험이 절대 쓸 일 없는 똥광인지 아니면 언젠간 나를 지킬 똥쌍피인지 확인해 봐야 되지 않겠습니까?(예스)

심심풀이로 하는 고스톱에 보험상품을 잘 선택할 수 있는 명쾌한 기준이 담겨 있습니다. 고스톱 치실 때 패를 내 마음대로 바꾸는 건 불가능하지만, 보험은 내가 원하는 패로 바꾸실 수 있습니다. 3분이면 됩니다. 어차피 멍하니 있어도 금방 흘러가는 시간이 3분입니다. 보신 김에 3분 더 들어 보면 제대로 된 똥쌍피 챙길 수 있습니다. 괜찮으시죠?(예스)

이것은 특정 질문인 예스 질문을 이용해 내가 원하는 곳으로 고객을 몰아간 사례다. 이제 당신이 원하는 것을 알아낼 수 있는 확대 질문으로 고객의 기대 가치를 파악해 보자.

"그런 의미에서 여쭤보고 싶은 게 있습니다. 현재 가입되어 있는 보험을 처음 가입하실 때 어떤 생각을 가지고 선택하셨습니까?"(확대 질문)

고객은 이미 내게 긍정의 신호(예스)를 충분히 보낸 뒤라 자칫 부담스러울 수도 있는 후속 질문(확대 질문)에도 쉽게 대답할 수 있다. 이제 남은 과제는 고객의 말을 잘 듣고 핵심 기대 요소를 발견하는 것이다.

당신 역시 특정 질문의 위력을 느꼈기를 바란다. 언뜻 보기에 특정 질문은 쉬워 보일 수 있다. 그러나 확대 질문보다 오히려 더 많은 준비가 필요한 질문이 바로 특정 질문이다.

특정 질문은 어려울까 아니면 쉬울까? (이것도 특정 질문이다. 나는 당신에게 절대 '특정 질문은 어떤가요?'라고 묻지 않았다.) 어렵게 느끼는 게 정상이다. 하지만 여기 특정 질문을 쉽게 건넬 수 있는 몇 가지 팁이 있다.

- "최근 작게 계획하는 일이 있군요. 잘되길 바랍니다."
- "학창시절에 큰 실패를 경험했군요. 그것이 앞으로 당신에게 큰 자양분이 될 거라고 믿습니다."
- "인상이 좋아서 남들은 마냥 사람 좋은 줄로만 알 수도 있으나 제 생각은 다릅니다. 당신은 '이건 진짜 아니다' 싶으면 뒤도 돌아보지 않고 확 인연을 끊는 타입 같습니다."
- "일하는 모습을 보면 누군가에게 보이기 위해서가 아니라 매 순간 스스로 작은 보람을 느끼며 큰 힘을 얻는 것 같습니다."
- "남들 앞에 서는 걸 두려워하지만 막상 부딪치면 잘 해내는 편이죠? 또 그걸 통해 뿌듯함을 느끼기도 하고요."
- "일 처리하는 걸 보면 제대로 준비되지 않을 경우 좀 망설이는 것 같습니다. 그건 그만큼 꼼꼼하고 치밀하다는 증거기도 하지요."

신기하게도 이 모든 질문이 당신에게 해당되지 않는가? 이 질문을 받은 대한민국 국민 중 과연 몇 명이나 '아니오'라고 외칠 수 있을까? 사람은 누구나 관념적이고 모호한 말을 들었을 때, 자신의 이야기라고 합리화하며 믿으려는 경향이 있다.

심리학에서는 이것을 포러 효과Forer Effect 혹은 바넘 효과Barnum Effect 라고 한다. 사람들이 보편적으로 갖고 있는 성격이나 심리적 특징을 자신만의 특징으로 여기는 경향을 일컫는다. ('암묵적 자기중심주의'라는 말로 불리기도 한다.) 신문에 나오는 '오늘의 운세'를 보고 하루의 운을 점치고, 혈액형을 통해 사람을 섣불리 판단하는 것이 모두 여기에 속한다. 심지어 어떤 사람은 혈액형별 특성에 맞춰 자신의 행동까지 조절하려 한다.

결국 본격적인 상품 설명에 앞서 던지는 예스 질문은 고객에게 관심만 기울인다면 사전에 얼마든지 준비할 수 있다. 유능한 마라톤 선수 옆에는 항상 페이스메이커가 있다. 그들은 선수가 지치지 않게 혹은 목표를 달성할 수 있게 함께 달려 준다. 절대로 차를 타고 옆에서 달리며 선수에게 빨리 달리라고 윽박만 지르지는 않는다. 우리가 고객의 입장에서 설명할 때도 마찬가지다. 높은 곳에 서서 고객에게 윽박지르는 것(고객님, 사세요!)이 아니라 상대가 편안하게 발걸음을 떼도록 만드는 페이싱pacing(고객님, 그렇죠? 그렇죠?)이 곧 성과로 통하는 세일즈 질문 전략이다.

내 경험을 비춰 보건대 '예스'를 이끌어 내는 질문을 무수히 많이 던질 필요는 없다. (심리학에서는 4회 이상 '예'라고 답한 경우 곧바로 부정적 신호를 보내기 어렵다는 결과도 있기는 하다.) 다만 딱 한두 가지라도 좋으니 무시무시한(?) 확대 질문을 던지기 전에 고객이 긍정의 신호를 먼저 보내도록 질문하라.

앞서 말했듯, 나 역시 세일즈맨이다. 내 콘텐츠와 노하우를 전하고 기업으로부터 돈을 받는다. 그래서 내가 가는 곳이 강연장이든, 컨설팅을 의뢰한 기업의 사무실이든, 나에겐 모두 소중한 세일즈 현장이다. 그러기에 나 역시 나의 고객(교육생, 기업 담당자)을 만날 때 그들에게 많은 질문을 던진다. 단, 어렵지 않은 질문부터 시작한다. 다음은 내가 강의를 시작할 때 교육생에게 던지는 특정 질문들이다. 당신의 세일즈 화법에도 참고할 만한 의미 있는 질문들이다.

교육을 시작하며

- 업무 때문에 많이 바쁘시다고 들었습니다. (예스, 대한민국에 바쁘지 않은 사람은 없다지요.)
- 귀한 시간을 내시기가 쉽지는 않았을 것 같습니다.(예스)
- 즐겁고 유익하게 진행돼도 괜찮지요?(예스)
- 예정된 종료 시간은 네 시지만 시간을 꼭 채우지 않아도 괜찮을까요?(예스)
- 그렇다고 쉬는 시간을 너무 짧게 드리면 안 되겠죠?(예스)

물론 청중이 일일이 대답하는 것은 아니다. 따라서 답변이 나오지 않아도 전혀 위축될 필요가 없다. 한국인의 특성 중 하나가 적극적으로 나서서 답변하는 것을 어려워한다는 것이니까.

여담이지만, 공식 석상에서 앞에 선 연사가 청중에게 "질문을 해도 되겠습니까?"라고 물으면 한국인은 백이면 백 "예."라고 대답한다. 그런데 뒤에 따라붙는 말이 참 재미있다.

'저만 빼고요.'

교육생들도 세일즈맨인 나에겐 고객이다. 그들이 당황하지 않게끔 쉽게 답할 수 있는 질문으로 친밀감을 형성했을 때 비로소 나의 진짜 고객을 만들 수 있다. 정교하게 짜인 특정 질문이 이어지는 확대 질문의 성패를 좌우한다는 사실을 명심하라.

혹여 당신의 특정 질문에 고객이 '아니오'를 외쳤다 해도 절대 실망할 필요는 없다. 적어도 고객이 왜 나의 제안을 불편해하는지 그 이유를 알아낼 최초의 단서는 발견된 셈이니까. 얼마 전 강의차 다녀온 어느 보험사 콜센터에 이런 현수막이 걸려 있었다.

"고객이 'No'라고 외치는 순간, 세일즈는 시작된다!"

부정 질문과 긍정 질문

부정 질문은 부정적인 연상을 하게 만드는 질문이다. 반면 긍정 질문은 그 반대를 말한다. 당연히 우리는 고객이 긍정적인 연상을 하도록 만드는 긍정 질문으로 세일즈를 시작해야 한다. 프로이트의 제자이자 심리학자인 알프레트 아들러Alfred Adler는 실험을 통해 나쁜 소식을 전하는 사람보다 좋은 소식을 전하는 사람에 대한 이미지가 더 좋다는 사실을 밝혀냈다.

긍정적인 연상은 이야기하는 사람에게도 긍정적 이미지를 심어 주며 부정적인 연상은 이야기하는 사람에게 부정적 이미지를 심어 준다. 직장 내에서도 인정받는 직원은 늘 긍정적이다. 이를테면 그들은 '그건 힘들 것 같습니다', '어렵습니다'보다 '힘들겠지만 성과를 내 보겠습니다'나 '쉽지는 않겠지만 해 보겠습니다'라고 말한다.

유능한 상사는 실적이 저조한 부하직원에게 조언을 건넬 때도 긍정적인 연상을 일으키게끔 말한다. '이 업무에 적응하지 못하는 이유가 뭔가?'보다는 '신입사원 시절 어떤 업무를 맡고 싶었나?'라고 묻는다. 가령 '신입사원 시절 어떤 업무를 맡고 싶었나?'라는 질문에 부하직원은 어떤 대답을 하게 될까? 누구든 입사할 때는 희망찬 포부와 기대가 있었다. 현재 직장생활이 고단하다 해도 신입사원 시절을 떠올리면 자신도 모르게 자연스레 긍정적인 대답을 하게 마련이다. 반면 '이 업무에 적응하지 못하는 이유가 뭔가?'라는 부정 질문은 어떨까? 노력하여 해결할 수 있는 돌파구가 분명 있음에도 불구하고, 부하직원 스스로가 자신이 이 업무에 적응하지 못하는 열세 가지의 이유를 속으로 생각하며 더 깊은 슬럼프에 빠질 수 있다.

학창 시절, 가출을 밥 먹듯이 하던 친구가 있었다. 가출할 때마다 그 친구의 종착점은 경찰서였다. 그 친구 덕분에 여러 번 경찰서로 친구를 데리러 갔던 기억이 있다. 친구의 말에 의하면, 경찰서에 갈 때마다 경찰관들은 친구에게 이렇게 타박했다.

"또 너냐?"

"언제 철이 들래?"

그런데 하루는 처음 보는 경찰관이 그 친구에게 색다른 질문을 하더라란다.

"전에 가출했을 때 어떤 계기로 다시 집으로 돌아갈 수 있었니?"

이 질문 때문인지는 몰라도 이후 친구의 가출 횟수는 눈에 띄게 줄어들었다. 같은 질문도 긍정적인 연상을 일으킬 수 있다면 그 결과는 달라질 수 있다. 물론 당신의 고객이 가출 청소년은 아니다. 하지만 가출 청소년의 마음도 돌릴 수 있는 긍정 질문의 위력이 고객에게도 통하지 않을까?

우리 말은 '아' 다르고, '어' 다르다. 긍정 질문과 부정 질문은 분명 다르다. 세일즈의 세계에서도 어떤 질문에 고객이 흔쾌히 속내를 드러낼지는 분명하다. "고객님, 지금 당장 결정을 못 내리시는 이유가 뭘까요?"보다는 "고객님, 어떤 고민을 제가 해결해 드리면 더 편하게 선택하실 수 있을까요?"가 낫다.

과거 질문과 미래 질문

긍정 질문은 시간 개념과 연결될 때 더 큰 힘을 발휘한다. 과거와 미래는 '현재'라는 시간 고리로 연결되어 있다. 당신이 고객의 기대를 발견하기 위해 질문을 하는 시점은 현재다. 따라서 먼저 고객이 과거에 행복했던 경험(긍정적 연상)을 캐내고, 그 과거의 긍정적 연상을 미래에 대입해 주어야 한다.

과거 질문이란 고객이 과거에 경험했음직한 긍정적 연상을 이끌어 내 질문하는 것을 말한다. 예를 들면 다음과 같은 질문이 있다.

"과거에 하셨던 선택 중에서 지금 생각해도 '참 잘했다' 싶은 경험이 있으십니까?"

당신이 만나는 고객의 현재는 과거와 긴밀히 연결되어 있다. 과거에 행복했던 기억은 당연히 현재에 영향을 미친다. 그러므로 우리는 긍정적 연상의 힘을 활용할 줄 알아야 한다. 즉 고객이 과거의 선택에서 경험했던 긍정적 연상을 이끌어 내 현재 구매하고자 하는 상품에 대입하도록 도와주어야 한다.

미국의 한 보험회사에서 매년 말 보험료의 일정 부분을 가입자에게 돌려주는 상품을 내놓았다. 세일즈 포인트는 '13월의 월급을 받아라'였다. 보험 설계사들은 이 상품을 권유하면서 이렇게 말했다.

"고객님, 이 상품은 흡사 연말에 생각지도 못했던 보너스를 받는 것과 마찬가지입니다."

그 상품은 보험료가 다른 상품에 비해 꽤 높았음에도 불구하고 출시되자마자 날개 돋친 듯 팔려 나갔다. 이유는 뭐였을까? 당신도 잘 알고 있듯이 좋은 보험은 보험료가 비싸다. (보험료가 이상하게 싸다면 그건 보장이 약한 보험일 수 있기에 한번쯤 의심해 봐야 한다.) 이 보험도 마찬가지였다. 보장이 좋은 만큼(13월의 월급을 따로 주는 만큼) 보험료가 비쌌던 거였다. 고객의 입장에서 보자면 자기가 낸 돈 그대로를 돌려받는 격이었을 수도 있었는데, 그럼에도 불구하고 이 상품에 가입한 고객은 마치 자신이 과거에 받았던 보너스를 받는 듯한 느낌이 들었다고 말했다. 즉 고객이 과거의 긍정적 경험을 연상하는 순간, 상품에 훨씬 더 좋은 이미지가 부여된 것이다. 역사를 잊은 민족에게 미래는 없다고 했던가. 고객의 과거를 잊은 세일즈맨에게 성과는 없다.

반대로 미래 질문은 '앞으로 이러저러하게 될 수 있다'는 기대를 갖도록 만드는 질문이다.

"이 상품 혹은 서비스로 앞으로 무엇을 이루고자 하십니까?"

이러한 질문은 고객의 막연했던 기대를 좀 더 구체화하도록 돕는다.

당신이 자동차를 판다고 가정해 보자. 전시장에 방문해 상품(차)을 둘러보는 고객에겐 이런 미래 질문을 던질 수 있다.

"보시면 실내 공간이 참 넓습니다. 둘째가 아직 어리다고 하셨는데, 카시트는 어느 쪽에 설치하실 건가요?(미래 질문) 제 생각에는 뒷좌석 오른쪽이 더 안전할 거라고 생각이 됩니다만, 어떠신지요?"

집을 사려고 하는 고객에게는 이렇게 질문할 수 있다.

"앞쪽에 작게나마 텃밭이 있습니다. 많은 양은 아니지만 네 가족 드실 양은 충분히 농사 지으실 수 있어요. 사장님은 어떤 종류의 채소를 심고 싶으신가요?(미래 질문)"

고객은 아직 차를 사지도, 집을 사지도 않았다. 하지만 미래 질문을 던져 긍정적 연상을 하게 만들었다면 고객의 뇌에선 뿌옇던 기대의 그림에 화사한 색깔이 덧씌워지는 현상이 일어난다. 구체적인 색깔의 그림은 강렬하기에 긍정적인 미래 질문은 고객의 선택을 돕는다.

다음은 한샘에서 인테리어세일즈 전문가들을 대상으로 강의했을 때 코칭해 줬던 세일즈 질문들이다. 당신이 가구, 주방, 욕실을 판매하는 세일즈맨이 아니어도 괜찮다. 세일즈를 관통하는 핵심은 어떤 분야든 동일하니까. 당신의 상품과 서비스에 대입하며 차근차근 읽어 보라. 탁월한 질문의 영감이 떠오를 것이다.

- 주방은 주로 어느 분이 많이 쓰나요?(의사 결정권자를 최소한으로 줄여 향후 고객의 결정을 쉽게 만드는 질문)
- 현재 쓰고 있는 주방에서 어떤 부분이 달라지면 더 편하게 쓸 수 있을까요?(고객의 현재 문제 상황을 인식하기 위한 질문)
- 현재 쓰고 있는 주방을 선택했던 가장 큰 이유는 뭐였을까요?(고객의 과거 구매 패턴을 확인하기 위한 질문)
- 제가 고객님께서 충분히 이해하실 수 있게끔 잘 설명했는지 궁금합니다.(고객 반응 확인) 주요 특징들을 다시 한번 설명 드릴까요? (약간의 트릭이 있는 질문이다. 이 질문에 고객이 예라고 대답하면, 세일즈 커뮤니케이션을 더 이어갈 수 있다. 만약 아니오라고 대답해도 괜찮다. 상품의 장점을 충분히 이해했음을 직접 시인하게 된 거다. 이후 이어질 고객의 반박 정도가 약해질 것이다.)
- 아, 충분히 알아보고 오셨군요. 잘하셨습니다. 그럼 제가 고객님께 몇 가지만 여쭙고 비용 상담을 도와드리고 싶은데, 괜찮으시죠? 이쪽으로 모시겠습니다.
- 마음에 든다고 해 주시니 감사합니다. 그럼 일단 선택하셨다

고 가정하고, 고객님께 가장 유리한 조건을 알아봐 드려도
괜찮으실까요?

- 상품도 마음에 들고, 조건도 괜찮다고 판단되거든 오늘 결정
  하시는 데에 어려움이 있을까요?(고객의 결정장애를 인정하
  고, 지나친 결정 지연을 사전에 방지하는 질문)

- 혹시 최종 결정하시기 전에, 함께 오신 분 말고 또 다른 분과
  도 상의해 보셔야 하나요?(최종 의사 결정권자를 파악하는 중
  요한 질문)

- 선택하는 데 가장 고민되는 부분이 어떤 건지 말씀해 주시
  죠. 저도 같이 고민해 보고 싶습니다.

이상으로 세일즈 현장에서 활용할 만한 다양한 질문의 유형을 세 가
지 기준으로 구분해 다양한 사례와 함께 살펴보았다. 여기서 주의할 점
은 어떤 질문을 고객에게 던지든 질문한 뒤에는 무조건 '간격'을 두어
야 한다는 것이다. 짧게는 3초, 길게는 5초 이상 간격을 두라. 고객이
답을 하든 하지 않든 이 간격은 무조건 필요하다. 이러한 간격을 두지
않으면 질문을 받은 고객의 머릿속에선 '생각 추돌' 현상이 일어나고
만다. 교통 정리를 하듯 질문에 대한 생각의 흐름을 고객 스스로 충분
히 정리하길 기다렸다가 이어서 설명해야 한다.

세일즈 화법도 중요하다. 하지만 질문으로 고객의 마음을 열지 못하
면 당신의 화법이 들어갈 틈은 없다. 탁월한 질문은 고객의 마음에 틈
을 만들어 문이 열리게끔 만드는 황금 열쇠다.

베스킨라빈스 질문 게임

세일즈를 주제로 강의할 때, 질문의 중요성과 관련해 종종 진행하는 게임이 있다. 일명 '베스킨라빈스 31 질문 게임'이다.

게임 규칙은 이렇다. 일단 두 명씩 짝을 이뤄 각각의 역할을 맡게 된다.(한 명은 세일즈맨, 다른 한 명은 고객) 세일즈맨은 제한시간 내에 고객에게 다음과 같은 가정용 금고를 팔아야 한다.

▲ 가정용 금고. 상세 기능 및 가격 등은 모두 미정

판매가 종료되면 고객에게 구매 희망 금액을 돌아가며 물어본다. 교육생 중 가장 높은 금액을 제시한 조의 '세일즈맨'에게 작은 선물을 준다.

게임 규칙

• 판매 제한시간 4분(3분 질문 + 1분 설명)

- 판매 시작 후 3분 동안 세일즈맨은 고객에게 오로지 질문만 가능
- 3분의 질문시간 이후 마지막 1분 동안만 상품 설명 가능
- 다만 세 가지 사항, 즉 '의견 피력형 질문', 구매자 답변 중 '중간에 말 끊기', '왜요?'라는 질문은 금지함.(3회 이상 위반 시 판매 종료. '왜요?'보다 어감이 부드러운 '어떤 이유에서인지 궁금합니다' 정도는 허용)

* 주의사항: 고객은 세일즈맨의 질문에 최대한 성의 있는 태도로 답변해야 함.

3분간의 질문과 1분 동안의 상품 설명이 끝나면 고객에게 구매 희망 금액을 물어본다. 그 답변은 1만 원부터 300만 원까지 매우 다양하다. 그중 고가의 금액을 지불할 의향이 있다고 답변한 고객에게 그 이유를 물어보면 어떻게 상품을 팔아야 하는지와 관련해 많은 영감을 얻을 수 있다.

똑같은 상품을 팔았지만 고객이 구매하는 이유는 다음과 같이 천차만별이다.

- 300만 원: "부잣집 사모님의 필수품이라니까 괜히 기분이 좋아지던데요?"
- 200만 원: "제가 즐겨 쓰는 고가 화장품을 오래 보관할 수 있는 신선 냉장고 기능을 탑재했대요."
- 180만 원: "아기와의 소중한 추억을 평생 소장할 수 있다니

비싸도 사고 싶더라고요."

- 150만 원: "환율 변동과 관계없이 제 현금자산을 지켜 줄 최적의 장소라니 아깝지 않아요."

총 4분 중에서 질문에 3분이나 쓰는 것을 불합리하다고 생각하는 사람이 있을지도 모른다. 하지만 제대로 된 질문으로 고객의 기대 가치만 정확히 발견하면, 이후에 이어지는 세일즈 화법은 한없이 간결해질 수 있다. 1분의 설명만으로도 충분하다.

중요한 건 내가 던진 질문 덕분에 고객이 필요로 하는 것과 기대하는 것이 화장품 냉장고인지, 추억 보관함인지 아니면 금고나 장식장인지 알아냈다는 것이다. 고객이 원하는 것이 무엇인지 모르는 상태에서 4분 내내 당신의 생각이나 의견만 설명하는 것은 세일즈 화법이 아니다. 그저 공염불이다. 고객은 절대 내 마음 같지 않다. 그러니 질문하라. 그리고 그 숨겨진 속내를 알아내야 한다.

앞으로 길을 가다 베스킨라빈스 31 매장을 볼 때마다 '세일즈 커뮤니케이션은 3(75퍼센트)만큼의 질문을, 1(25퍼센트)만큼의 설명을 해야 한다'는 사실을 떠올려 주길 바란다.

답은 고객의 말에 있다, 경청하라

질문 외에 탁월한 세일즈 화법을 돕는 또 다른 짝꿍은 바로 '경청'이다. 백 번 질문하면 뭐하겠는가. 정작 세일즈맨인 당신이 고객의 이야기를 들어 주지 않는다면 아무 의미가 없다. 지긋지긋하고 너무나 뻔한 이야기지만 그래도 '경청'이 중요하다는 사실을 말하지 않을 수 없다.

흔히 우스갯소리로 이런 말을 한다.

- 직장에서 최고의 선배는? 내 말에 귀를 기울여 주는 선배
- 직장에서 최고의 동기는? 내 말을 잘 들어 주는 동기
- 직장에서 최고의 후배는? 내 말을 잘 듣는 후배

고객은 늘 간절히 원한다. 누군가가 자신의 이야기를 진심으로 들어 주기를. 비단 고객뿐이겠는가. 누구나 자신의 말을 잘 들어 주는 사람을 최고로 친다. 결국 경청은 고객을 움직이는 최고의 기대 요소를 고객 스스로 발설하게 만드는 최고의 방법이다.

우리는 단지 '듣는다'라고 말하지 않는다. 늘 '들어 준다'라고 말한다. 당신이 들어 주면 고객은 자신의 기대 요소를 알려 준다. 가는 게 있으니 오는 것도 있는 법이다. 그래서일까. 경청할 때는 내가 듣는 것도 중요하지만 내가 들어 주고 있음을 상대가 느끼는 것도 중요하다.

강의를 다니며 세일즈에 종사하는 분들만 1년에 평균 3만여 명 가까이 만나게 된다. 그러다 보니 내겐 신기한 촉이 하나 생겼다. 분명 같은 회사에서 같은 상품과 서비스를 세일즈하는 사람들인데 강의 시작 후 3분만 지나면 누가 그중 최고의 성과를 내는 세일즈맨인지 금세 눈에 들어오더라는 것이다. 강의가 끝난 뒤 교육담당 직원에게 슬쩍 물어보면 내 예상은 한번도 빗나가질 않았다.

"앞에서 두 번째 줄, 가장 왼쪽에 앉았던 분 말입니다."

"아, ○○○님이요?"

"네, 그분 실적 좋으시죠?"

"어머, 강사님 어떻게 아셨어요? 전사에서 늘 실적으로 세 손가락 안에 꼽히는 분입니다."

처음엔 그저 우연인 줄 알았다. 그런데 백이면 백, 한 치의 오차도 없이 예상이 들어맞자 나의 촉에는 이유가 있다는 생각이 들었다.

최고의 세일즈맨을 알아보는 내 촉의 기준은 이러했다.

'리·액·션.'

강의를 하다 보면 나도 모르게 내 이야기에 유난히 반응을 잘하는 교육생에겐 눈길이 간다. 물론 의식적으로 시선을 고르게 분산하려 신경을 쓰지만, 그래도 반응이 좋으면 자연스레 시선이 더 가는 것이 사람 마음이다. 실적이 뛰어날 거라고 예상한 교육생의 공통점은 끊임없이 강사의 이야기에 귀를 잘 기울인다는 것이었다. '자의 반, 타의 반으로 앉아 있는 강연장에서 낯선 강사의 이야기에 귀를 기울이는 사람이라면? 고객의 이야기에는 얼마나 더 적극적으로 경청하는 자세를 보일까?'라는 생각이 들었다.

'들어 주어라. 가는 게 있으니 오는 것도 있을 것이다.'라는 말을 이렇게 바꾸고 싶다.

"반응해 주어라. 끊임없이 반응해야 고객이 끊이질 않는다."

제3장

어떻게
말해야 하는가

» Talk

관심 갖게 만들어야
고객이 뒤돌아본다

관심 1

당신은 이제 고객이 맛있어할 만한 최고의 재료를 준비했다. 이제 그 재료를 어떻게 조리하여 입에 떠먹일지 신경 쓸 단계이다.

이 장에서는 고객이 내 상품과 서비스에 대해 빨리 감을 잡도록 도와주는 다섯 가지 세일즈 화법 스킬을 알아볼 것이다. 그 전에 앞서 말한 두 가지 사항을 다시 한번 명심해 주시길 바란다. 첫째, 추상화 대잔치를 조심하라는 것과 둘째, 무조건 구체적으로(고객의 뇌리에 그림이 그려지게) 말해야 한다는 점이다. 이 두 가지는 이어지는 다섯 가지 스킬을 구사할 때 가장 중요한 사항이므로 반드시 기억해야 한다.

고객은 내 상품과 서비스에 늘 무관심하다. 무관심한 고객이 관심을 갖게 만드는 것은 세일즈맨인 당신이 세일즈 화법을 통해 해결해야 할 첫 번째 과제다. 다음은 돌잔치 대여업체의 광고문구이다.

택시요금 3,000만 원이면 타시겠습니까? (엉?)

물론 택시 한 번 빌려 타자고 택시 한 대 값인 3,000만 원을 다

지불하는 건 바보짓입니다.

택시 한 번 빌려 타는 금액은 3,000원이면 충분합니다.

평생 한 번 입는 돌잔치 한복도 마찬가지입니다.

한 번 입자고 옷 한 벌 가격을 지불하는 건 바보짓입니다.

한 번 빌려 입는 금액, 10,000원이면 충분합니다.

돌잔치 한복도 이젠 빌려 입으세요. (아하!)

한복을 빌려 입으라는 단순한 메시지에는 힘이 없다. 하지만 '택시요금 3,000만 원'이라는 뚱딴지같은 소리로 고객의 관심을 불러일으키면 이어지는 메시지의 힘은 강력해질 수 있다.

'택시 요금 3,000만 원(엉?)'과 '한복 빌려 입으세요.(아하!)'라는 메시지가 고객의 머릿속에 나열되는 순간, 그 연결 지점엔 호기심의 공백이 생긴다. (엉? 뭔 소리지?) 그 공백을 고객이 스스로 채울 때, 화법의 전달력은 강해진다. (아하, 택시 빌려 타듯 한복도 빌려 입는 게 현명한 선택이구나!)

카네기멜론 대학의 행동경제학자 조지 로웬스타인George Loewenstein은 이렇게 말했다. "호기심은 지식의 공백을 느낄 때 발생한다." 호기심 유발은 관심의 불을 지피는 행동이다. 그런데 그런 호기심은 지식의 공백

이 고객의 뇌에 가려움을 선사할 때 그리고 그 가려운 부분을 긁고 싶을 때 생긴다. 다시 말해 고객이 지식의 공백을 채우도록 열망하게 만드는 것이 세일즈 화법의 첫 번째 기술이다. 익숙한 패턴을 파괴해 지식의 공백을 만들어라. 고객은 '엉?' 하는 반응을 보이고 그 지식의 공백을 채우는 순간, '아하!' 하고 반응할 것이다. 다음은 고객의 관심을 끌어내는 다섯 가지 키워드다. 오늘부터 당장 활용해 보라.

관심 끌기의 다섯 가지 기술

1. 궁금증 유발

무관심한 고객이 관심을 갖게 만들려면? 우선 궁금하게 만들어야 한다. 궁금하다는 건, 무언가를 알고 싶어 마음이 몹시 답답하고 안타까운 상태를 말한다.

다음의 두 문장 중 어느 쪽을 더 듣고 싶은가?

- 1안: "여러분, 오늘은 포유류의 생태학을 설명할 것입니다. 먼저 종의 구분부터 시작해 하나씩 알아보겠습니다."
- 2안: "여러분, 굳이 필요하지도 않은데 왜 남자에게도 젖꼭지가 있는 걸까요? 오늘은 포유류의 생태학에 대해 알아보겠습니다."

- 1안: "오늘은 완도산 굴을 소개하겠습니다. 맛있는 굴의 세계

로 함께 가 보시죠!"

- 2안: "나폴레옹이 한창 바람을 피울 때 이걸 꼭 챙겨 먹었다
  고 합니다. 뭘까요? 맞습니다. 당신을 위한 건강 보양식, 굴의
  세계로 함께 가 보시죠!"

어쩌면 당신은 지금 포털사이트 검색창에 '남자 젖꼭지'와 '굴'을 입력하고 있을지도 모른다. 세일즈를 하면서 고객을 궁금하게 만드는 것은 내 이야기에 집중하게 만드는 중요한 장치다. 탁월한 세일즈 화법은 다큐멘터리 식이 아니다. '퀴즈쇼 식'이어야 한다. 고객이 계속 궁금해하도록 질문으로 호기심을 유발하고 고민하게 만들며 스스로 그 해답을 찾게 해야 한다. 흔히 빈틈없는 서술로 고객을 납득시키려고 노력하는데, 그건 어디까지나 세일즈맨의 욕심일 뿐이다. 그보다는 질문으로 고객이 개입할 수 있는 최소한의 공간을 만들어 관심을 유발하는 것이 더 현명한 세일즈 화법이다. 최고의 대화는 최고의 질문에서 비롯된다. 질문으로 고객을 궁금하게 만들어라. 고객은 당신의 이야기에 집중할 것이다.

지하철이나 기차를 타면 옆에서 큰 소리로 대화하는 사람들의 얘기보다는 오히려 작게 소곤거리며 통화하는 소리에 더 신경이 쓰이는 법이다. 이는 당신의 뇌가 정보의 불완전성에 더 큰 영향을 받기 때문이다. 큰 소리로 둘이서 주고받는 이야기는 완성된 담화談話(서로 말을 주고받는 대화)이기에 불완전하지 않다. 반면 한쪽의 이야기만 일방적으로 들리는 전화 통화는 반쪽짜리 담화이기에 불완전하다. 그래서 자신

도 모르게 수화기 너머의 대답을 완성하려 하기에 더 신경 쓰인다.

불완전한 정보를 접할 경우 인간은 불안해한다. 이 불안함을 해소하기 위해 불완전한 상태의 메시지를 기필코 완성하려 애를 쓴다. 심리학에서는 이를 두고 자이가르닉 효과Zeigarnik Effect라고 부른다. (이 이론을 처음 발표한 러시아의 심리학자 자이가르닉의 이름을 땄으며, 미완성 효과라고도 한다.) 이는 자신이 잘 마무리한 일보다 마무리하지 못한 일을 훨씬 더 잘 기억하는 것을 말한다. 바꿔 말하면 완성된 것에는 더 이상 관심을 두지 않지만 완성되지 않은 것에는 지속적으로 신경을 쓰며 관심을 갖는다는 뜻이다.

이러한 효과를 잘 활용하는 것이 드라마다. 예를 들어 밤 열한 시에 끝나는 미니시리즈는 대개 긴박하고 결정적인 상황에서 결말을 보여 주지 않고 끝이 나 버린다. 시청자는 당연히 "아, 뭐야." 하면서 아쉬워한다. 그 아쉬움과 미완성이 주는 결핍이 다음 주 같은 시간에 시청자를 TV 앞으로 이끄는 힘이다. 이처럼 인간의 두뇌는 패턴의 연속과 완성을 추구하는 경향이 있다. 패턴의 연속이 단절되거나 미완성 상태의 정보를 접하면 초조하고 불안해진다. 그리고 자신도 모르게 미완성 상태의 정보에 귀를 기울이고 관심을 보인다.

만약 친구로부터 다음과 같은 말을 들으면 당신은 어떻게 행동할까?

"너한테 해 줄 말이 있는데, 정말 웃기는 얘기야. … 아차, 미안해. 아무에게도 말하지 않기로 했는데 깜빡했다. 그냥 못 들은 걸로 해 줘."

아마 당신은 그 얘기를 듣고 싶어 안달이 날 것이다. 분명 당신의 인생에 지대한 영향을 미치지 않을 사소한 얘기겠지만 궁금증이 폭발한 당신은 친구의 등짝을 후려갈기며 윽박지를 것이다.

"빨리 말해! 말 안 하면 가만 안 둬!"

세일즈 화법도 마찬가지다. 만약 당신의 설명이 혹시라도 고객에게 지루하다는 평가를 받았다면 그 이유를 '끝장병'에서 찾아볼 필요가 있다. 내가 전하는 메시지는 무조건 완성된 형태와 구조를 갖춰야 하고 한번 시작한 말은 어쨌든 끝장을 봐야 한다는 고정관념이 바로 끝장병이다. 완성된 형태의 친절한 화법을 전개하려는 당신의 생각은 칭찬받을 만하다. 다만 설명이 지나치게 늘어지는 것은 비난받을 일이다.

당신이 준비한 퍼즐 조각들을 고객의 퍼즐 판에 죄다 맞춰 넣으려고 욕심을 부리는 순간, 고객은 당신의 퍼즐 조각에 흥미를 잃고 만다. 이 경우, 멋지게 세일즈 메시지를 완성해도 정작 당신이 말하려 한 핵심 세일즈 포인트는 끝장병 때문에 사라지거나 혹은 손상돼 버리고 만다. 끝까지 집요하게 상품 설명을 완성하려 애쓰지 마시라. 고객이 요구하지 않는 이상 기를 쓰고 완성할 이유는 더더욱 없다. 아니, 오히려 그런 자세는 피해야만 한다. 그저 고객을 궁금하게 만들어라. 고객의 관심을 끌어오는 순간, 당신의 말에 힘이 생긴다.

2. 낯선 연결

낯선 연결이란 겉보기에는 모순이지만, 한번 더 깊이 음미해 보면 무릎을 탁 치게 만드는 표현을 말한다. 예를 들어 서정주 시인의 시 〈견우의 노래〉는 이렇게 시작한다.

우리들의 사랑을 위하여서는

이별이, 이별이 있어야 하네.

우리의 상식에서는 사랑하는 사이라면 이별은커녕 더욱더 자주 만나야 한다. 그런 면에서 '우리들의 사랑을 위하여서는 이별이, 이별이 있어야 하네'라는 구절은 겉으로 봐선 모순이다. 하지만 이별을 겪고 그것을 극복해 내는 과정에서 더 견고한 사랑을 이룰 수 있다면, 사랑을 위해서는 이별이 있어야 한다는 말이 성립된다. 앞뒤의 진술이 모순인 듯하지만 깊이 음미해 보면 놀라운 반전과 진실을 담고 있다.

낯선 연결이란 반대의 개념을 연결해 일단 생각의 격차(엉? 아닌데?)를 만들고, 그 격차(공백)의 의미를 설명하여 반전을 꾀하는 기술이다.

다음의 조합을 한번 음미해 보라.

- 작은 거인(엉? 거인은 크지 않나?)
- 나쁜 천사(엉? 천사는 다 착하지 않나?)
- 실컷 먹는 다이어트(엉? 다이어트하려면 안 먹어야 하지 않나?)
- 저희 상품을 절대 사지 마세요. (엉? 보통 사라고 해야 하지 않나?)
- 딸기를 좋아하는 원숭이(엉? 원숭이 하면 바나나 아닌가?)
- 치마 입은 아빠(엉? 아빠가 치마를?)
- 한번도 TV에 방영되지 않은 맛집(엉? TV에 방영되어야 맛집 아닌가?)

- 빼는 것이 플러스다. (엉? 더하는 것이 플러스 아닌가?)

- 의자는 목으로 보셔야 합니다. (엉? 눈으로 보는 거 아닌가?)

- 최대한 말을 하지 않는 강사가 최고의 강사입니다. (엉? 강사가 말을 하지 않는다고?)

- 보험료가 저렴한 보험은 가입하지 마세요. (엉? 보험료가 저렴하면 좋은 거 아닌가?)

- 속옷을 고를 때는 형광등을 끄고 봐야 합니다. (엉? 형광등을 끄면 잘 안 보이지 않나?)

- 여행용 캐리어를 선택할 때에는 세워 놓지 말고, 눕혀 놓고 봐야 합니다. (엉? 예쁘게 세워진 상태에서 봐야 하는 거 아닌가?)

- 자동차를 선택할 때에는 문을 활짝 열어 놓고 봐야 합니다. (엉? 문을 열고 보면 이상하지 않나?)

3. 공백이 있는 배경 지식 제공

고객이 관심 갖게 만드는 또 다른 방법은 배경 지식을 제공하는 것이다. 단, 그 배경 지식이 완전해서는 안 된다. 우리는 보통 아는 정보가 많아질수록 오히려 모르는 일부의 사실에 더 집착하게 된다. 미국의 50개 주 가운데 17개를 아는 사람은 자신의 미천한 지식을 자랑스러워한다. '뭐 그까짓 것 알아도 그만, 몰라도 그만 아니야?'라며. 그러나 47개 주를 아는 사람은 자랑스러워하기는커녕 자신이 모르는 나머지 3개 주에 집착한다.

학창시절 시험기간에 보면 성적이 좋지 않은 친구는 "나, 과학 공부다 했어."라고 호언장담한다. 하지만 성적이 우수한 친구는 오히려 "나, 과학 공부 다 못 했어." 하며 괴로워한다. 그런데 시험 결과를 보면 늘 공부를 못 했다고 괴로워하던 친구의 점수가 훨씬 더 높다. 이처럼 잘 아는 사람은 자신의 부족한 공백을 안다. 어설프게 아는 사람일수록 그 어설픈 것이 전부인 줄로 착각한다.

고객이 공백을 느끼게 하여 당신의 메시지에 관심을 갖게 하려면 본격적인 설명에 들어가기 전, 배경 지식을 제공하는 것도 방법이다. 그런 다음 약간의 공백을 의도적으로 만들어 줘라. 즉 '당신은 이미 이런저런 것을 안다. 그러나 여기 당신이 모르는 것이 있다!'라는 식의 설명이 고객의 관심을 불러일으킨다.

이번에는 은퇴를 앞둔 직장인에게 은퇴 이후의 창업 아이템을 설명하여 가맹을 유도하는 세일즈 상황이라 가정해 보자.

"전 세계 맥도날드 매장의 수가 무려 3만 5,000여 개에 육박한다고 합니다. 엄청나게 많죠? 그렇다면 한국의 치킨 집은 몇 개나 될까요? (엉? 몇 개나 되려나? 궁금한 걸?)
놀랍게도 2017년 현재 한국의 치킨 가게가 전 세계 맥도날드 매장보다 많습니다. 무려 3만 6,000여 개에 달합니다. (와, 그렇게나 많아? 지식의 공백이 채워지는 군.)
이젠 남들과 다른 아이템으로 노후를 준비해야 하지 않을까요? (아하!)"

고객은 전 세계에 엄청나게 많은 맥도날드 매장이 있다는 걸 어렴풋이나마 안다. 그러나 그 정확한 숫자가 얼마인지, 그리고 한국에 있는 치킨 가게가 몇 개나 되는지에 대해서는 아는 바가 없다. 자연스레 지식의 공백이 생긴다. 그 공백을 메울 수 있는 구체적인 정보(치킨 집이 1,000여 개나 더 많음)가 전해지는 순간, 고객의 뇌는 앞서 생긴 지식의 공백으로 인해 이어지는 메시지를 더 강렬하게 받아들인다. 결국 고객 스스로 '치킨 가게가 아닌, 다른 아이템을 시작해야겠군'이라고 인식한다. 또 다른 예를 들어 보자.

"2015년 중국에서 한국 화장품은 몇 등을 차지했을까요? 프랑스, 미국, 일본에 이어 4등입니다. (아, 그렇군.)

2016년에는 한국 화장품이 몇 등을 차지했을까요? (엉? 궁금한 걸?) 무려 2등으로 올라왔습니다. (와 이렇게나 빨리?) 미국과 일본을 제친 쾌거를 이루었다고 합니다. 그래서일까요? 한국 화장품이 이처럼 전 세계적인 인기를 얻게 되자 국내 화장품 회사도 우후죽순처럼 생겨났습니다.

그럼 2017년 현재 대한민국에 등록된 화장품 회사는 과연 몇 개나 될까요? 무려 8,000여 개입니다. (와 엄청나게 많군.) 2017년 현재 대한민국에 등록된 편의점 숫자가 2만 4,000개에 육박한다고 하니, 쉽게 말해 당신이 오늘 하루 세 개의 편의점을 봤다면 그 주변 어딘가에 한 개의 화장품 회사가 존재한다는 뜻입니다. 이토록 화장품 회사가 많은데 왜 우리가 아는 화장품

회사는 몇 개에 불과한 걸까요? 이는 곧 소비자에게 신뢰를 주는 화장품 회사는 8,000여 개 중 극히 일부라는 의미입니다. (아하!)

당신이 적어도 이 화장품 브랜드를 알고 있다면, 화장품의 메카 한국에 있는 8,000여 개 회사 중에서도 인정받은 극소수의 프리미엄 브랜드라는 뜻입니다. 믿고 선택하시죠. (아하!)"

과일이든 생선이든 뭐든 '싱싱'해야 한다. 말도 그렇다. 고객의 뇌에서 싱싱하게 펄떡이도록 표현해야 한다. 너무 어렵게 생각하지 마시라. 그저 지식의 공백을 만들되, 그 공백을 채우려는 고객의 뇌를 펄떡이게 만들면 된다.

4. 공짜로 낚기

'공짜'만큼 전 인류가 좋아하는 단어도 드물다. 공짜와 관련된, '무료', '덤', '할인', '초특가', '파격 세일', '1+1', '당첨', '횡재' 등은 아무리 멀리서 들려와도 바로 귀가 쫑긋 세워지니 말이다. 세상에 공짜로 준다는데 싫어하는 사람은 거의 없다. 오죽하면 '공짜라면 양잿물도 마신다'는 말이 다 있을까?

홈쇼핑 쇼호스트들도 방송에서 늘 외친다. "대한민국 최저가입니다! 만약 이보다 더 싼 가격을 찾는다면, 거저 드리겠습니다!"라고. 그러면 당장 필요하지 않은 상품임이 분명한데도 왠지 관심이 생긴다.

'거서나 나름없는 가격'이라는 말을 믿는가? 당신은 이미 알고 있다.

'밑지고 판다'는 장사꾼의 말이 한국에서 유명한 3대 거짓말(노인의 '늙으면 죽어야지'라는 말, 노처녀의 '시집 안 가'라는 말과 함께) 중 하나라는 것쯤은. 그럼에도 '거저'라는 말에 혹해 냉큼 관심을 보인다.

당신의 설명에서도 공짜라는 말은 고객의 관심을 기울이게 만드는 중요한 키워드가 될 수 있다. 다만 고객의 입장에서 추후에 실망과 배신감을 느끼지 않게끔 언어를 포장하는 것이 세일즈 화법이다.

"오늘 저희 매장에서 휴대폰을 구입하시면 공짜로 가져가시는 것과 마찬가지입니다."라며 고객의 관심을 불러일으켜 세일즈할 수 있다. 그러나 여기에 제대로 된 부연 설명(고가의 요금제 선택하시고, 여기에 36개월 약정까지 해 주시면, 이동통신사에서 매달 내셔야 할 요금에서 2만 원씩 할인을 해 드립니다. 그러니 단말기를 공짜로 선택하시는 것과 마찬가지 효과입니다. 엄밀히 말하자면 단말기가 공짜인 건 절대 아닙니다만, 분명 좋은 조건입니다.)이 더해지지 않으면 고객은 얼마 안 지나 당신에게 등을 돌릴 것이다. 조만간 당신은 인근에서 악덕 휴대폰 판매자로 유명세를 탈 것이다. 하루 이틀 짧게 세일즈할 생각이 아니라면 조심해서 활용해야 할 세일즈 화법 전략이다.

5. 겁주기

겁주기는 고객의 뇌리에 화석처럼 흔적을 남기는 강렬한 화법이다. 가령 다이어트와 관련된 상품이라면 이런 메시지로 고객의 관심을 불러일으킬 수 있다.

"만약 외계인이 지구에 오면 뚱뚱한 사람부터 잡아먹을 겁니다."

게이오 대학의 의사 곤도 마코토는 《의사에게 살해당하지 않는 47가지 방법》이라는 책을 냈다. 제목도 위협적이지만, 겉표지 문구에서도 '병원에 자주 갈수록 빨리 죽는다'라는 무시무시한 말을 하고 있다. 책에서 그는 '의사를 믿지 마라, 암 수술을 하지 마라, 약을 먹지 마라, 주사를 맞지 마라, 병원에 가지 마라' 등 온갖 겁을 주는 얘기를 쏟아내고 있다. 의사가 의사를 믿지 말라고 하니, 이 얼마나 겁나는 얘기인가? 독자들의 입장에서는 당연히 관심이 쏠릴 수밖에 없다.

　숙변을 제거하는 데 도움을 주는 건강 기능 식품을 팔려고 한다면 이렇게 겁을 줄 수 있다.

　"10년 전 수학여행 때 먹은 김밥의 시금치 쪼가리가 당신의 장 구석진 곳에 숙변으로 착 달라붙어 있습니다."

　그야말로 '헐'이다. 겁을 주되 위트 있게 전달할 수 있다면 고객은 딴 짓은커녕 당신의 설명에 꼼짝없이 관심을 보일 것이다. 모 고등학교 교실에 걸린 급훈도 공부 안 하려는 학생들에게 겁을 주며 관심을 유발하고 있다. "지금 공부 안 하면, 추운 날엔 추운 데서 일하고, 더운 날엔 더운 데서 일한다."라고

관심이 유지되어야
고객이 떠나지 않는다

관심 2

앞에서 다룬 다섯 가지 키워드로 고객의 관심을 끌어냈다면 다음에 나오는 방법으로 그 관심을 유지시켜야 한다. 그래야 당신의 세일즈 화법에 힘이 빠지지 않는다.

관심을 유지하는 다섯 가지 기술

1. '틈' 만들기

당신이 아무리 '별짓'을 다해 설명해도 고객은 끊임없이 '딴짓'을 할 수 있다. 이건 고객의 당연한 권리이다. 이럴 때 당신의 화법에 딴짓이 파고들지 못할 '틈'을 만드는 것도 한 방법이다.

신출내기 교사와 연륜이 쌓인 고수 교사의 차이를 아는가. 학생들이 졸면 신출내기 교사는 더욱더 빨리, 많은 말을 한다. '엇? 이것 봐라. 내 말을 안 들어? 다 죽었어. 말폭탄을 쏴 주지.' 반면 고수 교사는 학생들이 졸면 되려 아무 말을 하지 않는다. '엇? 이것 봐라. 내 말을 안 들어? 듣게 만들어야겠군. 더 쉬어 주지.' 고수 교사가 만들어 낸 말의 틈은 적막한 공백을 만든다. 그리고 이 공백이 느껴지면 졸던 학생도 놀라 눈을 뜬다. "뭐야, 뭐야? 끝났어?" 하면서 말이다.

고객을 집중하게 만드는 세일즈 화법의 전달 방법도 똑같다. 당신의 말과 말 사이에(구체적으로 말하자면 문장과 문장 사이, 또는 단어와 단어 사이) 틈을 만들어라. 고객은 그 빈틈을 채우기 위해서라도 당신의 말에 더 집중할 것이다. 다음의 문장을 쉬지 않고 소리 내어 읽어 보자.

당신의말에서가장중요한것중의하나가바로틈입니다.말에틈이없는사람은마치기관총사수와같습니다.그래서당신은정조준하여한발씩쏘는스나이퍼가되어야합니다.

기관총 사수가 되어 많은 총알을 연속 발사하는 건 세일즈 화법이 아니다. 고객의 입장에서 제대로 꽂히는 총알은 하나도 없다. '에라, 모르겠다. 막 쏘다 보면 뭐라도 맞겠지'라는 생각을 버려라. 제대로 정조준하여 한 발씩 쏜다는 느낌으로 말의 방아쇠를 당겨야 한다. 그럼 한 발씩 정조준한다는 느낌으로 다시 한번 읽어 보자. ∨표 하나당 0.5초씩 쉬어 가며 읽길 권한다.

당신의∨말에서∨∨가장∨중요한것중의∨하나가∨∨바로∨∨∨
틈∨입니다.∨∨∨∨말에∨틈이없는∨사람은∨∨마치∨기관총사
수와∨∨같습니다.∨∨∨그래서∨당신은∨정조준하여∨한발씩
∨∨쏘는∨∨∨스나이퍼가∨되어야∨합니다.

두 문장 모두 똑같은 메시지를 전하지만, 스나이퍼식 화법이 훨씬 더 고객의 관심을 끌 수 있다. 틈은 단순한 빈 공간이 아니다. 의도적으로 만든 말의 틈에는 당신이 전하고자 하는 말 이상의 전달력이 있다. 다시 한번 강조하지만 세일즈 화법은 빈틈없이 채우는 행위가 아니다. 일부러라도 빈틈을 만들어 그 공간을 고객이 스스로 채우게 해야 한다. 말의 틈을 만들 수 있다면 다음과 같은 효과를 노릴 수 있다.

① 이후에 이어지는 문장 또는 단어를 강조해 주는 틈

위에서 두 번째 글을 소리 내어 읽었다면 느꼈으리라. 틈이 생길수록 바로 뒤에 이어지는 단어가 두드러진다.

아래의 문장은 여섯 개의 단어로 이루어진 문장이다. 각 단어 앞에서 틈을 만든다고 가정해 보면, 총 여섯 개의 각기 다른 틈을 넣는 것이 가능하다. 각 틈의 위치를 다르게 하여 여섯 번 소리 내어 읽어 보라. 같은 문장이지만, 당신이 어느 지점에 틈을 만드느냐에 따라 전혀 다른 뜻으로 해석된다.

∨나는 그녀가 강아지를 키운다고 말하지 않았다.

나는 ∨그녀가 강아지를 키운다고 말하지 않았다.

나는 그녀가 ∨강아지를 키운다고 말하지 않았다.

나는 그녀가 강아지를 ∨키운다고 말하지 않았다.

나는 그녀가 강아지를 키운다고 ∨말하지 않았다.

나는 그녀가 강아지를 키운다고 말하지 ∨않았다.

② 틈은 여유와 유머를 만든다

세일즈맨이 여유가 없어 보이는데, 어떻게 고객이 여유 있게 들을 수 있을까? 절대 기관총으로 고객의 관심이 도망가게 해서는 안 된다. 당신이 다음 말을 천천히 장전하는 동안, 고객은 이어질 말의 총알을 맞을 준비를 하게 된다. 당신이 아래의 말을 고객에게 한다고 가정해 보자.

"젊은 새댁들에게 물었습니다. '요즘 최고의 신랑감은 누굴까요?' 세상에 (유머를 위한 틈) '고아'라고 대답하더군요. 시부모가 재벌이 아닐 바에야 신랑감 인성만 바르다면 없는 것도 나쁘지 않다고 합니다. 하하. 물론 농담이겠지만 가만 생각해 보면 말에 뼈가 있습니다. 그저 흘려들을 말은 아닌 것 같습니다."

이 말에서 유머 포인트는 '고아'다. 고아라는 단어 앞에서 최대한 많은 틈을 만들어 다시 읽어 보라. 더욱 맛깔나게 느껴질 것이다.

'저 친구가 말을 하면 재미있던데, 왜 내가 똑같은 말을 하면 재미있지 않지?'라며 속상해하지 말자. 틈을 잘 활용하면 당신의 유머 감각도 기사회생할 수 있다. 분명한 사실은, 고객은 한없이 진지한 세일즈맨보다는 유머를 겸비한 세일즈맨을 더 편안해 한다는 것이다.

③ 틈이 생겨야 말이 간결해진다

세일즈맨들에게 스피치 코칭을 하다 보면 가끔 이런 질문을 받는다. "강사님, 무조건 천천히 말하는 것이 정답인가요? 어떤 분은 빨리 말해두 잘 들리구 또 어떤 분은 아무리 천천히 말해도 잘 들리지 않더라고요."

맞는 말이다. 발음만 정확하다면야 빨리 말하든 천천히 말하든 그건 그다지 중요하지 않다. 적재적소에 충분한 틈을 주느냐 아니냐가 관건이기 때문이다. 똑같은 4분음표가 100번 반복되는 노래는 지겹다. 하지만 그보다 빠른 8분음표가 100번 반복되어도 중간에 쉼표만 들어가 준다면 그 노래는 박진감이 넘치는 것과 같은 이치다. 오늘부터 당장 말의 틈을 만드는 것이 쉬운 일은 아니다. 그렇다면 차선책으로 문장 자체를 짧게 끊어 가며 전달하는 것도 말의 틈을 만드는 쉬운 방법 중 하나이다. 다음 문장을 편하게 읽어 보자.

"올리고당은 소장에서 소화되지 않고 대장에서 젊음을 유지해 주는 좋은 균인 비피더스 균을 증식시켜 노화를 촉진하는 나쁜 균을 억제하는 역할을 합니다."

여기서 주인공 역할을 하는 단어는 '올리고당, 비피더스 균, 나쁜 균'이다. 이 주인공들과 연관된 서술어는 '소화되지 않는다, 유지해 주다, 증식시키다, 촉진하다, 억제하다'이다. 문장이 길어지면 주인공과 서술어가 어떻게 연결되는지 한눈에 알아보기 어렵다. 반면 짧게 끊어 읽으면 뇌에서 정보를 순차적으로 받아들인다. 다시 한번 바꿔서 읽어 보자.

"올리고당은 소장에서 소화되지 않습니다. 대장에서 **비피더스 균**을 증식시킵니다. 이 균은 젊음을 유지하는 좋은 균입니다. 노화를 촉진하는 **나쁜 균**을 억제합니다."

문장을 짧게 쳐내는 순간 늘어지지 않는다. 오히려 박진감 있게 치고 나가는 느낌마저 든다. 틈을 만들고, 짧게 쳐내라. 말의 전달 스킬 하나만 바뀌어도 고객은 당신의 말에 관심을 갖고 집중할 것이다.

2. 머리로 답하기

다음 질문에 답하시오. "당신은 키가 몇인가요?"

1번 답안

185 센티미터입니다. 꽤 크죠?
어렸을 때는 키가 작았습니다. 초등학생 시절, 키 순으로 번호를 매기면 반에서 2번 내지는 3번이었습니다.
그런데 고등학생 시절 농구를 열심히 했던 덕분인지 어느 순간 갑자기 키가 커지더라고요.
동창회에 나가면 예전엔 다 저보다 머리 한 뼘 컸던 친구들이 이젠 다들 제 눈 아래에 있더라고요.

2번 답안

어렸을 때는 키가 작았습니다. 초등학생 시절, 키 순으로 번호를 매기면 반에서 2번 내지는 3번이었습니다.

그런데 고등학생 시절 농구를 열심히 했던 덕분인지 어느 순간 갑자기 키가 커지더라고요.

동창회에 나가면 예전엔 다 저보다 머리 한 뼘 컸던 친구들이 이제 다들 제 눈 아래에 있더라고요.

아 참! 어쨌든 제 키는 185센티미터입니다. 꽤 크죠?

두 답변은 중심 문장의 위치만 다르고 다른 문장은 동일하다. 당신은 어떤 답변이 더 만족스러운가? 아마 누군가가 2번처럼 대답한다면? 답답해서 속이 터져 버릴 것 같다. 들으며 속으로 '아 그래서 키가 몇이냐고!'라며 짜증을 내고 싶다.

중심 문장을 어디에 두느냐에 따라 말하기 방식을 크게 두 가지로 나누면 '두괄식'과 '미괄식'이 있다. 말의 끝부분에 핵심을 전달하는 미괄식은 잔상의 힘, 즉 마지막에 강렬한 한 방을 남기는 효과가 있다. 그러나 이것은 '말'보다 '글'에서 더 강력한 힘을 발휘한다. 이 책에서 다루고 있는 내용은 세일즈 필법이 아닌 세일즈 화법이다. 세일즈 화법 역시 말이다. 말은 첫 부분에 한 방이 있어야 한다. 따라서 세일즈 화법 역시 핵심을 먼저 던지며 시작하는 두괄식이 좋다. 왜냐하면 책을 붙잡고 읽어 주는 독자는 인내심이 강하기 때문에 글을 쓸 때는 핵심이 꼬리로 가도 상관없다.

반면 말을 듣는 청자는 인내심이 강하지 않으므로 핵심이 꼭 머리에 나와야 한다. 눈앞에 있는 당신의 고객은 청자다. 조바심을 내며 끊임없이 '그래서 어쩌라고? 그래서 뭐하자고? 그래서 어떻게 하자고? 그래서 왜 해야 하는데?'라고 속으로 묻는다. 이러한 질문에 곧바로 답변이 튀어나오지 않으면 그때부터 고객은 머릿속으로 딴짓을 시작한다.

그러니 제발 부탁이다. 고객이 상품이나 서비스의 정보와 관련된 간단한 질문을 해 오거든 간단하게 두괄식으로 답하라. 부연 설명은 핵심 뒤에 붙여도 전혀 어색하지 않다. 게다가 부연설명을 듣고 있는 고객의 눈에 지루함이 보이거든 바로 말을 정리하고 다음으로 넘어갈 수도 있다. 이미 중심 내용을 던졌기에 굳이 구구절절 설명하지 않아도 되기 때문이다. 아래는 실제 세일즈 현장에서 고객이 물어 올 만한 간단한 질문들이다. 당신의 상품을 떠올리며 두괄식으로 답해 보자.

- 가장 잘 나가는 색상은 어떤 거예요?
- 지금은 할인 기간이 아니네요. 언제 또 할인 계획이 있나요?
- 요즘 가장 인기 많은 상품이 뭐예요?
- 이 모델은 얼마인가요?
- 이번 주까지 배달(배송) 가능한가요?
- 무상 A/S 기간은 어느 정도 되나요?
- 총 비용이 얼마나 들까요?
- 상품을 잘 고르려면 뭘 눈여겨봐야 하나요?
- 이 모델은 어떤 장점이 있나요?
- 타사 상품과 비교하자면 뭐가 좋은 거죠?

3. 목적과 범위를 담아 단정하기

고객과 편하게 주고받는 대화에서도 당신의 세일즈 메시지에는 늘 두 가지 요소가 들어 있어야 한다. 그래야 고객의 관심을 유지시킬 수 있다. 그것은 바로 '목적'과 '범위'다. 가령 목적과 범위를 누락한 채 무작정 "보험에 가입하시죠."라고 하는 화법은 힘이 없다. 그보다는 목적과 범위가 포함됐을 때 더 큰 힘이 실린다. "65세 이후 당신의 손주에게 용돈 5만 원을 줄 수 있는(목적), 연금보험(범위)에 가입하시죠."라고 제안해야 한다.

나 역시 강의의 첫인상이라 할 수 있는 '제목'을 신경을 많이 쓴다. 강의 제목은 고객(교육생)의 관심을 일으키는 첫인상이기 때문이다. 강의 제목으로 고객의 관심을 구할 때에도 '목적'과 '범위'라는 두 가지 요소가 있어야 명쾌하다. 예를 들어 강의 제목이 '소통 기술'이라면 당신은 이 강의를 듣고 싶을까? 아마 아닐 것 같다. 그럼 '옆자리 동료에게 지금 당장 바나나 우유를 얻어먹을 수 있는, 먹히는 대화법 세 가지'라면 어떤가? 당연히 훨씬 더 낫다. 분명한 목적(옆자리 동료에게 바나나 우유 얻어 먹기)과 범위(대화법 세 가지)가 명쾌하게 제시됐기 때문이다.

첫인상이 평생을 좌우한다고 하지 않았던가? 당신의 상품과 서비스를 '목적'과 '범위'라는 두 가지 키워드로 정의해 주어야 한다. 이 두 가지가 명확하지 않으면 고객은 당신의 설명에 금세 흥미를 잃는다. 고객의 주특기는 '무관심과 조바심 내기'임을 다시 한번 기억하라.

다음 빈 칸에 당신의 상품 또는 서비스를 한 문장으로 정의해 보라.

내 상품(서비스)은, _____을 위한(목적)

_____이다.(범위)

4. 서랍 만들기

본격적인 상품 설명에 앞서 가능하다면 고객의 뇌에 서랍을 만들어 주는 것도 고객의 주의를 흐리지 않는 좋은 방법이다. 흐트러진 물건을 수납할 때 서랍을 고려하듯 세일즈할 때에도 서랍을 떠올려야 한다. 세일즈 화법은 고객의 뇌 서랍에 내 메시지를 차곡차곡 정리해 주는 작업이다. (특히 전달할 거리가 많은 복잡한 상품일수록 이 방법은 효과적이다.) 본격적인 설명에 앞서 고객에게 몇 개의 서랍을 준비해야 하는지 명확히 알려 주면 된다.

앞에서 내가 '옆자리 동료에게 지금 당장 바나나 우유를 얻어먹을 수 있는, 먹히는 대화법 세 가지'라고 강의 제목을 정했던 것을 기억하는가? 여기서 말한 '세 가지'가 고객이 준비해야 할 서랍의 개수다.

앞서 말했듯 두괄식으로 메시지를 전달하는 것은 고객의 뇌 장롱에 달린 자물쇠를 따고 들어가는 것과 마찬가지다. 이어서 말할 가짓수를 말하는 것은 고객에게 뇌 서랍을 만들어 주는 셈이다.

'세 가지를 말하겠습니다'를 세일즈맨의 입장에서 좀 더 직설적으로 번역하면 이렇다. "뇌에 서랍을 세 개 만드십시오. 지금부터 각 서랍을 이 상품의 핵심 정보로 차근차근 채워 드리겠습니다."

이런 통보를 받은 고객이 뇌에 서랍을 준비하면, 당신의 말을 들을 때 정보를 정리하기가 한결 수월해진다. 아울러 당신도 설명 중간에 생각나거나 깜빡했던 내용을 추가 및 보완하기가 쉽다. '조금 누락된 부분이 있습니다. 이 부분은 아까 말씀드린 첫 번째 내용과 관련이 있습니다'를 세일즈의 언어로 번역하면 다음과 같다.

"지금 2번 서랍을 채우고 있는 중이지만, 1번 서랍에 미처 넣지 못한 게 있습니다. 잠깐만 2번 서랍을 닫고 1번 서랍을 다시 열어 주십시오. 그리고 지금부터 이야기하는 걸 추가로 더 넣으십시오."

설명을 하는 당신은 고객의 뇌 서랍에 정리가 잘 이뤄지고 있는지 고려해야 한다. 고객의 뇌에서 '정보 추돌' 현상이 일어나지 않도록 서랍을 천천히 열었다 닫았다 해야 한다. 이것을 일상에서 많이 연습해 보기를 바란다. 아는 것과 하는 것은 분명 다르기 때문이다.

5. 인솔하기

방향을 잃고 헤매는 것을 좋아하는 사람은 없다. 짜증만 날 뿐이다. 적어도 내가 가야 할 곳이 어디인지 그리고 지금 어디를 가고 있는지를 안다면 좀 더 흥미를 가질 수 있다. 내 상품을 고객에게 소개한다는 것은 마치 초등학교 5학년 어린이를 데리고 역사박물관을 견학하는 것과 비슷하다. 가만히 내버려 둬도 흥미롭게 뛰어다니는 테마파크가 아니라 자칫 지루할 수 있는 박물관 말이다. 그러므로 아이가 지루해할 수 있음을 꼭 염두에 둬야 한다. 아이를 위한 인솔에는 적절히 호기심을 자극하는 '전망하기'와 친절하게 인도하는 '안내하기'가 필요하듯, 세일즈에서도 고객을 친절하게 인솔하기 위해서는 이 두 가지를 기억해야 한다. 그래야 고객이 길을 잃지 않는다.

① 전망하기

일단 박물관에 입장하기 전에 아이의 호기심을 자극하라. 왜 박물관에 왔는지, 박물관을 둘러본 뒤 무엇을 얻을 수 있는지 등을 미리 얘기해 주는 것이다. 그리고 입장하기 전, 박물관 외부에서 전체 모습을 보여 준다.

"자, 여기가 너와 내가 돌아볼 박물관이란다. 정말 크지? 모두 다섯 개 층이 있어. 규모가 커서 오늘 하루에 다 돌아볼 수 없으니 오늘은 1층, 3층, 5층만 돌아보도록 하자."(상품의 큰 그림 보여 주기)

"네가 꼭 관심 있게 봐야 하는 것은 세 가지란다. 첫째, 개화기 이후 일어난 전쟁과 일제 침략 같은 굵직한 역사적 사건이야. 둘째, 당시의 시나 소설 같은 문학작품들이란다. 셋째는 작품이 드러내는 당시 작가들의 현실 인식 태도란다."(세 개의 서랍 만들기)

적어도 5학년 아이가 딱딱하다고 느낄 수 있는 박물관을 데리고 가려거든 이 정도는 전망할 수 있게 해 줘야 한다. 단지 전망할 수 있게 해 준다고 아이가 갑자기 적극적으로 돌변해 관람에 임하게 될까? 물론 아닐 수 있다. 하지만 적어도 아이가 문학작품을 좋아하는 아이라면 자기가 듣고 싶어하는 내용이 나올 것을 기다리며 조금은 더 관심을 가질 수 있다.

큰 그림을 그려 주는 또 다른 예를 들어 보자.

"다이어트를 위해 무작정 굶는 게 제일 바보 같은 짓인 건 알고 있지?(궁금) 오늘은 돈을 들이지 않고 쉽게 살을 빼는(목적) 세 가지 방법(범위)을 알아볼 거야. 몇 가지라고? 맞아, 세 가지야.(서랍 만들기) 첫째는 운동, 둘째는 적게 먹는 것, 셋째는 체크하기야. 지금부터 하나씩 구체적으로 알아보자.(전망하기)"

얼마 전 딸아이와 함께 제주도 미로공원에 다녀온 적이 있다. 나무로 우거진 거대한 미로를 빠져나오는 체험을 할 수 있는 곳이었다. 첫 번째 코스에서는 딸의 손을 붙잡고 무작정 입구로 들어섰다. 지도 따위 없어도 아빠는 할 수 있다는 걸 보여 주고 싶었다. 그렇다. 그냥 아빠의 오기였다. 한참을 헤매다 출구를 찾기는 했지만 딸아이도 나도 힘들어 주저앉았다. 두 번째 코스에서는 입구로 들어가기 전, 근처 높은 곳에 만들어 놓은 전망대로 먼저 올라갔다. 그리고 미로 전체를 내려다보며 딸아이와 작전을 짰다. '이렇게 돌아서 이렇게 가다가 이렇게 꺾어 가자'며. 두 번째 코스에서는 가뿐하게 출구를 찾아 나와 아이와 하이파이브를 했다.

당신조차 전망해 보지 않은 미로를 누군가의 손을 잡고 들어가는 건 무책임한 행동이다. 세일즈도 마찬가지다. 당신의 상품은 고객에겐 어려운 미로 같은 존재일 수 있다. 적어도 상품을 설명하기 전, 전망대에 올라 고객이 들어야 할 것 그리고 더 주의를 기울여 들어야 할 것을 전망할 수 있게 해 준다면? 결과는 달라질 것이다.

② 안내하기

큰 그림을 보여 주었다면 그 다음에는 친절한 안내가 필요하다. 박물관의 특징을 드러내는 전시물이 있는 곳으로 아이를 인도하라. 단, 아이의 보행 속도에 맞춰 천천히 이동하라. 이동 중에도 중간중간 아이를 돌아보며 잘 따라오는지 확인하라. 이따금 현재 관람하는 전시물이 박물관에서 차지하는 위치를 설명하고 아직 견학하지 못한 전시물까지는 어느 정도 남아 있는지 진행 상황도 알려 주라. 당신이 친절하게 안내하면 아이는 계속 관심을 갖고 설명에 집중할 수 있다.

이때 아이의 흥미를 유발하기 위해 주요 관람 포인트를 잡아 주는 것도 잊지 마시라. 예를 들어 조선시대 미술에 관심이 전혀 없는 아이에게 밑도 끝도 없이 조선시대 미술의 역사에 대한 정보를 나열하면 지루하기 짝이 없다. 하지만 포인트를 잡아 주며 설명하면 아이는 쉽게 이해한다. 가령 큐레이터인 당신이 이렇게 안내했다고 가정해 보자.

"조선시대 미술의 특징은 여백의 미를 살리기 위해 경계선을 최소화했다는 거야. 그런데 이 그림은 경계선이 있지?"

그러면 아이는 다음 그림으로 넘어갈 때 그림의 경계선부터 찾는다. 동시에 '우와, 정말 없네'라고 생각하며 당신의 설명에 더 관심을 기울인다. 그때 당신이 "그런데 이 그림은 조선시대 미술임에도 불구하고 경계선이 있어."라고 말하면 아이는 더 흥미롭게 그 그림을 쳐다본다. 아이를 그냥 내버려 두지 마라. 당신이 얼마나 많은 걸 설명하느냐보다 중요한 건, 하나라도 좋으니 아이 스스로 관심을 갖게끔 안내해야 한다는 것이다.

세일즈 화법은 길을 모르는 외지인에게 길을 설명하는 것과 닮아 있다. 전망하고, 친절하게 안내하라.

- "우체국은 여기서부터 보통 7분 정도 걸립니다만, 2분 정도 시간을 아낄 수 있는 길이 있습니다.(궁금) 상점 두 개만 기억하면 쉽게 찾을 수 있습니다.(전망)"
- "지금 가던 방향으로 100미터쯤 가면 오른쪽에 꽃집(포인트, 상점 1)이 있습니다. 그 오른쪽으로 꺾어 50미터 정도 가면 왼쪽에 카페(포인트, 상점 2)가 있습니다. 카페 맞은편에 우체국이 있습니다.(안내)"

전망과 안내, 어찌 보면 너무 뻔한 이야기 같은가? 세일즈 화법의 탁월한 기술에 대해 이야기하는 이 책에서 군이 이런 뻔한 이야기를 다룬 이유가 있다. 세일즈맨인 당신이 정말 집중해야 할 것은 다시 한번 말하지만 '상품'이 아니라 그 상품을 선택할 '고객'이기 때문이다.

자잘하게 말해야
고객이 듣는다

자잘 1

강의차 방문한 한 기업의 화장실에 이런 문구가 붙어 있었다.

"이 화장실을 도맡아 청소해 주시는 김○○ 여사님께서는 한 달에 신신파스만 열 팩을 구입한다고 합니다. 여사님의 무릎이 더 이상 고생하지 않도록 부디 바닥에 침을 뱉지 말아 주세요."

단순히 '바닥에 침을 뱉지 마세요. 적어도 최소한의 소양을 갖춘 민주시민의 당연한 의무입니다'라고 말하면 설득력이 떨어진다. 고상한 언어들(소양, 민주시민, 의무)을 썼기에, 더 중차대한 사안을 다루는 것 같지만, 화장실 이용자의 입장에서는 와닿지 않는다. 또 무의식적으로 침을 뱉을지도 모른다. 반면 고상하지는 않지만 소소하게나마 있는 사실을 그대로 서술할 경우 설득력은 훨씬 더 강해진다.

한 마리는 맛이 없다, 한 점이 맛있다

아래의 예시 중에서 어떤 결과가 더 와닿을까? 1안 같은 거창한 예시인가 아니면 2안처럼 소소한 예시인가?

- 1안: 현대과학의 정확도는 놀라울 정도로 혁신적인 성장을 이루어 냈습니다. 태양에서 지구로 던진 돌이 어디에 떨어질지를, 목표지점 기준 600미터 이내까지 찾아낼 수 있는 수준으로 급속도로 진화했습니다.
- 2안: 현대과학의 정확도는 놀라울 정도로 성장했습니다. 서울에서 부산으로 던진 돌이 어디에 떨어질지 목표지점 기준 1센티미터 이내까지 찾아낼 수 있도록 빠르게 진화했습니다.

개념적으로만 본다면 결국 같은 결과치를 설명한 것이다. 그럼에도 당신의 뇌에 더 와닿는 표현은 아마 '2안'일 것이다. 왜냐하면 훨씬 더 '감'이 온다. 감이 팍 와닿는 구체적인 세일즈 화법 두 번째 키워드는 '자잘함'이다. 당신의 화법이 자잘할수록 그리고 소소할수록 고객이 쏙쏙 알아듣는다는 사실을 기억하라. 이를 위해서는 세일즈 메시지를 과감하게 도려내는 '깡'이 필요하다.

한우 한 마리는 안심, 등심, 살치살, 토시살, 부챗살 등 수십 가지의 맛있는 부위로 이뤄져 있지만, '한우'라는 언어 자체가 당신의 식욕을 자극하지는 못한다. 그러나 '서리가 내린 듯 새하얀 지방이 희끗희끗하게 피어 있는 고기 한 점이 벌겋게 달궈진 두툼한 돌판 위에서 지글지글 구워지고 있다'라는 이미지는 당신의 뇌가 군침을 흘리도록 명령을 내린다. 세일즈 화법도 마찬가지다. 거창하게 '다양한 부위로 이루어진 한우'를 설명해선 안 된다. 소소해도 좋다. 그저 자잘한 '고기 한 점'만 설명해야 한다. 그게 세일즈 화법이다.

세일즈 화법도 선택과 집중이다

홈쇼핑에서는 오늘도 수많은 상품이 판매되고 있다. 수많은 상품 중 방송을 진행하는 쇼호스트 입장에서 가장 설명하기 어려운 상품은 무엇일까? 바로 보험과 같은 '무형상품'이다. 한우 갈비 세트는 시식하는 장면을 보여 주면 팔린다. 옷은 쇼호스트와 모델이 입은 걸 보여 주며 자랑하면 팔린다. 실내 자전거는 즐겁게 타는 모습을 보여 주면 팔린다. 화장품은 직접 손등과 얼굴에 바르는 장면을 보여 주면 팔린다.

하지만 보험은 다른 상품들과 다르다. 방송에서 딱히 보여 줄 만한 게 없다. 암 보험을 소개하기 위해 검붉은 암 덩어리를 보여 줄 수는 없지 않은가. 혐오감을 불러일으키는 것도 문제이거니와 일단 그런 징그러운 장면은 상업방송에서는 심의에 걸린다. 여담이지만, 칼로 배를 열어 새빨간 피가 흐르는 내장 사이를 칼과 집게가 꾸역꾸역 비집고 들어가 맥반석 계란만한 암 덩어리를 싹뚝 도려내는 수술 장면을 홈쇼핑에서 그대로 보여 줄 수 있다면? 암 수술비를 보장하는 그 암 보험 판매 방송은 대박이 날 거다. 하지만 그건 실제로 불가능하기에 보여 줄 만한 게 없다. 그래서 보험 방송은 어렵다.

쇼호스트 입장에서도 구체화(이미지화)하기에 가장 애를 먹는 상품
이다 보니, 보험 방송은 절대 신입 쇼호스트에게 맡기지 않는다. 신입
쇼호스트에게 맡기면 구상병에 사로잡혀 방송 내내 '추상화 대잔치'를
벌이는 경우가 많기 때문이다. 예를 들면 이렇다.

> "안녕하세요, 쇼호스트 김신입입니다. 오늘 보시는 상품은 암
> 보험입니다. 한국인의 사망 원인 중 가장 큰 비중을 차지하는
> 게 암이란 것은 다들 아시죠? 이 상품, 참 좋습니다. … 이 암, 저
> 암, 보장하지 않는 암이 없답니다. 위암, 간암, 폐암, 대장암, 췌장
> 암, 전립선암, 방광암, 직장암 모두 '다' 보장해 줍니다. 더욱이 보
> 장 금액도 넉넉해서 아주아주 든든합니다. 정말 좋아요. 탁월한
> 선택을 하시는 겁니다. 최적화된 설계를 약속받으실 수 있는 좋
> 은 기회니 가족을 위해 행복한 선택을 함께하세요."

열심히 설명을 했는데 딱히 뇌리에 꽂히는 말은 없다. 이유가 뭘까?
첫 번째 문제는, '좋다, 다 보장해 준다, 넉넉하다, 든든하다, 탁월한
선택이다' 등의 추상적 단어가 판을 치기 때문이다. 이건 말 그대로, '막
말 대잔치'다. 머릿속에 그려지는 실체(이미지)가 없으니, 고객의 뇌리에
도 남는 게 없는 건 당연하다.
두 번째 문제는, 이것저것 모두 '다' 말하려는 욕심이다. 당신의 세일
즈 화법이 실패하는 가장 큰 이유 중 하나다. 설명할 내용이 많으니 하

나라도 빠짐없이 다 설명하고 싶은 거다. (당신의 집 책장 한 켠에 대충 꽂혀 있는 보험증권 중 아무거나 하나 꺼내어 펼쳐 보시라. 책 한 권 분량이다. 줄줄 읽기만 해도 세 시간은 족히 걸린다.) 고객에게 충실히 모든 것을 설명하고 싶은 당신이 나쁘다는 게 아니다. 그게 세일즈맨의 의무인 것 같지만 그건 어디까지나 떨쳐 내야 할 유혹이다. 아니, 세일즈를 망치게 만드는 악마의 유혹이다. 그렇기에 무조건 그 유혹을 거부해야 한다. 욕심 버리고 가급적 자잘하게 도려내어 말해야 고객이 선택한다.

'모든 암'이 아닌, 달랑 '위암' 하나로 자잘하게 도려내어 설명해 볼 테니 읽어 보시길. 단, 당신의 뇌에서 일어나는 반응에 집중하면서.

"안녕하세요, 쇼호스트 김베테랑입니다. 얼마 전 건강검진 때 위 내시경 검사를 했습니다. 웬걸. 제 위에 헬리코박터 균이 바글바글하더군요. 걱정스러워서 의사에게 물어봤더니, 괜찮답니다. 어차피 성인 10명 중 7명은 헬리코박터 균 보균자라고요. 그래도 걱정이 됐습니다. 그래서 또 물어봤습니다 '만약 위에 암이 생긴다면 그 크기가 한 어느 정도 되어야 암인지 아닌지 확인할 수 있습니까?'라고 말이죠. 위 같은 경우는 0.7~0.8밀리미터만 되어도 조직 검사가 가능한 수준까지 현대의학이 발전했다고 하더군요. 0.7~0.8밀리미터가 어느 정도인지 감이 오지 않죠? 혹시 옆에 볼펜이 있으면 아무 종이에나 '콕' 하고 찍어 보십시오. 그게 0.7밀리미터 정도입니다. 그 작은 덩어리가 지금 당신의 위에 붙어 있다 한들, 느낄 수 있을까요? 절대 불가능할 겁니다.

그 작디작은 녀석이 거봉 한 알 크기만 돼도 위암 3기 말이 된답니다. 고작 6개월 만에 말이죠. 당신이 서서히 죽어 가는 그 6개월 동안 당신이 느끼는 증상은 딱 하나, '소화 불량'입니다. 지금은 건강하실 겁니다. 허나 절대 자만하면 안 됩니다. 건강검진 자주 받으시고 그래도 혹시 모르지 않습니까? 자신을 위한 보호장치로 보험 하나쯤은 제대로 준비해야 되지 않을까요? 스마트폰에 보호용 케이스 끼운 분이라면 무조건 하십시오. 기껏해야 5년도 못 쓰고 버릴 스마트폰 보호하겠다고 3만 원짜리 케이스는 사면서 50년 넘게 가져가야 할 내 몸 보호하는 데 한 달 3만 원 투자가 아까우십니까?"

확실히 김신입보다 김베테랑의 설명이 더 와닿지 않는가? 그 차이를 만드는 건 여러 요소가 있지만(이 요소들에 대해선 뒤에서 계속 다룰 것이니 걱정 마시길) 가장 큰 차이는 '자잘함'이다. 김베테랑은 고객에게 모든 암을 설명하지 않았다. 그저 자잘하게 달랑 '위암' 하나 도려내어 설명했을 뿐이다. 그러나 고객은 결코 위암만 생각하지 않는다. 위암과 관련된 이 자잘하고도 끔찍한(?) 이야기를 듣는 순간 '위암이 이 정도군, 근데 이게 위암만의 문제겠어? 분명 다른 암도 마찬가지일 거야. 지금은 건강하지만 더 늦기 전에 암 보험을 준비해야겠어'라고 인식하게 된다. 즉 자잘한 '위암' 이야기가 고객의 뇌리에 꽂히는 순간, 스포이드로 떨어뜨린 검은 물감 한 방울이 물 전체를 검게 물들여 가듯 고객의 뇌리에 '모든 암'에 대한 공포가 번져 나가는 것이다.

이번에는 버스 정류장에 붙은 두 개의 과외 전단지를 살펴보자.

- 1안: 수학 과외 구함, 한국대 수학교육과 재학 중, 중학생 고등학생 모두 가능합니다.
- 2안: 수학 과외 구함, 한국대 수학교육과 재학 중, 고2 전문.

당신이 학부모라면, 어떤 문구에 더 매력을 느낄까? '중학생 고등학생 모두 가능'보다는, '고2 전문'이 더 믿음직하다. 설령 당신의 자녀가 중3이라도 1안보다는 2안에 더 전화하고 싶을 것이다. '내 아이가 아직은 중3이지만, 이미 예비 고등학생이나 마찬가지 아닐까? 고2 전문이라고 하니 당연히 중3도 잘 가르치겠지? 잘 부탁해서 중3이지만 가르쳐 달라고 말해 볼까?'라고 생각하지 않을까?

과외 선생의 입장에서 중학생 고등학생을 다 하고자 하는 건 그저 '욕심'일 뿐이다. 실제로 그렇다 하더라도 세일즈 메시지를 만들 때에는 '고2 전문'이라고 보다 뾰족하게 만들어야 한다. 고2를 제외한 다른 학년을 다 포기하는 것 같지만 결코 그렇지 않다. 오히려 고객인 학부모의 입장에서는 '고2 전문이면 당연히 중학생도 잘 가르치겠지?'라고 알아서 '확장'해 줄 것이다.

욕심을 버리고 자잘하게 집중해서 설명하라. (고2 전문입니다.) 당신의 메시지는 끝내 확장되어 고객에게 굵직한 의미까지 전할 수 있다. (전학년 다 가능하겠군.)

쇼호스트를 그만두고 전문 강사로서 새로운 인생을 시작할 때의 고민도 이와 비슷했다. 내 콘텐츠를 기업 교육 시장에 팔아야 하기에, 나를 어필할 키워드가 필요했다. 교육 시장에 나를 어필했던 첫 키워드는 '커뮤니케이션 강사'였다. 세일즈뿐만 아니라 커뮤니케이션이라는 상위 범주하에 포함된 '소통, 스피치, 협상, 설득, 교수법 등'을 '다' 할 수 있다고 어필했다. 고백하건대 당시엔 이왕이면 많은 분야를 모두 섭렵하고 싶었다. 다 할 수 있다고 나를 어필해야만 더 많은 강의 요청이 들어올 것만 같았다.

그로부터 몇 년이 지난 요즈음 기업 교육 시장에 나를 어필하는 키워드는 '세일즈'다. '세일즈 강사, 세일즈 코치, 세일즈 컨설턴트'로 나를 알린다. 강의의 범주를 훨씬 더 좁게 국한시켰음에도 예전보다 장사(?)가 잘 된다. 더 많은 기업에서 나를 찾고 훨씬 더 많은 돈을 받는다. 더 재미있는 사실은 나는 분명 '세일즈'라는 키워드로 나를 소개했지만 커뮤니케이션과 관련된 다른 주제로도 기업에서 요청을 해 온다는 것이다. (세일즈 전문 강사니 다른 커뮤니케이션 분야의 강의도 가능하지 않을까? 따지고 보면 모든 커뮤니케이션이 결국 세일즈인걸? 부탁해 봐야지.) 나의 세일즈 포인트를 더 뾰족하게 다듬었기에('커뮤니케이션 전문'이 아닌 '세일즈 전문') 오히려 더 넓은 분야로 확장시킬 수 있었다.

돌기둥과 드릴, 당신의 선택은?

구멍을 뚫을 때도 전봇대만한 돌기둥보다는 뾰족한 드릴이 유리하다. 당신의 세일즈 메시지를 꽂는 방법도 마찬가지다. 드릴과 같은 뾰족한 메시지로 구멍을 뚫어야 한다. 이해를 돕기 위해 고객에게 상품을 설명하는 상황을 가정해 보자. 당신이 팔려는 상품의 세일즈 포인트는 세 개다. 그리고 주어진 시간은 오직 3분이다. 이때 당신은 1안과 2안 중 어떤 방법을 선택할 것인가?

- 1안: 3분 동안 세 개 포인트를 각 1분씩 동일하게 할애하여 설명
- 2안: 3분 동안 가장 강력한 포인트 한 개를 2분간 집중적으로, 나머지 두 개를 간략하게 각 30초씩 설명

언뜻 생각하기에 1안과 같이 각 1분씩 할애하여 세 개의 포인트를 같은 비중으로 설명하는 것이 완성도를 높일 것 같다. 하지만 모든 상품의 세일즈 포인트가 그러하듯 각 포인트의 중요도는 조금씩 다를 수 있다. 만약 내가 이 상황이라면 뭐라도 하나 제대로 설명할 수 있는 '2안'을 선택할 것이다. 3분간 설명을 들은 고객의 뇌리에 세 가지의 포인트 모두를 각인시키는 것은 쉽지 않다. 차라리 자잘하고 소소한 메시지로 고객의 뇌리에 그림을 그려라.(이미지화) 단 하나라도 좋으니 제대로 꽂는 것이 훨씬 더 유리하기 때문이다. 그 메시지는 뾰족한 드릴이 되어 구멍을 뚫어 주지만 어설프게 둥근 세 개의 드릴은 아무 구멍도 뚫지 못한다. 모든 것을 설명하고 싶은 마음은 이해한다. 그러나 그 욕심은 어디까지나 악마의 유혹이다. 하나라도 좋으니 제대로 전하라. 그

메시지는 송곳처럼 날카로워져 고객의 뇌리에 강렬하게 꽂힐 것이다.

고객이 당신의 상품을 구입하는 이유는 모든 특장점을 종합적으로 분석하여 철저하게 이성적이고 합리적인 판단을 내려서가 아니다. 단지 당신이 말하는 수많은 메시지 중 뭔가에 제대로 꽂혔기 때문이다. 앞서 설명했듯 무언가에 꽂히면 다른 부분도 좋을 거라고 여기며 상품에 대한 긍정적 인식을 확장한다.

하나를 보면 열을 안다

옛말에 '하나를 보면 열을 안다'는 말이 있지 않은가. 고객에게 열을 알려 주고 싶은가? 그럼 절대 열을 다 말하지 마라. 열을 말해 줘 봐야 돌아서면 다 잊는 게 고객이다. 열을 알려 주고 싶다면 그저 하나만 '보여' 주어라. 하나라도 제대로 보여(이미지화) 줄 수만 있다면 고객은 열을 깨닫고 선택하게 된다.

얼마 전 집 근처에 짬뽕타임이라는 중화요리 전문점이 문을 열었다. 가게 앞에 걸린 현수막을 봤더니, '짬뽕을 기가 막히게 잘하는 집'이란다. 늘 지날 때마다 사람들이 줄을 서서 먹는다. 가족을 데리고 가서 먹어 봤다. 맛있었다. 그런데 흥미로웠던 건, 짬뽕 전문이라기에 짬뽕만 맛있을 줄 알았더니 역시 짜장면도 맛있었고 탕수육도 맛있었다.

만약 그 음식점 앞에 걸린 현수막에 '중화요리 일체를 다 잘하는 집'이라고 써 있었다면? 글쎄, 초반 마케팅에 실패했을지도 모른다. 모든 중화요리 중 '짬뽕'이라는 날카로운 송곳으로 손님의 머릿속에 구멍을 뚫어 놓았고, 그 구멍은 자연스레 커졌던 것이다. '짬뽕을 잘하는데 다른 메뉴는 못하겠어? 분명 다른 메뉴도 맛있을 거야'라고 손님 스스로 기대를 확장했기 때문이다.

자잘하게 말하기,
그 구체적 기술들

자잘 2

당신의 자잘한 세일즈 화법 만들기를 위한 최고의 트레이닝 방법을 소개한다. 결혼정보회사 듀오를 아는가? 멋진 연인을 찾기 위해 당신이 듀오 사무실의 문을 두드렸다고 가정해 보자. 환하게 웃고 있는 커플 매니저가 고객인 당신을 반긴다. 서류에 인적 사항을 하나씩 기입해 나가고 있다. 당신이 기혼이든 미혼이든 상관없다, 듀오에서는 재혼도 가능하다. 서류 기입이 끝나갈 무렵 '이상형'을 적는 칸이 있다. 시간을 드릴 테니 당신의 이상형을 적어 보자, 귀찮다면 머릿속으로라도 꼭 정리해 보길 바란다. 이어지는 내용을 읽기 전에 당신의 이상형과 관련해서 하나라도 좋으니 꼭 떠올려 보길.

만약 당신이 '예쁘고, 키 크고, 단아하고, 잘생기고, 멋지고, 능력 있고, 성실하고, 자상하고, 가정적이고, 배려할 줄 알고, 생활력 강하고, 밝고, 긍정적이고' 등의 표현을 사용하여 이상형을 정리했다면 마음에 쏙 드는 이상형을 만나지 못할 가능성이 높다.

이유는 간단하다. 당신이 정리한 이상형은 '추상적'이기 때문이다. 손에 잡힐 듯 구체적으로 표현해도 이상형을 만날까 말까인데 그 표현마저 허공을 둥둥 떠다니는 구름 같다면 그게 얼마나 어렵겠는가? 혹 앞서 이런 추상적인 표현들로 당신의 이상형을 정리했으며 지금 현재 당신 옆에 마음에 드는 '짝'이 없다면, 그건 당연하다고 생각해도 좋다. 결코 당신이 이성으로서 부족해서가 아니다. 본질적인 문제는 '표현력 부족'이기 때문이다.

세일즈 화법은 이상형을 말하듯이

간절히 짝을 바라지만 애석하게도 원하는 짝을 만나기 어려운 사람들에게는 공통적인 특징이 있다. 실제 내 주변에도 이런 친구들이 많다. 그 녀석은 일반적으로 이야기하는 배우자의 스펙(?)으로는 훌륭한 남자다. 그런데 이 친구에게 이상형이 뭐냐고 물어보면 '예쁘고 배려할 줄 아는 여성'이라고 말한다. 한숨이 나온다. 도대체 '예쁘다'는 것은 무엇이며 또 '배려'를 한다는 것은 무엇이란 말인가? 따라서 '예쁘다' 혹은 '배려할 줄 안다'라는 추상적 표현만으로는 절대 자신이 생각하는 이상형을 만날 수 없다. 왜냐고? 소개팅이 들어올 가능성도 낮지만 운 좋게 소개팅이 잡혀도 이상형과는 전혀 다른 이성이 그 자리에 나올 가능성이 99퍼센트이기 때문이다.

　사람마다 '예쁘다'라고 생각하는 기준은 분명 다르다. '배려'에 대한 기준도 각양각색이다. 각 표현을 조금 더 구체화해 보자.

예쁘다

TV에 등장하는 예쁜 연예인을 봐도 개인의 반응은 다 다르다. 누군가에겐 매력적일 수 있지만 또 다른 누군가에겐 그다지 매력적이지 않을 수 있다. 당신의 친구가 말한다. 예쁘다는 건 눈이 크고, 까무잡잡한 피부 그리고 검은색 단발머리를 뜻한다고. 하지만 이조차도 충분히 구체적이지는 않다. 친구가 생각하는 '눈이 크다'는 동그란 고양이의 눈일 수 있지만 당신의 '눈이 크다'는 '나보다 크면 돼'일 수도 있다.

다음 장에서 다룰 '비유'의 개념을 미리 끌어와 설명하자면 친구의 '예쁘다'는 '이나영'일 수 있지만, 당신의 '예쁘다'는 '공효진'일 수 있다.

배려

이성의 배려에 대한 생각도 역시 제각각이다. 친구가 생각하는 여성의 배려란, 맥주 한잔 하며 치킨을 먹을 때 남은 닭다리 하나를 두고 자신은 배부르다며 남자인 나에게 양보하는 모습'일 수 있다. 누군가가 듣기엔 '그게 배려야?'라고 반문할지도 모른다. 하지만 내가 생각하는 여성의 배려란, 갑자기 잡힌 회식 후 새벽

두 시에 귀가해도 왜 이렇게 늦었냐며 화내지 않는 거다. 그저 '오늘도 얼마나 고생이 많았어요 여보'라며 갓 데운 유자차 한잔을 건네줄 수 있는 모습'일 수도 있다.

내 딴에는 친구를 위해 배려해 주는 여성을 찾아 준답시고 주변에서 '유자차를 건네는 그녀'를 물색해 본다. 하지만 아무리 눈을 씻고 찾아보아도 그런 그녀는 없다. 결국 친구에게 미안한 마음을 담아 메시지를 보낸다. '친구야 미안하다. 암만 봐도 그런 여자 없더라. 혼자 살든, 눈높이를 낮추든 네가 알아서 해라'라고 말이다. 하지만 친구가 생각하는 배려란 대단히 소소했다. 절대 대단하지도 않았다. 그저 '닭다리를 건네는 그녀'였을 뿐이다. 유자차는 아니어도, 닭다리를 건넬 수 있는 분은 주변에서 금방 찾을 수 있었음에도 커뮤니케이션의 격차로 인해 결국 소개해 주지 못했다. 여전히 그 친구는 솔로다.

이 이야기에서 과실(?)은 누구에게 있는 걸까? 잘 생각해 봐야 한다. 그저 이상형을 자잘하게 설명하지 못한 친구에게만 독박을 씌울 일은 아니다. 이 상황은 '쌍방 과실'이다. 이상형을 이렇게 설명한 친구도 잘못이지만, 친구의 추상적이기만 한 이상형을 그냥 허투루 들으며 지레짐작한 나 역시 잘못이기 때문이다. 친구에게 다시 물어봤어야 한다.

갑: 친구야, 네 기준에서 예쁘다는 것은 구체적으로 어느 정도
를 말하는 거야?

을: 뭐, 가당치 않을지도 모르지만 이나영 스타일!

갑: 어렵긴 한데 그래도 조금은 감이 오네. 그럼 배려하는 여성
은 어떤 스타일이야?

을: 어려울 것 없지. 함께 근사한 곳에 가서 밥을 먹었는데 내가
그 달에 데이트 비용을 많이 썼다는 걸 알아주며, 예쁜 미소
와 함께 계산대에서 슬쩍 카드를 내미는 여성!

갑: 오, 좋아! 근데 카드도 종류가 많잖아. 그 카드는 구체적으
로 어떤 카드야? 포인트 적립 카드?

을: 하하 무슨 소리야. 금색 테두리를 두른 검은색 카드 정도는
돼야지!

갑: 그래. 누구를 만나든 오늘 말한 것처럼 네 이상형을 설명해
봐. 분명 좋은 소식이 있을 거야. 나도 주변에서 찾아볼게.

메시지를 자잘하게 잘라 보니 '금색 테두리를 두른 검은색 카드를
쓰는 이나영!'이라는 구체적인 이미지가 그려졌다. 여기에는 배려할 줄
알고, 자기 남자의 위신을 세워 줄 만큼 센스가 있고, 미소가 예쁘고,
착하고, 경제력도 있다는 것이 모두 담겨 있다. 만약 이상형을 설명할
때 '배려할 줄 알고, 자기 남자의 위신을 세워 줄 만큼 센스가 있고, 미
소가 예쁘고, 착하고, 경제력도 있는 여성'이라고 했다면? 뜬구름을 잡
으려 한다며 핀잔만 들었을 것이다.

하지만 '금색 테두리의 검은색 카드를 쓰는 이나영'이라는 자잘한 메
시지는 상대의 뇌리에 꽂힌다. 그 메시지는 확장되면서 굵직한 의미를

만들어 낸다. 정리하자면 이렇다.

자잘함(금색 테두리를 두른 검은색 카드를 쓰는 이나영) → **확장**

→ **굵직함**(배려, 센스, 예쁜 미소, 착함, 경제력)

치밀한 묘사가 필요하다

세일즈 화법도 마찬가지다. 말로 이미지를 그려 낼 수 있다면 강력한 세일즈 화법이 탄생한다. 굵직한 메시지(좋다, 최고다, 든든하다, 유용하다, 의미있다 등의 추상적인 메시지)는 고객의 뇌리에 꽂히지 않는다. 그저 자잘해도 좋다. 고객의 뇌리에 그림을 그릴 정도로 구체적이기만 하다면 군이 거창할 필요가 없다.

고객의 뇌리에 이미지를 그려 내는 '자잘함'이란, 결국 '치밀한 묘사'를 뜻한다. 다음의 두 문장을 비교해 보자.

- 나, 어제 정말 많이 많이 아팠어. 정말 힘들었다니까.

  → **어젯밤 열한 시에 갑자기 배가 아파서 데굴데굴 구르다가 응급실 가서 링거를 두 팩이나 맞고 왔어.**

- 지난주에 엄청 피곤했어. 정신을 못 차리겠더라니까.

  → **지난주에 핫식스를 열네 개나 마셨다. 물보다 핫식스를 더 많이 마신 것 같아.**

- 은지, 부잣집으로 시집갔잖아. 말도 마, 얼마나 부잣집인지

정말 부럽기만 하더라.

→ 은지, 결혼 전부터 시어머니 될 분이 신혼집 보러 다닐 때 들고 다니라며 샤넬 백을 사 주셨대. 얼마 전 집들이를 갔는데 기실에 70인치 TV가 척 놓여 있더라!

• 참 맛있는 소고기야. 끝내 줘.

→ 말도 마. 딸내미 주려고 샀는데 구우면서 한 점 한 점 먹다 보니 어느새 세 점만 남더라. 결국 배고파하는 딸내미 울리고 말았어.

• 윤진이네 집은 꽤 크다.

→ 걔네 집은 화장실에서 볼일을 보다가 휴지가 없으면 휴지를 달라고 '전화'해야 한다더라. 웬만큼 소리를 질러서는 들리지도 않는대.

추상적인 메시지는 그저 전문가들이 누리는 지식의 사치일 뿐이다. 내가 알고 있으니 상대도 알 거라는 오만함이다. 내가 '아' 하면 고객도 '아'라고 들어야 정상이라고 생각하는가? 애석하게도 그런 고객은 없다. 내가 구체적으로 '아'를 말하지 않으면 고객은 '어'라고 듣는다.

아래에 당신의 상품이 갖고 있는 대표적인 특장점을 세 가지 정도 써 보라. 그리고 그 특장점을 고객의 뇌리에 그림이 그려질 수 있도록 자잘하게 도려내 보라. 그리고 당신의 가족이든, 동료든 보여 주어라. 그리고 물어라. '머릿속에서 그림이 그려지는가?'

특장점 1. _____

특장점 2. _____

특장점 3. _____

자잘해야 고객이 믿는다

당신의 세일즈 화법을 자잘하게 도려내면 고객이 체감하는 신뢰도 역시 자연스레 올라간다. 다음의 문장 중 어느 쪽이 더 신뢰가 가는가?

- 얼마 전에 지방에서 어떤 학자가 좋지 않은 냄새가 나는 꽃을 발견했대요.

  → 5월 5일 경북 김천에서 생태학자 김은지 박사가 계란 썩은 냄새가 나는 진달래꽃을 발견했대요.

- 쭉 가다가 오른쪽으로 꺾은 다음 다시 왼쪽으로 꺾으세요.

  → 100미터쯤 가면 철물점이 나옵니다. 거기서 오른쪽으로 돌아 50미터 정도 가다가 왼쪽으로 돌면 은행 옆에 목적지가 보일 겁니다.

- 이 책에 당신이 찾는 내용이 다 들어 있으니 읽어 보세요.

  → 이 책의 제3장 세 번째 글을 보면 당신이 찾는 내용이 두 쪽에 걸쳐 자세히 나와 있어요.

자잘한 것은 그 자체만으로도 설득력을 끌어올리는 무기가 된다.

탁월한 스토리텔링도 자잘하다

스토리텔링, 지긋지긋하게 들어온 나머지 자칫 식상하다고 생각할 수 있는 개념이다. 하지만 스토리에 사람의 마음을 움직이는 힘이 있다는 사실은 불변의 원칙이다. "거짓말을 하면 안 돼!"라고 하기보다 '양치기 소년' 이야기를 들려주면 '거짓말을 하면 안 돼!'라는 교훈이 더 강렬하게 뇌리에 꽂힌다. 단순히 거짓말을 하면 안 된다는 문장은 추상적이지만, 이야기를 통해 자잘하게 묘사되는 순간 상대의 뇌리에 강렬하게 파고든다.

한번은 루이까또즈 판매 직원들을 대상으로 세일즈 교육을 진행한 적이 있다. '좋은 가방을 좋은 가격에 판매하는 브랜드'만으로는 설득력이 부족하다고 판단했고 그 가치를 스토리텔링으로 자잘하게 풀어야겠다고 생각했다.

스토리 1

루이까또즈의 '까또즈'는 열네 번째라는 뜻입니다. 즉 프랑스에서 최고의 문화부흥을 이끈 태양왕 루이 14세를 기리는 브랜드가 바로 '루이까또즈'입니다. 이 브랜드는 유독 '빛'에 관심이 많던 루이 14세의 철학을 계승해, 단지 보여지는 색이 아닌 '빛'의 각도로 가방을 표현하기 위해 다양한 소재를 개발하고 있습니다. 아울러 베르사유 궁전의 상징인 장미를 로고로 선택했습니다.

기네스북에 오른 '전 세계에서 가장 비싼 지갑'은 1984년에 만든 악어가죽 지갑으로, 7만 4,186달러(약 8,500만 원)입니다. 최고급 악어가죽과 백금, 진주, 다이아몬드로 만든 이 제품은 2006년 가장 비싼 지갑으로 기네스북에 올랐는데요, 그 지갑의 브랜드가 바로 루이까또즈입니다. 눈여겨봐야 할 부분은 가장 비싸다는 사실만이 아니라 비싼 걸 만들어 낸 '기술력'입니다. 최고급 명차를 만들어 본 브랜드가 만든 차와 그렇지 않은 브랜드가 만든 차는 설령 값이 같아도 타면 탈수록 그 차이를 확인할 수 있습니다.

최고의 식자재를 다루어 본 셰프가 만든 음식과 평범한 식자재만 다루어 본 셰프가 만든 음식은 먹을수록 그 오묘한 차이를 알 수 있습니다. 최고난이도 수학 문제를 접해 본 학생은 나중에 어떤 문제를 만나도 실력을 발휘하죠. 가죽제품도 마찬가지입니다. 세계 최고의 지갑을 만들어 본 기술력을 바탕으로 소비자에게 합리적 가격으로 다가가는 브랜드가 바로 루이까또즈입니다.

지금 소개하는 제품은 루이까또즈 브랜드 중에서도 '리옹 라인'에 속합니다. 2,000년 넘는 역사를 자랑하는 리옹은 현재 현대적 느낌이 물씬 풍기는 프랑스의 도시로 전 세계인의 관심을 받고 있습니다. 그러한 리옹의 명성에 걸맞게 이 디자인은 2,000년 넘게 지켜 온 전통과 현대적 느낌이 절묘하게 조화를 이루고 있습니다. 가방이 지녀야 할 기본 철학에다 도시의 감성까지 담아낸 라인이기에 소장 가치가 있습니다. 10년을 써도 질리지 않는 디자인을 원하신다면 추천하고 싶습니다.

아마 당신은 이제 루이까또즈라는 브랜드를 만날 경우 이전과 다른 시선으로 매장의 상품을 바라보게 될 것이다. 당신의 책상 위에 한 자루쯤 있을 법한 '모나미 153' 볼펜도 마찬가지다. 언뜻 보면 그냥 하얀색 볼펜이지만 제자를 구하던 예수의 지시대로 그물을 던진 베드로가 물고기 153마리를 낚았다는 스토리는 모나미 볼펜을 다시 한번 들여다보게 만든다.

스토리텔링이 뇌리에 살아남는 이유도 자잘하기 때문이다. 거창할 것도, 어렵게 생각할 것도 없다. 그저 자잘하게 꽂힐 수 있는 이야기로 풀어낼 수 있다면, 그것은 고객의 뇌리에 꽂히게 마련이다.

치밀한 묘사로 레디큐를 팔아라

'자잘'의 개념을 이해했으니, 당신의 화술에도 작은 변화가 생겼으리라 믿는다. 이제 현업에 적용해 볼 단계다. 지금부터 구체적인 화법(치밀한 묘사)을 구사하여 고객을 설득해 보자. 과제는 '고객에게 레디큐를 팔아라'이다.

레디큐는 노란색 제형으로 생긴 숙취 해소제이다. 음주 전후에 병 모양의 숙취 해소 음료를 들이키지 않아도 된다. 아이들이 좋아하는 젤리같이 생겼지만, 노란색 알맹이를 입에 쏙 넣고 씹어 먹는 순간 약효가 생긴다. 여담이지만 우리나라를 방문하는 중국 관광객들에게 선물용으로 큰 사랑을 받고 있는 상품이라고 하니, 기회가 되면 그 약효를 몸소 경험해 보시기를 바란다.

◀ 숙취 해소제 레디큐

이 제품을 설명할 때 숙취 해소의 핵심 성분인 '커큐민' 같은 어려운 용어를 사용하여 고객을 난해하게 만들어서는 안 된다. 단지 이 상품을 선택한 고객이 누리게 될 상황을 치밀하게 묘사하라. 그 묘사를 통해 고객이 '기대'하도록 만드는 것이 탁월한 세일즈 화법이다.

쉽게 감이 오지 않는다면 앞서 말한 '이해안가자'를 떠올려 보면 된다. 즉 이익, 해결, 안심, 가족, 자부심이라는 다섯 가지의 기대 키워드를 활용해 고객이 기대하게 만들어라. 물론 다섯 가지를 모두 말하려

하지 마라. 다시 한번 말하지만, 그건 욕심이다. 한 가지라도 좋으니 치밀하게 묘사해야 한다.

레디큐 세일즈 과제를 실제 강의 중에 실습해 본 적이 있는데 톡톡 튀는 아이디어가 많이 나왔다.

- "남자친구와 함께 커플 모임에 참석한 당신, 앞자리에 나보다 더 예쁘고 어린 여성이 앉아 있습니다. 외모로도 자존심이 상하고 나이로도 자존심이 상합니다. 하지만 주량만큼은 지고 싶지 않다면? 꼭 먹어 보세요. 술자리가 끝날 즈음 인사불성이 되어 가는 그 어린 여성 앞에서 당신의 남친을 살갑게 챙기는 지혜로운 여성으로 인정받을 수 있습니다."

- "신입사원인 당신, 즐거운 마음으로 회식자리에 갔지만 이 과장님, 김 차장님, 박 부장님이 연거푸 권하는 술을 마다하지 못해 금세 머리가 어질어질해집니다. 그때 먹어 보세요. 끝까지 멀쩡한 모습으로 상사에게 예쁨을 받을 수 있습니다. 다음 날 출근해서도 팀원들 책상에 꿀물 한잔씩 올려놓는 센스. 당신의 직장생활은 이제 더 이상 비포장도로가 아닌 고속도로가 될 겁니다. 어렵지 않습니다. 회식 전 꼭 챙기세요."

- "2년 동안 만나 온 여자 친구의 부모님을 뵙는 날, 떨리고 긴장이 됩니다. 그렇다고 예비 장인께서 주시는 술을 마다할 수는 없습니다. 술을 먹어 봐야 본모습이 나온다고 생각하는 예비 장인의 사위 시험 1교시. 넙죽넙죽 술잔을 받으면서도

끝내 흐트러지지 않는 모습으로 예비 사위 시험에 당당하게
합격할 수 있습니다."

메시지들이 정말 기발하지 않은가? 당신이 '오, 괜찮은데?', '와우, 쓸
만해'라고 생각한 이유는 하나다. 치밀하게 묘사했기에 당신의 뇌리에
그림이 그려졌기 때문이다.

반_半 사기꾼이 되어라

'치밀한 묘사'만 잘 활용해도 당신은 희대의 사기꾼이 될 수 있다. 사
기꾼들이 가장 잘 활용하는 화술이 바로 이 '치밀한 묘사'이다.
"사장님, 이 땅에 투자하시면 아주 좋습니다."라는 추상적인 메시지
로는 절대 사기를 칠 수 없다. 상대가 이 땅에 투자했을 때 이 땅이 조
만간 어떻게 개발될지 구체적인 그림을 그려 준다면 상대는 '혹' 한다.
그런 의미에서 보자면 세일즈와 사기는 종이 한 장 차이다. 그 종이에
는 이렇게 쓰여 있다.
'당신의 상품이 고객에게 어떤 형태로든지 진짜 도움이 되는가?'
만약 그 답이 NO라면? 당신은 사기꾼이다. 하지만 그 답이 YES라
면? 당신은 세일즈맨이다. 당신에게 이런 진정성(나의 상품은 고객에게 어
떤 형태로든 진짜 도움이 된다)이 있다면 치밀하게 묘사하라. 반_半 사기꾼
이 되어도 좋다.

숫자로 표현하라

자잘한 세일즈 화법을 위해 활용 가능한 또 다른 방법은 '구체적인 숫자'다. '10년 전'보다는 '9년 6개월'이 더 자잘하고 구체적이다. '180센티미터'보다는 '179.6센티미터'가, '오랜 친구'보다는 '13년 된 친구'가 더 구체적이다. 그러면 세일즈 화법을 구사할 때, 숫자는 어떻게 활용하는 것이 좋을까?

1. 숫자는 구체적일수록 좋다

다음의 양쪽을 비교해 보면 어느 쪽이 더 자잘하게 구체적으로 묘사했는지 한눈에 보인다.

- 3,000여 명이 참가한 행사 vs 3,120명이 참가한 행사
- 30개 남았다 vs 31개 남았다
- 출제비율 70퍼센트 이상 vs 출제비율 71.5퍼센트

인간의 뇌는 딱 떨어지는 숫자보다 다소 복잡한 숫자를 더 신뢰한다. 세일즈 메시지를 만들 때는 가급적 숫자를 구체적이고 자잘하게 말하는 것이 좋다.

물론 때론 너무 복잡하지 않은 숫자나 덜 구체적인 숫자가 좋을 수도 있다.

- 상반기 298,389,270원 매출 vs 상반기 30억 원 매출
- 서울의 2.789배 크기 vs 서울의 3배 크기

다만 고객의 이해를 돕기 위해 숫자를 간소화하여 표현했다 하더라도, 참고자료의 느낌으로 문서를 활용하여 보여 줄 수 있다면 풀어서 쓰는 것이 좋다. 관건은 고객에게 구체적인 숫자를 전달하는 것만이 아니다. 숫자 활용의 핵심은 고객이 '아, 신뢰할 수 있는 근거로군'이라고 느끼게 하는 것이다.

2. 숫자는 상식적이어야 한다

숫자의 중요한 효용 중 하나는 신뢰성이라고 말했다. 그런데 지나치게 비현실적인 숫자를 사용하면 오히려 신뢰를 해칠 수 있다. 대표적으로 '강남역 24분 거리', '월 수익률 300퍼센트' 등의 부동산 광고를 보면 우선 의심부터 하게 된다. '새롭게 분양하는 아파트 단지는 강남 출퇴근 24분의 기적을 실현한 단지입니다'라고 광고한다. 하지만 고객이 바보라면 모를까. '에이 설마, 아파트에서 나와 지하철역까지 걸어가는 시간 16분, 지하철 역 플랫폼에서 다음 열차 기다리는 시간 5분, 내려서 회사까지 걸어가는 시간 15분을 포함하면 결국 1시간이잖아'라고 생각한다. '에쿠스를 1,000만 원에 사는 방법'이라는 광고를 보면 어떤 생각이 들까? 경품행사 아니면 속임수가 있을 것 같다. 지나치게 비현실적인 수치를 제시할 경우 오히려 신뢰를 얻기가 어렵다. 조심 또 조심해야 한다.

3. 단위만 잘 활용해도 더 잘 팔린다

남자화장실 소변기 앞에 붙어 있는 문구 중 '100센티미터만 앞으로 와서 볼일을 보세요'보다는 '1미터만 앞으로 와서 볼일을 보세요'가 더 쉽게 와닿는다. 같은 거리지만 100센티미터는 왠지 길고 어렵게 느껴진다. 반면 1미터는 직관적이기에 쉽게 와닿는다.

'이 제품은 2시간 만에 500개가 팔렸습니다'를 '14초에 하나씩 팔렸습니다'로 바꾸면 '많이 팔렸다'가 '불티나게 팔렸다'는 느낌으로 바뀐다. '해독주스로 내 몸의 독소를 빼내는 시간, 딱 48시간이면 됩니다'가 '해독주스로 내 몸의 독소를 빼내는 시간, 딱 2일이면 됩니다'보다 더 짧은 시간으로 느껴진다.

- 우유 500밀리리터 vs 우유 0.5리터
- 쇠고기 200그램 vs 쇠고기 0.2킬로그램
- 몸무게 100킬로그램 vs 몸무게 0.1톤
- 거리 10,000미터 vs 거리 10킬로미터
- 강의 180분 vs 강의 3시간

같은 메시지이지만 단위만 잘 활용해도 고객이 받아들이는 느낌은 다르다. 어떤 단위가 더 효과적이라고 단정 지으려는 것이 아니다. 당신의 상품과 고객의 상황에 맞춰 단위를 자유자재로 활용하라. 아무 고민 없이 써 왔던 단위도 다시 한번 들여다보면 새로운 해결책이 보일 것이다.

4. 비율은 풀어서 제시하라

비율을 퍼센트(%)로 표기하기보다는 번거롭더라도 풀어서 설명해야 고객의 이해가 빠르다.

- 신청률 39% → 10명이 봤다면, 4명은 신청합니다.
- 성공률 89% → 10명이 시작했다면, 9명은 성공합니다.
- 재구매율 91% → 10명이 샀다면, 9명은 꼭 다시 삽니다.

5. 그럼에도 숫자는 친절하지 않을 수 있다

위의 예처럼 숫자를 활용하는 것은 구체적인 세일즈 화법의 방법이다. 하지만 숫자가 늘 친절한 것은 아니기에 어떻게 하면 더 친절하게 설명할 수 있을지 늘 고민해야 한다. 다음은 그러한 고민의 흔적이 묻어나는 말이다.

- "냉장고 크기가 60리터 더 커지면, 2리터짜리 삼다수 30통이 더 들어갑니다."
- "갈색 병은 7초에 한 병씩 팔리는 화장품입니다. 제 말이 끝나기도 전에 또 한 병이 팔렸습니다."
- "24기가바이트 메모리카드는 달까지 두 번 왕복하는 내내 똑같은 곡이 한 번도 겹치지 않는 용량입니다."
- "당신의 몸무게가 3킬로그램 줄면 당신의 몸에서 통닭 세 마리가 빠져나간 셈입니다."

'60리터, 7초에 1회, 24기가바이트 메모리, 3킬로그램'은 구체적이지만 친절하지는 않다. 하지만 '2리터짜리 삼다수 30통, 제 말이 끝나기 전에 또, 달까지 두 번 왕복하는 내내 곡이 겹치지 않음, 통닭 세 마리'는 친절하다. 고객의 뇌에 그림이 그려진다.

이번에는 생수와 수돗물의 가격에 많은 차이가 난다는 메시지를 전달하는 경우를 생각해 보자.

"삼다수는 500밀리리터에 500원, 수돗물은 1톤에 500원입니다."

이 말을 들으면 고객은 '생수가 수돗물보다 훨씬 비싸구나!'라고 어렴풋이 느낄 수는 있다. 하지만 고객이 느끼는 것은 딱 여기까지다. 더 친절하게 설명하면 숫자만으로 설명할 때보다 더 어마어마한 차이를 느끼게 된다.

"여러분이 삼다수 500밀리리터를 500원 주고 사 드셨다고 가정해 보겠습니다. 같은 가격이면 수돗물을 500밀리리터 병으로 '5년하고도 5개월 21일 동안' 하루 한 번씩 꼬박꼬박 리필해 드실 수 있습니다."

숫자는 구체적이다. 하지만 친절하지는 않을 수 있다. 고객이 직관적으로 그림을 그릴 수 있도록 당신의 상품이 갖고 있는 숫자를 다시 요리하라. 고객이 맛있게 씹어 먹을 수 있게끔.

생생하게 말해야
고객이 상상한다

생생 1

기억이란 단순히 하나의 창고에 차곡차곡 쌓아 놓았다가 순서대로 꺼내는 것이 아니다. 기억은 일명 찍찍이와 비슷하다. 한 면에는 수천, 수만 개의 자잘한 갈고리가 붙어 있고 다른 면에는 작은 고리가 뒤덮여 있다. 양쪽 면을 맞대고 꾹 누르면 수많은 갈고리가 고리를 얽으면서 양면이 착 달라붙는 원리다. 고객의 뇌도 마찬가지다. 상상하지 못할 만큼 무수한 고리가 있다. 그래서 갈고리가 많이 달린 메시지일수록 고객의 뇌에 착착 달라붙는다. 뛰어난 세일즈맨은 메시지에 달려 있는 갈고리의 수를 늘리는 놀라운 능력을 발휘한다.

한 가지 가정을 해 보자. 지금 당신 앞에 샌드위치 가게 두 곳이 있고 두 곳 모두 입구에 메뉴판이 걸려 있다. 당신은 어느 쪽으로 들어갈

지 망설이며 조심스레 메뉴판을 살피고 있다. 다음의 두 가게 중 어느 곳을 선택하겠는가?

- A가게: 훈제 햄, 달걀, 하얀 치즈가 들어간 통밀빵 샌드위치 6,000원
- B가게: 참나무로 훈제해 기름기를 쏙 뺀 햄과 방금 깬 달걀, 여기에 새하얗고 쫄깃쫄깃한 치즈가 더해져 코끝을 톡 쏘는 매콤함을 선사합니다. 모든 재료를 방금 구운 따끈따끈한 통밀빵(겉은 바삭, 속은 촉촉)에 올려 구운 샌드위치 6,000원

당연히 B가게일 것이다. 근데 곰곰이 생각해 보면, 훈제 햄은 모두 기름기를 쏙 빼고 나온다. 모든 달걀은 요리 직전에 깨며, 하얀 치즈는 상하지 않은 이상 거의 다 쫄깃쫄깃하다. 게다가 통밀빵은 다 따끈따끈할 것이다. (냉동실에서 빵을 바로 꺼내 만들어 주는 샌드위치 가게는 없다.) 그렇지만 당신은 분명 A가게보다는 B가게의 메뉴판을 보며 지갑을 열고 싶은 욕구를 더 강하게 느꼈을 것이다.

고객의 뇌엔 갈고리가 있다

미국의 대중과학 잡지 《사이언티픽 아메리칸》Scientific American에 실린 랄프 하버Ralph Haber 박사의 실험 결과는 우리에게 시사하는 바가 크다. 하버 박사는 피실험자에게 10초마다 한 장씩 총 2,560장의 사진 슬라

이드를 보여 주었다. 이는 슬라이드를 다 보는 데만 약 일곱 시간이 걸리는 방대한 양으로 매일 몇십 분씩 여러 날에 걸쳐 이뤄졌다. 마지막 슬라이드를 보고 난 후 한 시간 뒤, 피실험자들은 이미지 인식 능력 테스트를 받았다.

그 다음에는 각 피실험자들에게 2,560장의 슬라이드 두 세트를 보여 주었다. 이 중 한 세트는 이미 그들이 본 이미지였고, 다른 한 세트는 그들이 이전에 본 적은 없지만 매우 유사한 이미지였다. 그런데 놀랍게도 그들의 인식 능력 정확도는 95퍼센트에 달했다. 시간이 흘렀음에도 피실험자들은 자신들이 이미 봤던 것과 유사한 이미지의 차이를 대체로 정확하게 인식할 수 있었다. 인간의 두뇌는 이미지를 저장 및 회상하는 메커니즘 면에서 그 무엇과 비교할 수 없을 정도로 명확성을 보인다는 것을 확인한 하버 박사는 이런 결론을 내렸다.

> "이미지로 시각적 자극을 준 이 실험들은 두뇌의 이미지 인식 능력이 본질적으로 완벽에 가깝다는 것을 보여 준다. 2,500여 장의 이미지가 아니라 2만 5,000장의 이미지를 보여 줬더라도 결과는 마찬가지였을 것이다."

이처럼 두뇌는 텍스트보다 '생생한 이미지'에 더 강력하게 반응한다. 쉽게 생각하자. 신호등의 세 가지 표식이 '색'(빨간색, 주황색, 녹색 이미지)이 아니라 '글자'(정지, 잠시 뒤 정지, 운행)로만 표기되어 있다면? 교통사고 사망자가 지금보다 열두 배는 많아지지 않았을까?

세 가지 커뮤니케이션 코드

미국의 심리분석가 윌마 부치는 하버의 이미지 저장 및 회상 실험에 과학적 해답을 제시해 준다. 그녀는 커뮤니케이션 코드를 언어(코드 1), 장면(코드 2), 감정(코드 3)으로 분류했다.

코드 1은 우리의 세일즈 화법 도구인 언어이다. 그러나 언어만으로는 감정을 유발하는 데 한계가 있다. 예를 들어 '고통'이라는 단어를 단지 눈과 입으로 읽는다고 해서 몸서리가 쳐지지는 않는다. 그렇다면 이건 어떨까?

"당신의 손을 갈퀴처럼 만들어 학교 교실의 커다란 녹색 칠판을 손톱으로 긁을 때 나는 소리를 떠올려 보세요."

이 말을 들으면 불현듯 머릿속에 장면이 떠오르며 온몸에 소름이 돋는다. 이 장면이 코드 2다.

"불고기 요리를 위해 커다란 식칼로 고기를 싹 써는데 고기에서 새빨간 피가 흘러나왔다. '피가 나오는 걸 보니 고기가 싱싱한 모양이군'이라는 생각을 하는 순간, 갑자기 왼손 검지에서 날카로운 뜨거움이 느껴지기 시작했다."

읽자마자 순간적으로 몸서리가 쳐진다. 이처럼 당신이 반응을 보이는 것은 언어 그 자체가 아니다. 당신의 상상력이 발동해서 떠올리는 장면(이미지) 때문이다. 다시 말해 코드 2인 장면이 코드 1인 언어와 코드 3인 감정을 이어 주는 다리 역할을 하는 것이다.

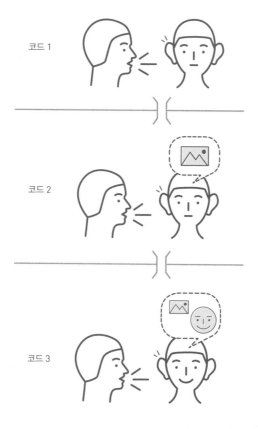

코드 1

코드 2

코드 3

　그러므로 당신이 선택한 세일즈 언어가 단지 언어에서 그치는지 아니면 감정을 유발하는 장면을 상상하게 만드는지 생각해 봐야 한다. 직접 보거나 상상하는 이미지는 색, 형태, 선, 입체, 구조, 상상력 같은 두뇌 기능의 방대한 영역을 한꺼번에 사용하는 까닭에 단순한 언어보다 더 강력하다.

　지금과 같은 이미지의 시대에는 더욱더 '이미지 제시'로 설득력을 끌어올려야 한다. 그렇다고 단순히 그림, 사진, 동영상 같은 이미지를 고객에게 보여 주기만 하면 된다는 얘기가 아니다. 고객이 상품에 매력을 느낄 수 있도록 엄선한 '말'에 이미지의 옷을 입히라는 뜻이다. 그렇게 되면 고객의 뇌에는 무수히 많은 갈고리가 달라붙을 것이다. 달라붙은 갈고리는 고객의 뇌에서 쉽게 떨어지지 않을 것이다.

말에 색동저고리를 입혀라

말에 이미지의 옷을 입힌다는 것은 어떤 의미일까? 이는 역사적으로 유명한 작가나 시인들이 즐겨 쓰던 언어 전달 방식과 매우 유사하다. 다음은 고대 그리스의 작가 호메로스Homeros가 쓴 대서사시 《오디세이》Odyssey 중 일부를 각색한 것이다. 율리시스가 바다의 신 넵튠(포세이돈)을 화나게 하자, 넵튠이 무서운 폭풍우를 일으켜 율리시스에게 복수하는 장면이다.

율리시스가 한숨을 내쉬며 한탄하고 있을 때, 얼굴을 송곳으로 할퀴는 듯한 돌풍이 몰아치더니 집채만한 파도가 그의 머리를 때리며 덮쳤다. 뗏목을 엮은 줄이 후드득 풀어지는 바람에 율리시스는 뗏목 밖으로 우당탕 곤두박질치며 바닷속으로 휙 굴러 떨어졌고, 꽉 움켜쥐고 있던 키의 손잡이도 놓쳐 버렸다. 바닷속에 빠진 율리시스는 잠시 뒤 겨우 수면 위로 떠올랐다. 그러나 입고 있던 두툼한 옷에 물이 흠뻑 스며들어 자꾸만 바닷속으로 천천히 끌려 들어갔다. 있는 힘을 다해 물 위로 고개를 내밀

어 거친 숨을 몰아쉬는 그의 얼굴엔 줄줄이 흘러내리는 짭짤한
바닷물이 흥건했다. 바닷물은 두툼한 그의 입술을 차갑게 적셔
왔다.

머릿속에 율리시스가 힘들어하는 장면이 생생히 그려지지 않는가?
위의 내용을 한 문장으로 정리하자면 '율리시스가 몰아친 돌풍 때문
에 물에 빠져 죽을 뻔하다'에 불과하다. 그러나 이 문장은 독자의 뇌리
에 아무것도 걸치지 못하고 사라져 버릴 가능성이 높다. 하지만 생생한
감각적 표현들이 언어를 장면으로 만들어 준다. 그리고 그 장면은 독자
가 상상할 수 있게 만들고, 나아가 감정까지 유발한다.
　자, 이번에는 화장품을 판다고 가정해 보자.

언어 위주
빨래가 금방 마르는 것만 봐도 참 뿌듯하죠. 다시금 햇볕의 힘이
대단하다는 걸 느낍니다. 근데 만약 그 빨래가 피부라고 생각한
다면? 끔찍하지 않으세요?
피부가 말라 가는 계절입니다. 선크림은 기본, 여기에 수분 화장
품도 꼭 챙겨 주세요. 수분을 머금은 피부로 가꿀 수 있습니다.

감각적 표현 활용
축축했던 빨래가 한두 시간 만에 **바싹바싹** 마르는 것만 봐도
참 뿌듯하죠. 다시금 햇볕의 힘이 대단하다는 걸 느낍니다. 근데

만약 그 **뻣뻣하게** 말라가는 빨래가 '피부'라고 생각한다면? 으~
오싹하지 않으세요?

피부가 **바싹바싹** 말라 가는 계절입니다. 선크림은 기본, 여기에
수분 화장품도 꼭 챙겨서 **듬뿍듬뿍** 얼굴에 **펴 발라** 주세요. 수
분을 **몽글몽글** 머금은, **콕** 꼬집어 보고 싶은 촉촉한 피부로 가
꿀 수 있습니다.

　같은 메시지(피부가 마르지 않게 수분 화장품을 쓰세요.)이지만 아래와
같이 감각적 표현들이 사용됐을 때 당신의 머릿속에선 생생한 그림이
그려진다. 생생한 장면을 연출하기 위해 감각어를 동원하는 것은 번거
롭게 돌아가는 길처럼 보인다. 하지만 내 메시지를 꽂히게 한다는 점에
선 오히려 빨리 질러가는 지름길이 될 수 있다. 긴 문단이 아니어도 좋
다. 간단한 말도 생생한 표현이 더해지면 그림이 그려진다.

- 사랑에 빠지면 심장이 뛴다 → 사랑에 **빠지면** 심장이 **쿵쾅**
  쿵쾅
- 일본어 공부에 빠져 보자 → 일본어에 **풍덩!**
- 너무 춥다 → **어깨가 오들오들**
- 밝은 회색 → 제주에서 갓 잡은 은갈치의 **영롱한 비늘 색**
- 두툼한 치즈 → 입안에서 터질 듯 **탱글탱글하고 쫀득쫀득한**
  치즈

홈쇼핑에서 요리 도구를 판매할 때는 거의 언제나 요리하는 장면과 시식하는 모습을 보여 준다. 요리 도구의 다양한 기능과 내구성도 중요하다. 하지만 고객은 자글자글 음식이 익는 소리를 듣고 여기에 맛있게 먹는 모습을 눈으로 볼 때 구매 욕구가 더 강해진다. 만약 냄새까지 송출할 수 있는 TV 기능이 등장한다면 홈쇼핑 식품 방송의 매출은 분명 어마어마하게 늘어날 것이다.

세일즈도 마찬가지다. 고객의 오감(시각, 청각, 후각, 촉각, 미각)을 자극하는 언어를 적절히 사용할 경우 효과가 크다. 가령 치약-뽀드득, 햄-뽀득, 라면-뽀글뽀글, 감자칩-바삭, 피부-탱탱, 과일-새콤, 맥주-짜릿 등은 고객의 오감을 자극해 당신의 메시지를 더욱 꽂히게 만든다.

오감을 살리는 생생 화법

생생 2

세일즈맨인 당신이 고객으로부터 듣게 될 최악의 반응은 절대 '싫어요. 안 살래요'가 아니다. 기껏 한 시간을 떠들어 놨음에도 고객이 '좋은 것 같은데, 감이 안 와요'라고 말한다면? 이게 최악의 반응이다. 무작정 싫다는 고객을 어쩔 수는 없다. 그 사람 마음이 그렇다는 걸. 하지만 감이 안 온다는 건 세일즈 화법이 문제라는 증거다.

고객의 입에서 '감이 오지 않는다'는 말이 나오는 슬픈 상황을 피하려면 어떻게 해야 할까? 당신의 화법에 감각적 표현을 양념처럼 쳐 주어야 한다. 다행히 한국어에는 전 세계 어느 언어도 따라오기 힘들 만큼 감각적인 표현이 어마어마하게 발달되어 있다. 예를 들어 영어의 옐로yellow에 해당하는 표현만 해도 노랗다, 샛노랗다, 누렇다, 누르스름하다, 노리끼리하다 등 아주 많다. 그런데 말의 중요함을 인식하는 세일즈맨들조차 그 많은 감각적 언어의 혜택을 제대로 누리지 못하고 있다. 아내가 입술에 바른 빨간색 립스틱은 그냥 '빨간색'이 아니다. 따가운 햇볕을 받고 자란 고추 같은 색일 수도 있고, 마른 장미의 빨간색, 혹은 갓 따낸 체리의 빨간색일 수도 있다.

국민 간식으로 불리는 치킨을 생각해 보자. 친구가 당신에게 "어제 치킨 먹었다며? 맛이 어땠어?"라고 물었을 때, "그럭저럭 먹을 만했어."라고 대답했다면 당신의 언어 감각은 거의 제로 수준이다. 오감을 자극해 설득력을 높이려면 치킨 하나에도 다음과 같은 표현을 자유자재로 활용해 표현할 수 있어야 한다.

- 시각: 노릇노릇, 노리끼리, 노르스름 등
- 청각: 바삭, 아삭, 아사삭, 뽀득뽀득 등
- 후각: 고소함, 구수한 올리브 향 등
- 촉각: 까칠까칠한 튀김옷, 쫀득쫀득, 따뜻한 육즙 등
- 미각: 달콤함, 짭짜름함, 달달함 등

'그럭저럭 먹을 만한 치킨'보다는 '노릇노릇하고 바삭거리는 튀김옷을 입고 쫀득한 맛에 고소한 향을 풍기는 달콤 짭짜름한 치킨'이 훨씬 더 먹고 싶지 않을까? 운동을 하면 할수록 당신의 근육량이 늘어나듯 감각어도 사용하면 할수록 늘어날 수 있다. 그리고 이것은 세일즈 화법을 풍성하게 만드는 재료가 될 것이다. 아래의 예시는 당신이 활용할

수 있는 감각적 언어 중 극히 일부다. 읽으면서 감각어를 늘리기 위한 연습을 오늘부터 시작하자. 멋쟁이의 옷장에는 감각적인 옷이 많다. 말쟁이의 말장에는 감각어가 많다. 당신만의 감각어들로 말장을 그득하게 채워 보길 바란다.

아삭, 꽝, 붉으락푸르락, 졸졸, 끄덕, 시시콜콜, 둥둥, 딩동댕, 하하, 와자지껄, 헐레벌떡, 컹, 힐, 피식, 후후, 쿨쿨, 엎치락뒤치락, 찰칵, 옹기종기, 올망졸망, 킥, 툭, 탁, 딸깍, 글썽, 철썩, 갸우뚱, 후다닥, 와락, 질질, 줄줄, 꼼지락, 냠냠, 빤지르르, 부랴부랴, 화들짝, 야옹, 쑥쑥, 쏙, 휘영청, 비틀, 오순도순, 쏴, 둥실, 덜컹, 꽈악, 꽈당, 홀라당, 멍멍, 머엉, 따르릉, 팔팔, 펄펄, 부르릉, 쏴악, 샥, 철철, 주르륵, 또르르, 잘록, 올록볼록, 야호, 성큼, 슈욱, 확, 우당탕, 퍼덕, 쌕쌕, 싸악, 땡땡, 벌컥, 이글이글, 훨훨, 감실감실, 구불구불, 노릇노릇, 뽀득, 아롱아롱, 덩실덩실, 찰랑찰랑, 매끈, 힐끗, 아장아장, 엉금엉금, 번쩍, 빤짝, 탱탱, 쫀쫀, 드르렁, 질끈, 질겅질겅, 펄럭, 팔랑, 덜덜, 돌돌, 둘둘, 쪼르륵, 콜록, 쿨럭, 철컥, 미끄덩, 까칠, 퐁퐁, 푹신, 포옥, 촤르륵, 샤방샤방, 샤르륵

감언이설로 상상하게 만들라

감언이설(감각적 언어로 설명)해야 고객은 상상한다. 보험 설계사들은 늘 이야기한다. "대한민국 성인 남성 세 명 중 한 명은 앞으로 언젠가

암으로 고생합니다."라고. 매우 심각하고도 중요한 이야기다. 하지만 고객의 입장에선 와 닿지 않는다.

"친한 친구 두 명만 떠올려 보시죠. 당신을 포함한 셋 중 하나는 암으로 고생하게 된다는 게 현재 통계입니다."는 어떤가? 더 와닿는다. 이유는 간단하다. 상상하게 만들기 때문이다.

고객이 내 제안을 가장 빨리 받아들이게 하는 방법 중 하나가 바로 '상상'하게 만드는 것이다. 오리곤 대학의 심리학자 마이클 앤더슨Michael Anderson에 따르면, 사람은 한 사건을 구체적으로 상상할 경우 그것을 정말 발생한 사건으로 믿는다고 한다. 이를 두고 '거짓 기억'이라 부른다. 이 거짓 기억은 다름 아닌 오감이 충분히 자극받았을 때 생긴다.

당신의 말이 살아서 펄떡이게 만들고 싶은가? 고객의 오감을 자극해야 한다. 그런 맥락에서 보자면 가장 생생한 세일즈 화법은 단지 말만이 아닐 수 있다. 눈으로 보여 주며 상상하게 만들 수 있는 '시연'도 강력한 세일즈의 도구다. 특히 화장품이나 요리 도구, 건강 기능 식품을 판매하는 사람들은 말보다 시연이 더 중요하다는 사실을 잘 알고 있다. 특히 화장품을 판매하는 세일즈맨들에게 강의 때마다 목소리 높여 쩌렁쩌렁 강조하는 내용이 있다.

"말보다 중요한 건 시연입니다."

시연이 강력할 수밖에 없는 이유도 고객의 오감에 무수히 많은 갈고리를 걸치기 때문이다. 가령 "고객님, 이 수분 크림은 제형감이 좋고 발랐을 때 영양감도 풍부합니다."라고 말하기보다는 차라리 고객의 손등에 수분 크림을 듬뿍 올려 발라 주는 것이 더 낫다. 언어로 형용하기 힘든 미세한 촉감은 시연을 통해 고객이 직접 느끼게 하라. 여기에 더해 당신의 생생한 언어로 오감을 자극해 주면 금상첨화다.

물건을 실제로 만지면 대개는 그 물건을 소유했을 때의 느낌이 커지면서 그 가치를 더 높이 평가한다. 홈쇼핑에서 무료 체험을 권하는 이유도 여기에 있다. 무료 체험이라고 설명하며 고객에게 일단 쥐어 주면 나중에 가서 최종 선택할 확률이 훨씬 더 높아지기 때문이다. 오감을 자극하는 세일즈 화법도 같은 맥락이다. 매번 고객의 손에 쥐어 줄 수는 없기에, 고객이 소유했다고 상상하도록 설명하는 것 역시 일종의 '쥐어 주기'다. 생생한 세일즈 화법의 궁극적 목표가 바로 이거다. 고객이 소유했다고 느낄 수 있도록 상상하게 만들어라.

비유 없는 화법은
실적 없는 세일즈맨이다

비유 1

아리스토텔레스는 《시학》에서 예술의 창조적 근원을 "부분과 부분을 잘 엮어 의도하는 효과를 만들어 내는 구성composition"에 있다고 말했다. 이것은 굉장한 창의성을 요구한다. 이것은 무엇일까? 바로 세일즈 화법을 만드는 필살기이자, 이번 장에서 집중적으로 살펴보게 될 '비유'다.

세일즈에서 성공하려면 늘 고객에게 설명해야 한다. 그 설명은 고객의 뇌가 살아 움직이도록 만들어야 한다. 뇌가 살아 움직이게 만드는 힘은 뇌가 끊임없이 연상할 수 있을 때 비로소 생긴다. '연상'이란, 내가 설명하는 개념이 고객이 기존에 알던 다른 개념을 불러일으키는 사고의 흐름을 말한다. 가령 '사랑은 달콤하다'가 아니라 '사랑은 아이스크림처럼 달콤하다'라고 설명해야, 고객은 전에 먹어 봤던 아이스크림을 연상하며 내가 설명하는 사랑의 달콤함을 이해한다.

세일즈 화법이 실패하는 이유는, '무無'에 '유有'를 집어넣으려고 욕심을 부리기 때문이다. 더욱이 뇌가 말랑말랑한 유아나 청소년기를 지난 성인에게 아무 배경 지식 없이 무작정 새로운 발상을 요구하는 것 자체가 지나친 강요이자 무언의 폭력이다.

발상의 사전적 의미는 '어떤 새로운 생각을 해 냄'이고, 연상은 '하나의 관념이 다른 관념을 불러일으키는 작용'이다. 고객이 밑도 끝도 없이 새로운 발상을 하게끔 만들기란 하늘의 별 따기일 수밖에 없다. 전에 없던 새로운 생각을 하게 만드는 것은 굉장히 어려운 일이기 때문이다. 흡사 무인도에서 혼자 15년을 살아온 아이에게 '가족'의 의미와 가치를 설명하는 것과 같다. 세일즈도 마찬가지다. 아무 배경 지식이 없는 고객에게 내 상품의 가치를 주입해서는 안 된다. 어디까지나 '연상'(하나의 관념이 다른 관념을 불러일으키는 작용)하게 만들어야 한다.

발상(무에서 유)이 아니라 연상(유에서 유)을 이끌어 내는 세일즈 화법은 이렇게 정의할 수 있다.

"고객이 이미 알고 있는 다른 관념을 불러일으켜, 내가 전하려는 관념(사세요!)을 연결하는 행동."

이러한 연상을 활용한 가장 수준 높은 커뮤니케이션 경지가 바로 '비유'다.

최근 가족들과 함께하는 해외여행을 계획하던 때였다. 두 곳의 여행지가 물망에 올랐다. 부모님은 중국 북경을 원하셨고 아내는 일본 오키나와를 원했다. 아들로서, 남편으로서 참 난감한 상황이었다.

부모님과 아내에게 왜 그곳을 가고 싶어 하는지 이유를 물어봤다. 부모님께서는 생소한 오키나와보다는 많이 들어 보긴 했지만 아직 한 번도 가 보지 않은 북경을 원하셨고, 추운 걸 죽기보다 싫어하는 아내는 따뜻한 남쪽 오키나와를 원했다. 잠시 결정을 미루고 강의 때문에 집을 나왔다. 그런데 강의를 마친 후, 아내에게 걸려 온 전화에서 뜻밖의 소식을 듣게 됐다.

"여보, 아버님 어머님께서 오키나와 가시겠대!"

"정말? 어떻게 설득했어?"

"설득한 건 아니고, 오키나와가 생소하다고 하시길래 설명해 드렸지."

"뭐라고 설명했는데?"

"응, 일본의 제주도 같은 곳이라고."

아내는 시부모를 설득하지 않았다. 질문을 통해 '오키나와가 생소해서'라는 시부모의 속내를 듣고, 기대 요소(해외지만 많이 낯설지 않은 곳으로 가고자 하는 '안심')를 발견했을 뿐이다. 그리고 설명했다. 그렇다고 오키나와의 연간 강수량이 어떻고 지정학적 위치가 어떻고 따위의 난해한 이야기를 하지도 않았다. 익숙한 '제주도'라는 관념을 가져와 '오키나와'를 연상하게끔 했을 뿐이었다. 실제로 오키나와는 일본 내에서도 자국 관광객들이 가장 많이 찾는 휴가지이기에 '일본의 제주도'라는 비유가 전혀 어색하지 않았다. 세일즈 화법도 마찬가지다. 강요해서는 안 된다. 고객이 스스로 연상할 때 말의 힘이 생긴다.

비유할 줄 알아야 프로 세일즈맨이다

보험이나 상조, 금융상품, 회원권 같은 무형상품은 비유를 통해 설명해야 한다. 구체적으로 눈에 보이는 유형상품과는 달리 형체가 없기 때문이다. 상조상품을 방송할 경우, 고객에게 전해야 하는 핵심 메시지는 이렇다. '경황없는 장례 상황에 맞닥뜨리기 전에, 합리적인 금액으로 미리 준비하자.'

말은 그럴듯하다. 그러나 듣고 나서 뇌리에 꽂히는 말은 별로 없다. 국내 모 상조회사의 상품을 방송할 때 나는 이런 멘트를 썼다.

"이 500밀리리터짜리 생수는 마트에서 얼마에 구입할 수 있을까요? 비싸 봐야 천 원 정도입니다. 그러면 만약 당신이 비행기를 타고 가다가 조난을 당해 사막 한가운데에 떨어졌다고 가정해 봅시다. 더구나 주변에는 오아시스조차 없네요. 한 시간 내로 물을 먹지 못하면 죽게 됩니다. 자, 다시 묻겠습니다. 이 물을 사는 데 얼마까지 지불할 용의가 있으십니까? 만약 전 재산이 1억 원이라면 전 재산을 써서라도 이 물을 사 먹어야 할 겁니다. 어쨌든 운이 좋아 1억 원 주고 물을 먹습니다. 1억 원짜리 물을 마시면서 생각할 겁니다. '아, 공항에서 천 원짜리 물을 한 통 사 둘걸.'

100세 시대를 살다 보면 사막처럼 힘들고 어려운 시기도 만나게 마련입니다. 그처럼 경황없는 상황에서도 누구는 고작 천 원으로 갈등을 해소합니다. 반면 누구는 1억 원을 들여 갈등을 해소합니다. 그 차이는 뭘까요? 딱 하나, 미리 준비했느냐 아니냐입니다. 장례도 마찬가지 아닐까요? 가족이 갑자기 세상을 떠나 경황없는 상황에서 장례용품부터 장지로 이동하는 교통편까지 이것저것 다 따져 가며 합리적인 비용으로 선택하기란 불가능합니다. 물론 그럴 리는 없겠지만, 비싼 돈을 들여 장례를 치러야 되는 건 아닌지 걱정도 됩니다. 하지만 이 역시 고인에 대한 예의는 아닐 겁니다.

미리 준비하십시오. 합리적인 비용으로 장례 잘 치르실 수 있게 도와드릴 겁니다. 돈 신경 쓰지 마시고, 오로지 그 소중한 순간만큼은 고인을 정성스레 떠나보내는 데에만 신경 쓸 수 있도록 돕겠습니다. 고객님이 하실 건 딱 하나! 무료상담 예약신청 남기셔서 상담만 받아 보세요."

사막 한가운데에서 물 한 통 앞에 두고 고민하는 당신의 그림이 그려지지 않는가? 이것은 사막과 500밀리리터짜리 물이라는 친숙한 개념을 이용해서 상조의 필요성이라는 난해한 개념을 연상시킨 사례다.

여기 두 명의 보험 설계사가 있다. 하루는 고객이 '갱신형과 비갱신형'에 대해 물어 온다. 도대체 어떤 걸로 선택해야 하는지, 이 질문에 대한 두 보험 설계사의 이야기를 들어 보자.

• A 설계사: 고객님, 일단 그 개념을 좀 아시면 좋은데요, 갱신

형은 갱신이 된다는 뜻이고요, 비갱신의 '비'는 아닐 비非에
요. 그래서 '아니 갱신이 된다'라는 뜻이에요. 즉 갱신은 시간
이 지나면 보험료가 바뀌는 거고요, 비갱신은 시간이 지나도
보험료가 바뀌지 않는다는 거에요. 무슨 말씀인지 잘 아시겠
죠?

• B 설계사: 고객님 지금 현재 집을 전세로 사세요, 아니면 구
입해서 사세요? 요즘 시기에 정답은 없죠. 다만 전세든 자가
든 장단점은 있죠? 일단 계약할 때는 부담이 없지만 시간 지
나면 돈을 더 올려 줄 수도 있는 게 전세죠? 그게 갱신이랑
비슷하고요, 살 때는 부담되지만 일단 사 놓고 나면 시간이
지나도 걱정 없는 게 자가죠? 그게 비갱신이랑 비슷해요. 정
답은 없으니 고객님께서 편하게 선택하시면 좋아요.

당신이 고객이라면 어떤 설계사의 이야기에 신뢰가 가는가? 모르는
걸 모르게 이야기한 A설계사인가, 아니면 모르는 걸 알게끔 이야기한
B설계사인가. 당연히 B다. 이유는, B설계사는 고객의 입장에서 친절하
게 비유했기 때문이다.

비유를 자유자재로 활용하라

비유 2

"비유가 좋다는 건 누가 몰라? 어려우니까 그렇지."라고 말할지 모른다. 하지만 비유는 생각보다 어렵지 않다. 비유는 다이버들이 물에 들어갈 때 메는 산소통과 같다. 처음 멜 때는 다소 번거롭지만 일단 장착하고 나면 남들이 못 보는 깊은 세계를 들여다보도록 도와주는 당신의 무기가 된다. (이 역시 비유다.)

비유는 어렵다?

흥미로운 사실은 '비유는 어렵다', '비유는 낯설다', '그래서 힘들게 비유하고 싶지 않다'라고 말하는 사람들조차 여태껏 세상을 비유의 렌즈를 통해 인식해 왔다는 것이다. 예를 들면 처음 만나는 누군가를 인식할 때도 그를 커피에 비유해 '진한 아메리카노 같은 사람' 혹은 '부드러운 바닐라 라떼 같은 사람'이라고 말한다. 동물에 비유해 '다람쥐처럼 잽싸다', '원숭이 같은 재주꾼이다', '치와와처럼 귀엽다', '백조처럼 우아하다' 등으로 표현하기도 한다. 처음 접하는 대상을 이해하는 방법도 다 비유다.

- 내 딸에게 처음 가 보는 에버랜드는 '지붕 없는 키즈카페'다.
- TV에서 처음 보는 저 연예인은 '제2의 누구누구'다.

대학시절 마케팅원론 수업에서 들었던 어려운 마케팅 용어들도 다 비유다.

- 새로운 사업 기회를 주는 분야는 '블루오션'이다.
- 득이 되는 기업의 이벤트에만 참여하고 정작 고객은 되어 주지 않는 소비자는 '체리피커'다.
- 기업의 소매점 중 대표성을 지닌 상점은 '플래그십 스토어'다.
- 새로운 시장 진입을 가로막는 요인은 진입 '장벽'이다.
- 타사와의 비교를 통한 자기 혁신 추구 경영기법은 '벤치마킹'이다. (강물의 높낮이 측정을 위해 세운 기준점을 벤치마크라고 한다.)

노래 가사에도 나온다. '남자는 배, 여자는 항구'라고. 아무리 어려운 대상과 개념도 비유를 사용하면 쉽게 인식하고 이해할 수 있다. 누군가의 친절한 비유 덕분에 당신이 모르던 개념을 쉽게 이해했다면, 세일즈맨인 당신도 그 친절함을 되돌려 주어야 한다. 고객에게 상품을 설명할 때에도 비유하라. 고객이 쉽게 이해할 수 있어야 그게 진짜 '고객 만족'이다.

비유는 닮은꼴 찾기

비유의 사전적 의미를 보면 '어떤 사물이나 현상을 그와 비슷한 다른 사물 및 현상에 빗대어 표현함 또는 그런 행위'라고 정의되어 있다. 간단하게 말하자면 '닮은꼴 찾기'다. 당신이 설명하려는 메시지가 한 단어든 한 문장이든 한 편의 긴 글이든, 일단 그와 닮은 것을 찾아내는 것이 비유의 시작이다.

다음은 비유의 기본 구조다.

A(원관념, 주요 메시지)는 B(보조관념, 닮은꼴)이다.
왜냐하면 _____(닮은 점)이기 때문이다.

낭만적이거나 성적인 매력에 끌려 서로 애틋하게 그리워하고 열렬히 좋아하는 마음이라는 뜻의 '사랑'을 비유해 보자. 공란을 직접 채워 보시길.

'사랑은 _____이다. 왜냐하면 _____이기 때문이다.'

당신은 사랑이라는 추상적 원관념을 어떤 구체적인 보조관념에 연결하고 싶은가?

- 사랑은 커피다. 왜냐하면 달달함만 기대하고 마시지만 때로 쓴맛을 내기 때문이다.
- 사랑은 배터리다. 왜냐하면 끊임없이 신경 쓰며 충전해야 하기 때문이다.
- 사랑은 여행이다. 왜냐하면 하지 않아도 된다. 하지만 해 본 사람만 그 가치를 알기 때문이다.
- 사랑은 하품이다. 왜냐하면 하고 나면 나도 모르게 눈물이 나기 때문이다.

다른 개념도 비유의 기본 구조에 맞춰 닮은꼴을 찾아보자.

- 향수는 명함이다. 왜냐하면 처음 만난 사람에게 나를 각인시키는 방법 중 하나이기 때문이다.
- 주름은 술 먹고 늦게 들어온 남편이다. 왜냐하면 꼴 보기 싫기 때문이다.
- 보험은 양산이다. 왜냐하면 화창한 날 별생각 없이 들고 나가지만 갑자기 내리는 비를 막아 주기 때문이다.

비유를 활용한 세일즈 화법은 고객의 뇌를 두드리는 행동이다. 이리저리 고객의 뇌를 톡톡 두드리며 이미 알고 있을 법한 관념을 끄집어내야 한다. 그리고 그 관념을 내가 전하려는 메시지와 닮은꼴로 연결하면 고객은 보다 명확히 당신이 전하려는 것을 알아챈다.

- 혹시 '커피'를 마셔 본 적 있나요?(톡톡 뇌 두드리기) 아하! '사랑'이 그런 거예요?
- 혹시 '배터리'를 써 본 적 있나요?(톡톡 뇌 두드리기) 아하! '사랑'이 그런 거예요?
- 혹시 '여행'을 가 본 적 있나요?(톡톡 뇌 두드리기) 아하! '사랑'이 그런 거예요?
- 혹시 '하품'을 해 본 적 있나요?(톡톡 뇌 두드리기) 아하! '사랑'이 그런 거예요?
- 혹시 '명함'을 써 본 적 있나요?(톡톡 뇌 두드리기) 아하! '향수'가 그런 거예요?
- 혹시 '술 먹고 늦게 들어온 남편'을 본 적 있나요?(톡톡 뇌 두드리기) 아하! '주름'이 그런 거예요?
- 혹시 '양산'을 써 본 적 있나요?(톡톡 뇌 두드리기) 아하! '보험'이 그런 거예요?

내가 해야 할 말에만 신경 쓴 나머지, 고객의 뇌를 두드리지 않으면 내 뇌가 오히려 그 복잡한 메시지를 전하기 위해 무진장 애를 써야 한다. 뒷골이 쑤시는 경험을 하고 싶지 않다면? 일단 고객의 뇌를 톡톡 두드려라. '(톡톡) 이런 것 아시죠?'라고.

비유에도 주의사항은 있다

닮은꼴로 연결하기만 하면 모든 비유가 탁월한 세일즈 화법으로 거듭날 수 있을까? 그렇지 않다. 두 가지 요건을 갖춰야 탁월한 닮은꼴로 인정받을 수 있다.

첫째, 보조관념이 추상적이면 설득력이 떨어진다. 가령 '사랑은 헌신이다'는 탁월한 비유가 아니다. 원관념인 사랑도 추상적이고 보조관념인 헌신도 추상적이기 때문이다. '헌신'은 닮은꼴이 아니라 닮은 점일 뿐이다. 이 경우, 헌신을 연상할 수 있는 구체적인 대상이나 사물(꼴)을 보조관념으로 들어야 한다. 헌신 하면 떠오르는 구체적인 행동이나 대상, 사물에는 무엇이 있을까? 예를 들면 어머니, 헌혈, 테레사 수녀를 떠올릴 수 있다. 그럼 다시 연결해 보자.

- 사랑(원관념)은 어머니(보조관념, 닮은꼴)다. 왜냐하면 끊임없이 내주며 헌신하기(닮은 점) 때문이다.
- 사랑(원관념)은 헌혈(보조관념, 닮은꼴)이다. 왜냐하면 내 소중한 것을 내주며 헌신하기(닮은 점) 때문이다.
- 사랑(원관념)은 테레사 수녀(보조관념, 닮은꼴)다. 왜냐하면 고통받는 사람들을 위해 평생 헌신했기(닮은 점) 때문이다.

둘째, 원관념과 보조관념의 개념상 범주가 너무 가까이 있어도 어색하다. 가령 '보험(원관념)은 예금통장(보조관념)이다. 왜냐하면 볼 때마다 든든하기(닮은 점) 때문이다'도 비유다. 그러나 원관념인 보험과 보조관념인 예금통장의 개념상 범주가 너무 가까이 있다. 지나치게 비슷하면 '그게 그거다'라거나 '그거나 그거나'라는 느낌을 준다. 고객이 아하! 하며 무릎을 칠 정도로 뇌리에 깊이 스며드는 경험을 선사하기에는 약하다. 이때 닮은 점인 '든든하다'를 연결고리로 엮으려면 그것을 떠올리게 할 다른 닮은꼴을 찾아야 한다.

'보험은 맏아들이다. 왜냐하면 볼 때마다 든든하기 때문이다'는 어떤가? 예금통장보다 맏아들이 더 탁월한 비유로 느껴지지 않는가? 닮은꼴의 개념상 범주가 원관념과 멀리 떨어져 있을수록 탁월한 비유 화법이 완성된다.

'원관념과 보조관념은 개념상 범주의 거리가 멀수록 좋다'는 것을 비유로 설명해 보자.

> "비유는 연상을 목적으로 한다. 그리고 그 연상은 생각이 메뚜기처럼 이리저리 튀어 나갈 때 생기는 공간(간격)이 주는 선물이다. 인생에서 가끔 어딘가로 튀어 나가게 해 주는 여행은 우리 삶에 공간을 만들어 주기에 즐거운 것이 아닐까? 그런데 만약 수원에서 용인까지만 튀어 나가면 큰 감흥이 있을까? 아니다. 적어도 수원에서 부산 정도는 튀어 나가야 충분한 공간이 생긴다. 그 공간이 선사하는 즐거움이 탁월한 비유를 결정짓는 열쇠다."

원관념과 개념상 거리가 먼 보조관념(닮은꼴)을 찾아야 한다. 그래야 그 둘이 닮은꼴로 연결될 때 고객은 아하! 하며 무릎을 치게 된다.

《세계의 엘리트는 왜 이슈를 말하는가》의 저자이자 뇌신경 언어학과 경영전략 전문가인 아타카 가즈토는 이렇게 말했다.

"뇌는 신경과 신경이 서로 연결되어 있는 구조다. 즉 신경 사이의 연결이 이해의 기본 구조다. 그러므로 이제껏 별로 연관성이 없다고 생각하던 정보 사이에 연결고리가 있다는 사실을 확인하면 우리 뇌는 기분 좋은 충격을 받는다. 결국 사람이 무언가를 이해한다는 것은 두 개 이상의 다른 정보에서 새로운 연결을 발견한다는 것을 의미한다."

이는 우리가 학창시절부터 알고 지내던 친구와, 성인이 되어 업무 때문에 만난 협력사 담당자가 서로 아는 사이라고 할 때, 머릿속에서 기분 좋은 충격을 받는 것과도 비슷하다. "예? 정말요? 둘이 서로 아는 사이라고요? 우와, 어떻게 아시는 거죠? 참 신기하네요!"(기분 좋은 충격) 우리는 두 개 이상의 다른 정보 창고(친구와 협력사 담당자)에 서로 연결고리가 있다는 것만으로도 기분 좋은 충격을 받는다.

비유는 닮은꼴 찾기다. 하지만 보조관념(닮은꼴)이 고객이 이해하기 힘든 것, 경험하지 못한 것이라면 아무리 탁월한 비유라 해도 의미가 없다. 대단하지 않아도 좋다. 고상하지 않아도 좋다. 그저 고객의 주변에서 찾기 바란다. 고객은 비유가 만들어 내는 개념의 거리만으로도 잠시나마 기분 좋은 생각의 여행을 다녀올 수 있을 것이다.

비유를 만드는 구체적인 방법

비유 능력은 타고나는 것이 아니다. 끊임없이 주변을 관찰하고 닮은 꼴을 찾으려는 노력이 쌓이면 어느 순간 무의식적으로 세상을 비유의 렌즈로 바라보는 당신을 발견할 수 있을 것이다. 그리고 그 노력을 실천할 방법을 알려 드린다. 비유의 개념, 이것이 당신의 세일즈 화법을 꽂히게 만들어 줄 가장 손쉬운 방법이다.

1. 은유: 포괄적인 개념(콘셉트)을 설명할 때

은유는 문장에서 원관념과 보조관념의 공통점을 직접 언급하지 않고 감추어, 은근히 연결하는 방법이다. 학창시절 국어시간에 김동명이 쓴 〈내 마음은 호수요〉라는 시의 '내 마음은 호수요'라는 구절은 은유를 설명할 때 꼭 나오는 단골 예문이다.

시인은 그저 'A는 B다'라고 언급했을 뿐, 왜 마음이 호수인지에 대한 연결고리(닮은 점)는 제시하지 않았다. 물론 뒤에 '왜냐하면…'을 연결해 닮은 점을 제시할 수도 있지만 굳이 말하지 않고 은근히 비유한다고 해서 은유라고 한다.

은유를 세일즈 화법에 활용하면 짧고 명쾌한 보조관념만으로 상품의 개념을 전할 수 있다. 말의 밀도를 높이는 최적의 방법인 비유, 그중에서도 최고는 은유다. 아래의 빈칸에 당신의 상품을 은유로 표현해보라.

'내 상품은 _____ 이다. 왜냐하면 _____ 기 때문이다.'

2. 직유와 의인: 대상을 세부적으로 설명할 때

먼저 직유는 문장에서 원관념과 보조관념의 공통점을 직접 드러내며 비유하는 방법이다. '내 마음은 호수다'라고 말한 은유와는 달리 '내 마음은 호수처럼 넓다'라고 말하는 것이 직유다. 직유는 '넓다'라며 둘의 공통점을 친절하게 설명한다. 즉 '~같이', '~처럼', '~듯', '~인 양' 같은 연결어가 필요하고 좀 더 명확히 원관념과 보조관념의 공통점을 제시해 준다. 물론 은유든 직유든 애써 구분하려 할 필요는 없다. 둘 다 닮은꼴을 찾는다는 핵심은 동일하기 때문이다. 다만 좀 더 세부적이고 구체적인 상품의 특장점을 설명하는 경우엔 은유보다 직유를 활용하는 것이 좋다.

다음으로 의인은 사람이 아닌 것을 사람에 빗대어 표현하는 방법이다. 가령 '파도가 웃으며 손짓하네'같이 사람이 아닌 대상(무생물이든 생물이든)을 사람인 듯 설명하는 방법이다. 이는 초등학생도 알 만한 비유 방법이지만, 세일즈 화법에선 그 의미와 효과를 제대로 평가받지 못한다는 느낌이 든다. 우리가 팔려는 상품을 의인화할 경우, 그 상품은 의미의 옷을 입게 된다. (이 역시 의인법으로, '상품이 의미를 지닌다'보다 더 생생하게 와닿는다.) 즉 고객이 기존에 인식하지 못했던 상품의 특장점도 자연스럽게 받아들이도록 도와주는 방법이 바로 의인법이다.

다음의 사례가 그것을 잘 보여 준다.

- "신차의 거친 숨소리를 들어 보시죠. 당신이 원하는 곳까지 편안하게 모셔다 줄 겁니다."

- "이 로봇청소기는 고객님 곁에서 군말 없이 청소를 도와줄 것입니다. 얼마나 눈치가 빠른 녀석인지 사용하면서 이 녀석에게 늘 고마워하실 겁니다."
- "정말 똑똑한 전자책 단말기입니다. 독자를 생각해 주기까지 하지요. 내가 어제 어디까지 읽었는지 헷갈려하실 필요가 없습니다. 이 녀석이 형광펜을 칠하며 오늘 읽을 부분을 알려 줄 겁니다."

3. 유추: 문장 형태의 메시지를 설득력 있게 설명할 때

유추는 두 개의 사물 혹은 개념이 여러 면에서 비슷하므로 다른 속성도 유사할 것이라고 추론하게 만드는 비유의 방법이다. 이를테면 A와 B의 유사성을 바탕으로 'A가 그렇듯 B도 그렇다'고 표현하는 것이다. 고객에게 생소한 개념이나 어렵고 복잡한 주제를 설명할 경우, 좀 더 친숙하고 단순한 개념을 예로 들어 고객이 스스로 생각할 수 있게끔 만드는 방법이다.

생물학자 최재천 교수가 쓴 〈황소개구리와 우리말〉이라는 글에는 이런 내용이 나온다.

"영어만 잘하면 성공한다는 믿음에 온 나라가 야단법석이다. 배워서 나쁠 것 없고, 영어는 국제경쟁력을 키우는 차원에서 반드시 배워야 한다. 하지만 영어보다 더 중요한 것은 우리 한글이다. 한술 더 떠 일본을 따라 영어를 공용어로 하자는 주장이 심심찮게 들리고 있다. 그러나 우리글을 제대로 세우지 않고 영어를 들여오는 일은 우리 개구리들을 돌보지 않은 채 황소개구리를 들여온 우를 또다시 범하는 것이다."

최 교수는 영어와 우리글의 관계를 황소개구리와 우리 개구리의 관계를 빌려 설명하고 있다. 이처럼 우리 주변의 알 만한 개념과 연결하여 설명하면 고객은 훨씬 더 쉽게 이해할 수 있다.

비유는 자주, 많이 해 볼수록 는다. 다음에 과제를 제시하니 은유, 직유, 의인, 유추를 활용하여 비유 연습을 해 보길 바란다.

- 유관순 열사에게 '이메일'의 특장점을 설명하시오.
- 이순신 장군에게 '대리운전'의 필요성을 설명하시오.
- 여섯 살짜리 꼬마에게 '연말정산'의 개념을 설명하시오.

고객의 반박에
비유로 답하라

비유 3

학교 교육의 목적이 모르는 것을 알게 하는 데 있다면, 성인 교육은 아는 것을 실천하게 하는 데 있다. 만 19세 이상의 남녀를 가리키는 성인成人이라는 말은 '이룰 성'成에 '사람 인'人으로 구성된 것이다. 말 그대로 성인은 이미 이룬 존재다. 알 만큼 알고 이룰 만큼 이룬 성인이 새로운 것을 알아 가는 것도 물론 중요하다. 하지만 이미 알고 있는 것을 실천할 수만 있어도 그는 성인聖人이다. 성인인 당신이 앞서 들은 비유는 전혀 새로운 것이 아니다. 이제 그 개념과 방법을 다시 한번 익혔으니 이제 남은 건 연습과 실천이다.

세일즈 화법을 만드는 구체적인 영감을 얻을 수 있는 내용은 뒤에 가서 더 살펴보기로 하고 이번에는 상품 소개가 끝난 후 고객이 세일즈맨인 당신에게 반박하는 상황을 가정해 보자. 그리고 그 반박에 대한 반론을 펼칠 때에도 '비유'를 활용할 수 있음을 명심하자.

비유로 만드는 반론 화법 열다섯 가지

아래의 예시들은 당신이 어떤 상품과 서비스를 세일즈하든 충분히 적용해 볼 만한 내용이다. 수백 번이 넘는 세일즈 코칭에서 실제 세일즈맨들을 대상으로 진행했던 내용이며, 이미 그 효과를 입증한 화법들이다. 다만 절대 눈으로만 읽지 마시길. 펜을 들고 손으로 써 가면서 읽는 것이 좋다. 아래의 예문에서 A(원관념, 세일즈맨인 당신이 고객에게 전하고자 하는 핵심 메시지)만 이야기하는 것은 그저 강요에 불과하다. 고객의 뇌는 당신의 강요를 납득할 준비가 되어 있지 않기 때문이다. B칸에 원관념 A와 닮은꼴을 찾아 기록해 보자. 대단한 비유가 아니어도 괜찮다. 그저 고객이 알 만한, 그리고 경험해 봤을법한 주변의 이야기로도 충분하다.

1. 고객: 말씀하시는 상품과 비슷한 걸 이미 사용하고 있어요. 이미 사용하고 있는 게 훨씬 더 좋거든요. 지금 말한 당신의 제안은 그다지 의미가 없어 보입니다.

   나: (B_____)듯,

   • 자녀에게 다 읽지도 않는 전집보다 그때그때 연령에 맞게 몇 권씩 사주는 게 더 현명한 선택이듯

- 자동차를 살 때 선루프를 옵션으로 넣어 봐야 1년에 고작 두 번 열어 보듯
- 채식주의자가 고기 많이 나오는 뷔페 레스토랑에 가서 비싸게 식사할 필요는 없듯
- 스킨, 로션, 에센스, 세럼 다 쓰지 않죠? 건조하다면 일단 수분 크림만이라도 챙기는 게 낫듯
- 마트에서 '1+1' 상품을 사 봐야 정작 먹는 것이 하나뿐이라면 그냥 하나만 사는 게 이득이듯

(A- 정작 쓰지도 않는 기능과 불필요한 옵션들 때문에, 쓸데없는 비용이 나가서는 안 됩니다. 꼭 필요한 부분만 엄선하여 합리적으로 제안드리겠습니다. 보다 현명한 선택을 하실 수 있습니다.)

2. 고객: 상품(모델)이 새로운 거라 많이 어색해요. 이전에 쓰던 상품도 큰 문제가 없었던지라 굳이 새롭게 바꿀 필요가 있는지 고민이 됩니다.

　나: (B_____)듯,

- 요즘은 에어컨도 무풍식으로 바뀌고, 정수기도 저수형이 아닌 직수형으로 대세가 바뀌듯
- 자동차 연료도 기름에서 하이브리드로, 나아가 전기로 바뀌는 시대이듯
- 쌍꺼풀 수술은 성형으로 치지도 않는 시대이듯

- 콜택시보다 더 편리한 카카오택시를 많이 선호하듯

- 굳이 마트에 가지 않아도 클릭 몇 번이면 집으로 배송해 주는 시대이듯

(A- 시대가 바뀐 만큼 고객님의 선택 기준에도 변화가 필요합니다. 시대를 앞서가길 원하신다면, 또는 길게 보신다면 선택해 보시죠.)

3. 고객: 그냥 대충 해 주시면 안 될까요? 상품 하나 선택하는 데 말씀하시는 절차를 다 지키다가는 날 새겠어요. 무조건 빨리 빨리!

   나: (B_____)듯,

- 요리도 레시피를 지켜야 더 맛있듯

- 덧셈과 뺄셈을 이해해야 곱셈과 나눗셈을 이해할 수 있듯

- 일단 이혼하고 재혼하셔야지, 재혼부터 하시면 안 되듯

- 시동을 걸고 나서 액셀러레이터를 밟아야 하듯

- 샴푸를 먼저 사용하고 나서 린스를 쓰듯

(A - 선택해 주신다니 매우 감사합니다. 하지만 전문가로서 꼭 드리고 싶은 말씀은 모든 일에는 지켜 주면 좋은 순서가 있다는 겁니다. 물론 대충 구입하셔도 됩니다. 그러나 이 순서만 잘 지켜 주셔도 훨씬 더 꼼꼼하게 선택하실 수 있습니다. 몇 가지만 더 여쭙고 싶습니다. 괜찮으시죠?)

4. 고객: 좀 더 화려한 기능과 옵션을 원해요. 이건 너무 밋밋하잖아
　　　요. 더 폼이 나는 건 없나요?

　나: (B_____)듯,

　　• TV 리모컨에 무수히 많은 버튼이 있어도 정작 사용하는
　　　건 전원, 음량, 채널 딱 세 개이듯

　　• 최고급 뷔페 레스토랑에 가도 자꾸만 손이 가는 음식은
　　　몇 가지에 불과하듯

　　• 신발이 많아도 등산할 때는 등산화 하나면 충분하듯

　　• 새로 산 산악용 자전거 기어가 27단짜리라도 자전거로
　　　산을 오르는 게 아니라면 27단이 다 필요하지는 않듯

　　(A- 겉보기에 화려하고 기능이 많다고 해서 그걸 다 쓰는 것
　　은 아닙니다. 고객님의 상황에 딱 맞는, 필요한 부분만 엄선해
　　서 제안 드리는 겁니다. 보다 실속 있게 구입하실 수 있습니다.)

5. 고객: 다른 경쟁사에서는 이러이러한 것도 챙겨 준다던데요? 왜
　　　여기는 이런 것 안 챙겨 주나요? 그래서인지 비싸다고 느껴
　　　집니다. 그냥 그쪽 상품으로 할 걸 그랬나 봐요.

　나: (B_____)듯,

　　• 자동차의 본질이 에어컨이나 선루프가 아니라 잘 달리
　　　고, 잘 서고, 잘 꺾이는 것이듯

　　• 아무리 예쁘게 장식해도 먹지 못하는 것은 음식이라고
　　　할 수 없듯

• 학원을 선택하실 때도 인테리어가 중요한 게 아니라 강사
  의 강의력 그리고 성적 향상 여부가 중요하듯

• 시계의 본질은 정확한 시간을 안내해 주는 것이듯

(A- 상품을 선택하실 땐, 그 상품의 본질이 가장 중요하지 않
을까요? 구성보다 더 중요한 건 ____입니다. 이 부분에 있어선
경쟁사에서 절대 따라 올 수 없음을 자부합니다. 이 상품의
본질이 무엇인지 다시 한번 생각해 보신다면 저희 상품을 선
택하실 이유는 분명해집니다.)

6. 고객: 아는 사람 얘기를 들어 보니 그건 좀 아니라는데요. 주변의
   조언을 무시할 수도 없는 노릇이고.

   나: (B_____)듯,

   • TV에 소개된 맛집도 정작 내 입에는 맞지 않을 수 있듯

   • 남들이 예쁘다고 하는 유리 구두도 정작 내 발에 맞지 않
     으면 의미 없듯

   • 최신형 100인치 TV가 있어도 거실 공간이 작으면 오히려
     TV를 보다가 눈만 아플 수 있듯

   • 아무리 수입 명품 화장품일지라도 내 피부에 맞지 않으
     면 트러블이 생기듯

   • 6년근 최고급 홍삼도 내 몸에 열이 많으면 오히려 독이
     될 수 있듯

   (A- 무조건 최고의 제안은 없습니다. 다만 남들이 뭐라든 고

객님 사정에 잘 맞는 선택이 최고 아닐까요? 주변의 조언도
좋지만 실제 사용하실 분의 생각이 가장 중요합니다. 선택해
보시죠.)

7. 고객: 어떤 걸로 해야 할지 고르기가 참 힘드네요. 살펴봐야 할 것
   도 많고 다 좋아 보이고, 고민입니다.

   나: (B_____)듯,

   • 천만 관객을 동원한 영화는 묻지도 따지지도 않고 관람
     하듯

   • 서점에 가서 베스트셀러 코너에 먼저 눈길이 가는 건 그
     만한 이유가 있듯

   • 처음 가는 식당에서도 메뉴판에 'BEST' 표시가 붙은 메
     뉴를 주문하면 실패하지는 않듯

   • 국민유모차, 국민젖병, 국민아기띠같이 '국민'이라는 별명
     이 붙는 상품에는 그만한 이유가 있듯

   (A- 이 상품(모델)이 가장 많은 분들이 선택한 상품(모델)입니
   다. 많은 선택을 받은 데는 그만한 이유가 있지 않을까요? 자
   신 있게 추천합니다.)

8. 고객: 에이, 뭐하러 그걸 더 선택하라고 하세요. 이것 하나만으로
   도 충분할 것 같아요. 그냥 하나만 선택할게요.(크로스세일즈
   및 업세일즈를 시도할 경우 고객 거절 시)

나: (B_____)듯,

- 매운 떡볶이만 먹기보다 쿨피스와 함께 먹으면 매운맛의 풍미가 더 살아나듯
- 트렌치코트만으로도 멋지지만 거기에 스카프를 살짝 두르면 패션 감각이 있다는 소리를 듣듯
- 최고급 승용차에는 최고급 휠과 타이어를 장착해야 차의 품격이 살아나듯
- 최신형 TV만으로도 좋지만 여기에 홈시어터 시스템까지 갖추면 우리 집에 멋진 영화관이 생기듯
- 목걸이와 귀걸이를 서로 다른 브랜드로 매치해도 되지만 같은 브랜드로 하면 통일감이 살아나듯

(A- 하나만 선택하셔도 좋지만, 거기에 이것도 함께 선택하시면 따로따로 사실 때보다 더 큰 효과를 볼 수 있습니다. 환상의 궁합을 확인해 보시죠.)

9. 고객: 다 맞는 말이긴 한데 그래도 고민이 됩니다. 비용도 그렇고. 할까 말까 심각하게 고민 중입니다. 어떻게 할까요?

나: (B_____)듯,

- 집이나 땅을 살 때는 걱정도 많지만 막상 사고 나서 가격이 오르면 잘했다 싶듯
- 경차 살까 중형차 살까 고민하다가 욕심을 내서 중형차를 사면 가족을 위해 잘했다 싶듯

- 둘째를 낳을지 말지 고민하다가 막상 낳으면 첫째와 둘째가 함께 노는 뒷모습만 봐도 잘했다 싶듯
- 적금과 보험도 시작할 때는 부담스럽지만 만기가 되거나 보장을 받으면 잘했다 생각하듯

(A- 지금 당장은 고민스럽겠지만 선택해 보시죠. 시간이 지난 뒤 돌이켜보면 분명 잘했다고 생각하실 겁니다. 모든 상품이 그렇듯 가격은 잊혀질 겁니다. 하지만 품질은 영원히 기억될 겁니다.)

10. 고객: 이왕이면 다홍치마라고 겉보기에 예쁘고 있어 보이는 게 좋더라고요, 이 상품은 보기에 별로네요.

나: (B_____)듯,

- 아무리 외모가 뛰어나도 하는 말이 지나치게 상스러우면 진정한 미인이라 할 수 없듯
- 칼은 제대로 갈지 않고 칼집만 멋지게 만들어 전쟁터에 나가면 안 되듯
- 화려한 다운코트도 충전재가 싸구려면 손이 가지 않고, 단순해도 충전재가 최고급이면 손이 가듯
- 메뉴판 사진만 보고 음식의 맛을 섣불리 평가할 수 없듯

(A- 겉모습도 중요하지만 더 중요한 건 내면이 아닐까요? 이 상품의 진정한 가치를 알아보실 수 있도록 다시 한번 설명드리고 싶습니다.)

11. 고객: 아, 그렇게 당신네 기준(가격 등 구입 관련 조건)만 고집하니, 저도 더 이상 할 말이 없네요. 저도 다 생각이 있는 사람입니다!(버럭)

　나: (B_____)듯,

  • 사장님이 생각하는 '소주 한 잔'과 사모님이 생각하는 '소주 한 잔'이 다를 수 있듯

  • 똑같은 한 걸음이지만 어른이 생각하는 한 걸음과 어린이가 생각하는 한 걸음은 분명 다르듯

  • '순한 맛' 떡볶이도 누군가에게는 엄청 매운 맛일 수 있듯

  • 똑같은 남성을 보고도 누구는 '멋지다', 누구는 '귀엽다'라고 인식하듯

  • 비싼 냉장고 살 때의 만 원 할인과 밥 한 끼 사 먹을 때의 만 원 할인은 다르듯

  (A- 분명한 기준은 있지만 그걸 어떤 관점에서 보시느냐가 생각의 차이라고 생각합니다. 저희 기준에만 맞춰 말씀드리는 게 아닙니다. 어떤 관점에서 불편함을 느끼시는지 편하게 말씀 주시죠.)

12. 고객: 묵묵부답(최종 선택을 가로막는 장애물이 있으나 말하지 않는 상황)

　나: (B_____)듯,

  • 가장 가까운 부부 사이에도 충분한 표현이 필요하듯

- 최고의 셰프도 맵다, 짜다, 싱겁다는 표현을 해 줘야 손님
  의 입맛에 맞는 최고의 요리를 만들 듯

- 목욕탕에서 때를 밀 때도 관리사에게 아프다고 표현하지
  않으면 살이 발갛게 벗겨질 수 있듯

- 친구에게 소개팅을 부탁할 때도 이상형을 말해야 원하는
  짝꿍을 만날 수 있듯

  (A- 고객님의 생각을 말씀해 주시지 않으면 저는 절대 알 수
  없습니다. 어떤 점이 선택을 힘들게 하는지 말씀해 주시면 저
  도 같이 고민해 보고 싶습니다.)

13. 고객: 하라는 대로 했는데 별다른 성과도 없고 굉장히 속이 상합
    니다. 도대체 언제 효과를 느낄 수 있죠? 완전히 속은 느낌
    이에요.

    나: (B_____)듯,

    - 보약도 하루아침에 효과가 나지는 않듯

    - 오늘 면허를 취득했다고 해서 당장 베스트 드라이버가
      되는 것이 아니듯

    - 아이들도 기초부터 차근차근 다져야 비로소 제 실력을
      발휘하듯

    - 영어를 배우면서 일주일 만에 입이 열리길 기대하지 않듯

      (A- 단기간에 큰 효과를 기대하면 실망하실 수도 있습니다.
      지속적인 관리가 이어져야 비로소 효과를 기대하실 수 있습

니다. 조금만 더 여유를 갖고 믿어 주시죠.)

14. 고객: 네, 알겠습니다. 무슨 말인지 다 알았으니까요, 자꾸 재촉
하지 마세요.

나: (B_____)듯,

• 라면 봉지에 적혀 있는 최적의 레시피도 내가 수백 번 끓
여 봐야 그 레시피가 진정 내 것이 되듯

• 리더십 관련 책을 보고 강의를 들어도 내가 삶 속에서 실
천하지 않으면 절대 리더가 될 수 없듯

• 전화번호를 한번 들어서는 외우지 못하지만 그 번호로
자주 연락하다 보면 술에 취해도 생각나듯

• 골프를 배울 때 TV로 아무리 시청한들 필드에 나가 직접
몸을 움직여 보는 것만 못하듯

(A- 다만 한번 들어 보신 것과 진짜로 아는 것은 분명 다를
수 있습니다. 들어 보신 걸 직접 경험해 보셔야 진짜 가치를
확인하실 수 있습니다.)

15. 고객: 그냥 무조건 싼 것! 가장 저렴한 걸로 해 주세요.

나: (B_____)듯,

• 단열 처리를 위한 이중창은 설치비가 비싸지만 한겨울 난
방비를 고려하면 투자 비용을 뽑고도 남듯

• 쓰는 기간과 구입 비용을 따져 보면 비싼 립스틱이 싼 립

스틱보다 오히려 더 이득이듯

- 싼 노트북이 오히려 나중에 큰 수리비로 부담을 줄 수 있기에 이왕이면 비싼 노트북을 구입하듯
- 좀 부담스럽긴 해도 무제한 요금제를 선택하면 오히려 정액 요금제보다 통신비를 줄일 수 있듯

(A- 이왕 선택하는 거 조금 더 욕심 내셔서 더 좋은 걸로 하시면 그게 훨씬 이득일 수 있습니다.)

세일즈맨에게 고객의 반박은 늘 버겁다. 다만 고객의 불만을 알게 되었으니 이후 무엇을 어떻게 이야기해야 할지 더 명확해지는 것이니 덮어 놓고 피하지만은 마시길. 세일즈 화법뿐만 아니라 세일즈 반론을 펼칠 때도 비유라는 양념은 훨씬 더 맛있는 화법을 만들어 줄 것이다. 말이 요리라면 비유는 양념이다. 당신의 세일즈 화법이 더 맛있어질 수 있도록, 고객이 더 맛있게 먹을 수 있도록 적절한 양념을 준비하라.

친절한 비유 씨

63빌딩의 전망대는 63층이 아닌 60층에 있다. 그러면 당신이 1층에 있는 다리가 불편한 친구를 60층 전망대까지 데려간다고 가정해 보자. 당신이 선택할 수 있는 방법은 두 가지다. 하나는 당신이 직접 1층부터 60층까지 친구를 업고 올라가는 것이다. 당신도 힘들고 친구도 힘든 방법이다. 다른 하나는 59층까지 운행하는 초고속 승강기에 친구를 태

워 쉽게 올라오게 한 뒤, 나머지 한 층만 당신이 업고 60층에 도달하는 것이다. 어떤 방법을 선택하고 싶은가? 특별한 사연이 없는 한 당연히 후자일 것이다.

이 질문에서 초고속 승강기에 해당하는 것이 바로 비유다. 당신이 비유를 사용해 고객이 이미 알고 있는 내용을 말하는 순간, 고객은 벌써 59층에 도착한다. 59층에 도달한 고객을 한 층만 더 올라가게 하는 것이 나도 편하고 고객도 편한 방법이다.

우리가 당연시하는 비유는 이처럼 막강한 힘을 지녔다. 60층까지 엄청난 노력을 들이며 힘들게 걸어 올라가지 마라. 고객을 비유의 승강기에 태워라. 힘들이지 않고 고객과 소통할 수 있을 것이다.

시인 김기림은 비유의 특징을 "여하간 구체적인 것으로 추상적인 것을 가리키는 것"이라고 규정했다. 그리고 이렇게 덧붙였다.

"비유는 결코 어떠한 말의 특수한 현상이 아니다. 우리의 일상 대화 속에 수두룩하게 일어나는 현상이다. 그리하여 전에는 비유였던 것이 현재 의미의 이중성을 잃어버려 벌써 비유로 느껴지지 않는, 말하자면 비유의 화석이 한 나라 말 속에는 무수히 존재한다. 이와 동시에 우리는 새로운 비유를 자꾸만 발명해서 한 나라 말 속의 비유의 총재산을 끊임없이 갱신해 가야 한다. 시인으로서 제 나라 말에 이바지하는 것은 바로 새로운 비유를 발명함에 있다."

세일즈맨인 당신과 내가 시인처럼 거창한 사명감을 안고 비유를 활용해야 하는 것은 아니다. 그렇지만 비유하려는 노력이 단지 '나'만을 위한 노력은 아니라는 점은 기억해야 한다. 당신은 친절한 세일즈맨인가? 그렇다면 그 친절을 고객을 위한 비유로 입증하라.

비유는 고객을 위한 선물이다

비유의 힘을 기르는 연습을 할 때는 세상에서 가장 사랑하는 사람을 위해 선물을 고른다고 상상하라. 다음은 그러한 상황을 가정한 것이다.

> "아버지의 생신이 코앞으로 다가왔습니다. 일주일 전 함께 식사를 하며 여쭤보니 다행히 이전보다 당뇨 수치가 많이 떨어졌다고 합니다. 정말 다행입니다. 당뇨 개선에는 식습관과 규칙적인 운동이 가장 중요하다는 걸 알기에 어머니와 함께 걷기 운동을 할 때 신을 커플 운동화를 사 드리기로 결심했습니다. (물론 운동화로 결정하기까지 많은 고민이 있었습니다.) 일주일간 숱한 운동화 매장을 돌아보았습니다. 그러다 오늘 한 매장에서 우연히 부모님께 잘 어울릴 만한 커플 운동화를 발견하는 순간, 눈물이 날 뻔했습니다."

고객에게 상품을 소개할 때도 마찬가지다. 상품의 핵심 메시지(아버지를 위한 의미 있는 선물)를 늘 머릿속에 새기고 있어야 한다. 그리고 그에 잘 맞는 닮은꼴(운동화)을 찾기 위해 열심히 노력해야 한다. 노력 끝에 발견한 비유는 고객을 향한 내 사랑의 끝판왕이다. 아울러 이 책을 읽고 있는 당신 역시 내 고객이기에, 나 역시 이 책이 끝나는 순간까지 계속 비유할 생각이다. 내 사랑이 전해지길 바라며.

대조하면 설득력이 높아진다

대조 1

세일즈 화법을 만드는 마지막 키워드는 '대조'다.

　다섯 달만 있으면 당신의 예쁜 딸이 세상에 나온다고 가정해 보자. 들뜬 마음으로 틈날 때마다 이것저것 출산 준비를 한다. 산후조리원을 선택하는 것도 그중 하나다. 인터넷을 뒤지고, 인근 주민들에게 물어 한 곳을 찾아 갔다. 그런데 방마다 가격에 차이가 있다.

- A방: 240만 원

- B방: 300만 원

- C방: 450만 원

　(산후조리기간 2주 기준)

A방은 상대적으로 값은 싸지만 2주간 지내기에 조금 좁다고 한다. C방이 좀 널찍해서 맘에 들기는 하지만 상대적으로 비싸서 많이 부담스럽다. 당신이라면 어떤 방을 선택할 것인가? 대개는 적당한 수준으로 보이는 B방을 선택할 것이다.

그러면 이번에는 C방을 빼고 A와 B 중에서 선택해 보자.

- A방: 240만 원
- B방: 300만 원

  (산후조리기간 2주 기준)

만약 산후조리원에 두 종류의 방만 있다면, 세 종류의 방이 있을 때보다 A방을 선택하는 비율이 대폭 늘어날 것이다.

대조하면 팔린다

《설득의 심리학》의 저자 로버트 치알디니 역시 "현명한 설득에는 대조가 필요하다."라고 말했다. 대상의 특징은 아무것도 없는 상태에서가 아니라 다른 것과 대조, 비교하는 가운데 인식된다고 말했다.

미국에는 우울증 환자가 2,000만 명이 넘는 것으로 알려져 있다. 잘 먹고 잘사는 미국에 왜 그토록 우울증 환자가 많은 것일까? 여러 가지 분석이 있지만 일부 학자는 '긍정적인 마인드와 낙관적인 태도'를 지나치게 중요시하는 미국 사회의 분위기가 그런 결과를 만들어 낸 것이라고 지적한다. 이 말인즉 주변인 모두가 긍정적이고 낙관적으로 살아가는 것처럼 보일 때, 그 사회에서 자신만 뒤처진다고 느낄 때, 인간은 더 쉽게 우울해질 수 있다는 의미이다.

미국인만 그럴까? "한국인이 불행하다고 느끼는 이유 역시 배고파서가 아니라 배가 아파서다."라는 말에도 일리가 있는 것 같다.

하나의 대상만 놓고 좋다, 나쁘다를 판단하기는 어렵다. 인간의 판단 기준이 늘 절대적일 수는 없듯이, 고객의 판단 기준도 늘 상대적이다. 같은 맥락에서 상품을 소개할 때에도 고객의 절대적인 기준에 의존하기보다 상대적 기준을 염두에 두는 것도 하나의 방법이다.

이를 '대조 소구'라고 한다. 특히 세일즈에서는 대조가 되어 줄 수 있는 평범한 상품을 지금 팔려고 하는 좋은 상품과 함께 노출시킬 때, 팔려는 상품의 특장점이 크게 부각되면서 높은 매출을 올리는 데 도움을 주기도 한다.

LG에서 출시된 세탁기를 홈쇼핑에서 판매한다고 가정해 보자. 이때 대용량이라는 특장점을 부각시키고 싶다면 어떻게 팔아야 할까? 물론 방송법상 LG가 아닌, 경쟁사의 상품을 가지고 대조 대상으로 보여 주며 폄하해서는 안 된다. (이렇게 하면 심의에 걸린다.) 이럴 때는 같은 브랜드인 LG 세탁기 중, 용량이 작은 다른 모델을 함께 보여 주어야 한다. 그걸 통해 판매하려는 세탁기가 대용량이라는 점을 부각시켜야 한다. 대조군인 작은 용량의 모델은 장차 시장에서 판매에 타격을 입을 수도 있지만, 대조 소구라는 카드는 이를 감내할 만큼 그 효과가 대단하다 일단 그 차이를 명확하게 보여 주지 않으면 고객은 세탁기의 대용량이 어느 정도인지 쉽게 인지하지 못하기 때문이다.

사람의 뇌는 추상적으로 크다, 작다라고만 표현하면 그 정보를 처리하는 데 어려움을 겪는다. 반면 차이를 강조하기 위해 대조 대상을 보여 주면 단박에 해당 정보를 처리해서 기억한다. 매번 달콤한 말로 잘해 주는 사람보다 늘 무뚝뚝하다가 어쩌다 한번 잘해 주는 사람이 더 매력적으로 느껴지는 이유도 당신의 뇌가 대조를 통해 그 격차를 쉽게 인식하기 때문인지도 모른다.

대조해야 명쾌하게 보인다

두 명의 거지가 지하철 계단에서 구걸을 한다. 구걸도 영업인지라 둘은 힘을 합쳐 더 많은 실적을 내기 위해 고심한다. 이들은 어떻게 해야 더 많은 수입(?)을 올릴 수 있을까? 이들은 현명했다. 똑같은 구걸을 하되 행인들의 상대적 심리를 이용하기로 결정했다. 거지 갑은 깔끔한 양복을 입고 온화한 미소를 지으며 이런 팻말을 들었다.

"아직은 먹고살 만합니다. 하지만 제게 알코올의존증이 있어서 술 없이는 살 수가 없습니다. 술값이 약간 모자랍니다. 조금만 도와주세요."

반면 맞은편에 앉아 있던 거지 을은 누더기 차림으로 최대한 불쌍한 표정을 지으며 갑과는 조금 다른 팻말을 들고 있었다.

"4일째 아무것도 먹지 못했습니다. 동전 한 푼도 좋습니다. 밥을 먹고 싶습니다. 밥을 먹고 힘을 내 내일부터 당신이 출퇴근하는 이 지하철 계단을 말끔히 청소하겠습니다."

지하철 계단을 오가는 사람들은 재미있다는 표정을 지으면서 둘을 번갈아가며 쳐다보았다. 평소에 구걸하는 사람들에게 관심 없던 사람들도 한 번씩 눈길을 보냈다. 물론 거지 갑은 예상대로 구걸에 실패했다. 하지만 동업자인 거지 을은 대박을 쳤다.

거지 갑과 거지 을은 각자 다른 곳에서 영업(?)할 때의 총수입보다 함께 연합하면 적어도 세 배 이상 더 벌 수 있다는 것을 알고 있었다. 양복을 차려입은 거지 갑과 누더기를 걸친 거지 을이 마주하고 있으면 당연히 사람들은 한쪽에 동정심을 느끼게 마련이다. 거지 을이 혼자서 불쌍하게 앉아 있을 때보다 대조 대상인 갑이 맞은편에 앉아 있을 때 사람들에게 더 큰 동정심을 이끌어 낼 수 있었다.

예를 들어 우리가 처음에 제시받은 제안이 별로 마음에 들지 않았다고 해 보자. 설령 그럴지라도 나중에 제시받은 제안이 그보다 더 형편없다면 차라리 처음의 제안이 낫다는 생각으로 그것을 선택한다.

우리는 일상생활에서 이런 일을 아주 많이 겪는다. 처음엔 잘 모르다가 다른 것과 대조를 해 보고 난 뒤에야 비로소 차이를 인식한다. 차가운 곳에 있다가 느끼는 외부 날씨와 따뜻한 곳에 있다가 느끼는 외부 날씨에는 확연한 차이가 있다. 외부 날씨가 변한 것은 없는데도 말이다.

홈쇼핑에서 상품을 설명할 때도 대조를 많이 활용한다. 실제로 홈쇼핑에서 제시하는 가격에 입을 떡 벌리며 빨려 들어가는 고객이 많다. 자신도 모르게 '싸다'를 연발하며 즉각 전화기를 붙잡는 것이다. 세상에 밑지고 파는 장사꾼은 없다고 했다. 원가 이하로 급하게 처분하는 경우를 제외하면 정말로 싼 제품은 찾아보기 힘들다. 그럼에도 불구하고 우리가 '싸다'라고 느끼는 진짜 이유는 무엇일까? 이건 상대적인 차이가 불러오는 효과 때문이다.

홈쇼핑 방송을 보면서 고객은 이렇게 생각한다. '홈쇼핑에서 진짜 저렇게 싸게 팔아도 되는 거야? 세상에, 한 세트당 가격이 5만 원이 넘는데 총 4세트를 사면 11만 원이라고? 우와, 진짜 대박이다.' 고객은 설득당했다. 11만 원 자체가 싼 게 아니다. 세트당 가격으로 계산해도 20만 원 정도 된다. 그런데 그 가격에서 9만 원 정도가 빠졌다. 20만 원과 대조하면 11만 원은 정말 싸다고 느껴진다.

수많은 마케팅 전문가들이 고객의 인식 속에 어떻게 먼저 자리를 잡을 것인가를 고민하라고 권한다. '먼저 깃발 꽂는 놈이 이긴다'라는 마케팅 불변의 법칙도 있다. 깃발을 꽂고 나면 이후에 생기는 가격 격차를 통해 고객의 인식 안에서 기업이 원하는 고지를 쉽게 점령할 수 있기 때문이다. 심리학에서는 이를 격차 효과라고 부른다.

고객이 백화점이나 마트에 가서 물건을 살 때 '와, 싸다!' 혹은 '왜 이렇게 비싸!'라고 느끼는 것 역시 개인의 인식에 그 상품에 대한 예상 가격 깃발이 어디쯤 꽂혀 있느냐에 달려 있다. 100만 원짜리 물건도 애초에 150만 원으로 예상했다면 당연히 싸게 느껴진다. 반면 5만 원짜리 물건도 예상 가격을 3만 원으로 잡았다면 "왜 이리 비싸!" 하고 투덜거리게 마련이다. 이처럼 싸다, 비싸다에는 정답이 없다.(앞서 이해안가자 중, '이익'을 설명한 부분 참고) 단지 고객이 애초에 얼마쯤으로 예상하고 있느냐의 차이일 뿐이다.

이를 잘 활용하는 홈쇼핑에서는 고객에게 먼저 개별 단품 가격을 알려 준다. 단품 가격으로 고객의 인식 속에 깃발을 꽂는다. 그리고 말한다. "원래 비싼 건데, 이 방송을 본다는 이유만으로 당신에게는 파격적인 조건으로 소개한다."라는 식으로. 그렇게 얘기하면 방송을 보는 고개들의 가격 만족도는 급상승한다. 상대적으로 훨씬 싸 보이기 때문이다.

대조 대상은 밖에서 찾아라

한 보험회사에 강연을 하러 갔을 때의 일이다. 쉬는 시간에 종종 청중과 이야기를 하기도 하는데 그날도 실제 현업에서 활동하는 보험 설계사에게 어떤 점이 힘든지 물어보았다. 그는 무척 고민스러운 표정을 지으며 말했다.

"우리 회사 상품은 보장은 정말 좋은데, 보험료가 부담스럽다는 말을 많이 듣습니다. 그래서 저는 비교적 높은 보험료 부분을 만회하고자 보장 내역이 얼마나 좋은지 자세히 설명하고 있습니다."

약간 다른 전략이 필요할 듯하여 그분에게 다시 물었다.

"물론 좋은 방법입니다. 하지만 보험료가 비싸다는 인식을 희석하기 위해 그 해결책을 다시 내부(좋은 보장 내역)에서 찾는 것은 고객의 판단을 오히려 힘들게 할 수도 있습니다. 그런데 보험료가 얼마입니까?"

"연령대별로 조금씩 차이가 있긴 하지만 한 달 5만 원 정도입니다."

"그러면 그 돈(월 5만 원)으로 고객이 할 수 있는 다른 일에는 뭐가 있을지 먼저 고민해 보십시오. 그런 다음 그것을 보험료와 연결 지으십시오. 고객의 보험 가입이 그 어떤 일보다 의미 있는 일이라는 것을 인식하도록 대조해 보십시오."

보험료에 비해 보장 내역이 좋다고 말하는 것은 세일즈 화법이 아니라 그저 세일즈맨의 의견을 말한 것뿐이다. 차라리 다음의 사례처럼 대조해서 설명하면 고객은 같은 보험료도 다르게 받아들일 것이다.

- "아내가 네 살짜리 아들을 위해 60만 원짜리 블록 장난감을 12개월 할부로 구입했더라고요. 엄마 입장에서는 아이를 위한 최고의 선택이었을 겁니다. 하지만 아이가 장가갈 나이가 되어 '엄마, 네 살 때 사 준 장난감 덕분에 제가 이렇게 창의적인 인재로 성장했어요. 고맙습니다'라고 말할까? 하는 생각이 들었습니다. 분명 아닐 겁니다. 그보다는 '엄마는 왜 그 흔한 보험 하나 들어 놓지 않았어요? 어렸을 때부터 들어 놨다면 참 좋았을 텐데'라고 말하지 않을까요?"

- "여름이면 워터파크로, 겨울이면 스키장으로 하루에 몇십 만 원씩 써 가며 가족과 추억을 만들러 다니시지요? 가족과 함께 여행을 다니는 것은 정말 행복한 일이지요. 가족의 행복을 무엇보다 우선시하는 고객님은 정말 멋진 분입니다. 그렇다면 진짜 행복이란 무엇일까요? 적어도 사랑하는 가족이 아파서 누워 있을 때 가족의 손을 붙잡고 마음으로나마 함께 아파하지는 못할망정, 중환자실 복도에서 통장 잔액을 확인하며 수술을 해야 하나 말아야 하나 고민하고 싶지는 않을

것입니다. 가족을 위한 진짜 행복이 무엇인지 기억해 주셨으면 좋겠습니다."

- "세상에 존재하는 배신을 크게 분류하면 두 가지로 나눌 수 있습니다. 하나는 눈에 보이는 배신이고 다른 하나는 눈에 보이지 않는 배신입니다. 얼마 전, 살아생전에 왕성하게 활동한 한 지인의 장례식장에 간 적이 있습니다. 살아 있을 때 왕성하게 활동한 그의 장례식장은 컬러 사진과 흑백 사진의 대비처럼 한적했습니다. 영정 앞에서 눈물을 쏟던 그의 아내가 혼잣말로 중얼거리더군요. '죽기 전에 보고 싶은 사람이 있었으면 따로 말이라도 하고 가지. 많이들 바쁜가 봐….' 그 말에 마음이 몹시 쓰리고 안타까운 한편 '나 역시 언젠가 배신할 존재에게 너무 많은 신경을 쓰고 있지 않나'라는 생각이 들었습니다. 주변을 둘러보면 언젠가 당신을 배신할 존재는 수두룩합니다. 지금 살고 있는 집도 당신의 자녀가 늘어나면 턱없이 좁아질 겁니다. 지금 입고 있는 옷도 당신이 살찌면 의류 수거함으로 들어갈 겁니다. 그러나 보험은 당신의 가족이 늘든, 당신이 살이 찌든 변함없이 당신을 배신하지 않을 친구 목록 1호입니다. 저는 그럴 수 없지만 이 녀석은 당신의 평생 친구가 되어 줄 수 있습니다. 그런 친구를 만드는 선택이라면, 지금 이 금액이 전혀 아깝지 않을 것입니다."

위의 세일즈 화법을 만든 키워드가 바로 대조다. '내 제안을 들어 주시죠. 당신이 할 수 있는 그 어떤 것과 대조해도 분명 의미 있는 선택이 될 것입니다'라는 메시지를 전하라. 고객이 당신의 제안을 받아들일 가능성은 훨씬 더 높아질 것이다.

이도 저도 안 되면
위협 소구가 답이다

대조 2

때로는 아무리 쥐어짜도 마땅한 대조 대상이 떠오르지 않아 골치가 아플 수도 있다. 그럴 때는 그 대상을 너무 멀리서 찾지 마시길. 고객이 처한 상황을 소재로 대조해도 좋다. 인간은 소유에 대한 욕망보다 상실에 대한 두려움을 더 크게 느낀다. 즉 고객이 현재 처한 상황의 문제를 해결하기 위해 조치를 취하는 것보다, 아무 조치도 취하지 않을 경우 최악의 상황에 처할 수 있다는 것을 납득할 때 당신의 세일즈는 성공할 수 있다.

- 1안: '내 제안을 받아들일 경우, 이런저런 긍정적 상황을 누린다는 것'을 설명한다.

- 2안: '내 제안을 거부할 경우, 이런저런 부정적 상황에 처한
  다는 것'을 설명한다.

내 제안을 1안처럼 설명할 때도 2안과 마찬가지로 그와 대조되는 상황을 함께 설명하면 효과적이다. 가령 '이 상품을 선택하면 좋다'라는 메시지를 식상하게 느끼는 고객이라면, '이 상품을 선택하지 않으면 큰일 난다'라는 메시지가 '이 상품을 선택하면 좋다'라는 메시지를 더 가치 있게 만들어 준다. 선택을 주저하는 고객의 뇌에 때로는 부정적 상황을 제시하여 대조하는 것도 설득으로 이끄는 세일즈 화법이다.

앞서 '치밀한 묘사' 부분에서 다루었던 '레디큐'를 기억하는가?

레디큐를 다시 한번 팔아 보자.

- 1안: '내 제안을 받아들일 경우, 이런저런 긍정적 상황을 누린
  다는 것'을 설명한다. 그러면 다음처럼 이야기할 수 있다.
  → "레디큐를 선택하십시오. 팀 회식 때 새하얀 약국 봉지에
  쨍그렁거리는 숙취 해소용 병음료 30병을 담아서 사 올 일이
  없어집니다. 직속 상관인 과장님께 한 알, 부장님께 한 알, 티
  안 나게 쏙 집어넣어 드리면 되니까요. 다음 날 '김 대리, 어제
  준 거 그거 뭐야? 아침에 알람소리 없이 바로 일어나지던데?
  역시 젊은 친구들 말 들어서 손해 볼 건 없다니까? 가자, 내
  가 아메리카노 쏠게'라며 선홍색 잇몸을 드러내며 웃는 부장
  님의 미소에 오후에 있을 보고도 왠지 무사 통과할 것 같은

느낌이 들 겁니다."

- 2안: '내 제안을 거부할 경우, 이런저런 부정적 상황에 처한 다는 것'을 설명한다.

  → "옆 팀에서 근무하는 입사 동기 최 사원에게 1년을 졸라 끝내 얻게 된, 옆 팀 김 대리와의 소개팅 자리. 눈앞에 앉아 있는 그는 누가 봐도 김수현을 닮았다. 그의 속내를 알고 싶기도 하고, 소탈한 내 모습을 어필하고 싶기에 용기 내어 포장마차에서 소주 한 잔 하자고 말했다. 그런데 난 알콜무능력자다. 소주 세 잔이 내 주량이다. 한 잔, 두 잔, 세 잔, 술자리가 이어지고 어느덧 기억이 가물가물해져 온다. 정신을 차리고 보니, 알탕에 머리카락 처박고 휘젓는 내 모습을 발견한다. 테이블 맞은편에 있었던 김수현은 어디 가고, 포장마차 사장님이 날 한심하게 쳐다본다."

흔히들 인생이란 등산과 같다고 한다. 올라갈 때가 있으면 내려올 때도 있다. 실제로 우리는 삶에서 좋은 경험도 하지만 그만큼 나쁜 경험도 많이 한다. 그런데 좋은 경험과 나쁜 경험의 비중이 똑같아도 시간이 지난 뒤 과거의 경험을 물어보면 좋은 경험보다는 나쁜 경험을 더많이 기억한다.

명절에 일가친척들이 모여 친목도모 고스톱을 해도 다들 잃었다고만 말한다. 잃은 사람이 있으니 딴 사람도 있을 법한데 이상하게도 땄다는 사람은 없다. 이 역시 마찬가지다. 내가 땄을 때 느꼈던 만족감보다 잃었을 때의 상실감이 뇌리에 더 선명하게 각인되기 때문이다. 그 이유는 무엇일까? 우리의 두뇌는 반드시 필요한 것만 기억하도록 진화해 왔다. 심리학 용어로는 이것을 '선택적 기억'이라고 하는데, 이는 우리가 좋은 경험에서 얻는 기쁨의 상승폭보다 나쁜 경험에서 얻는 좌절의 하락폭이 더 크다는 것을 입증하는 것이기도 하다.

당신이 그러하듯, 고객 역시 하루에 1,000개가 넘는 광고를 접하고 일일이 헤아릴 수도 없는 많은 사람을 만난다. 이 중 고객의 뇌리에 남는 것은 아주 중요한 사건, 마음에 콕 박힌 일, 전에 없던 이상한 일 등 하루에 500건 정도에 불과하다고 한다. 물론 그 이하로 추려 마음과 머리에서 훌훌 털어 버리는 사람이 훨씬 더 많다.

그렇기 때문에 당신의 제안이 선택을 받아 고객의 뇌리에 들어가게 하는 것이 목적이라면 때로 위협 소구도 괜찮다. 협박을 하라는 건 아니니 절대 오해는 마시길. 부정적인 상황을 가정해 뇌리에 강렬한 인상을 남기라는 말이다.

당신이 평범한 직장인이라면 제안을 할 때 긍정적인 면만 부각시키고 싶을 것이다. 그렇지만 상대를 납득시키려면 때로 당신의 제안을 채택하지 않았을 때 겪을 최악의 시나리오도 함께 제시할 필요가 있다. 이를테면 '지금 이 상황에서 A를 선택하지 않는다면 내년의 매출액이 줄어들 것'이라고 설명할 수도 있어야 한다는 뜻이다.

앞서 말한 1안과 2안은 모두 세일즈의 세계에서 의미 있는 화법의 전략이다. 다만 고객이 당신의 제안을 쉽게 선택하지 못할 때 비장의 카드로 '2안'을 활용하라. 부정적인 상황에 놓일 가능성을 짚어 줄 때 고객은 불안을 느낄 것이다. 이때 그 불안과 대조되는 안심을 당신의 상품을 통해 보여 줘라. 그러면 고객은 선택할 것이다.

'관심, 자잘, 생생, 비유, 대조'의
말하기가 어우러지면

이제까지 세일즈 화법의 핵심 키워드 다섯 가지를 살펴보았다. 관심, 자잘, 생생, 비유, 대조라는 다섯 가지 양념을 적절히 배합하면 고객의 귀에 쩍쩍 들러붙는 맛깔스런 표현이 탄생할 것이다. 당신이 애초에 갖고 있는 조리 도구가 빈약해 보이는가? 이 다섯 가지 양념이 들어가면 바닥까지 긁어먹고 싶을 정도로 맛있는 화법이 펼쳐질 것이니 걱정하지 마라.

다음의 사례는 양념이 빠진 세일즈 화법(앞부분)과 앞서 살펴본 다섯 가지 양념(관심, 자잘, 생생, 비유, 대조)이 들어간 세일즈 화법(뒷부분)의 차이를 확연히 보여 준다.

사례 1: 식품회사, 생들기름

"100퍼센트 국산 들깨를 발아시켜 볶지 않고 압착공법으로 딱 한 번만 추출한 생生들기름입니다. 들깨의 영양을 그대로 섭취할 수 있으며 맛과 향이 고소하고 순한 들기름이에요. 고온 가열 과정을 거치지 않아 원재료 고유의 영양소를 함유하고 있어 가정에서 두루 사용하기 좋아요. 들깨의 발아 과정에서 여러 번 세척 과정을 거쳐 온 가족이 안심하고 드실 수 있답니다. 색깔이 맑은 황금빛을 띠고 들깨 특유의 고소한 맛과 향도 한층 깊어요."

→ 고객님, 지금 보시는 건 24K짜리 들기름입니다.(관심) 일반 들기름과 달리(대조) 순도 100퍼센트입니다. 겉만 번쩍(생생)이는 도금보다 속까지 꽉(생생) 찬 순금이 더 비싼 건 당연하잖아요.(대조, 비유) 생들기름도 마찬가지입니다. 국산 발아들 깨로 딱 한 번 추출했기에 순도 100퍼센트입니다. 입맛 없을 때 24K짜리 생들기름 한 스푼이면 비빔밥 한 그릇도 뚝딱(생생)입니다.(자잘)

→ 자녀에게 환타보다 생과일주스를 더 권하시죠?(관심) 생들기름을 고집하는 가장 큰 이유는 '오메가-3' 때문인데(자잘) 고온에서 확(생생) 짜내면 오메가-3를 다 잃어버립니다. 그건 들기름인 척하는 변질된 기름이죠.(대조) 환타보다 생과일주스를 권하는 마음으로 선택하세요.(비유) 자녀가 한 숟가락만 먹어도 오메가-3 하루치를 다 챙길 수 있습니다.(자잘)

사례 2: 화장품회사, 해양심층수 함유 수분 크림

"고객님, 이건 이번에 새로 출시된 수분 크림인데 해양심층수를 사용해서 정말 좋습니다. 해양심층수가 수분 공급에 좋다는 건 들어 보셨죠? 저희 제품도 써 보시면 아마 느낌이 다를 거예요. 피부엔 꼭 수분을 채워 주어야 하니 선택해 보세요. 가격도 좋아요."

→ 이걸 술과 섞어 마시면 아주 빨리 취한답니다. 혹시 뭔지 아세요?(관심) 바로 '해양심층수'입니다. 연구(미 애리조나대학 더글러스 킨 박사 연구팀)에 따르면(자잘) 이온음료보다 체내 흡수가 두 배 더 빠르다고 합니다.(대조) 그건 바닷속 압력으로 인해 물 입자가 작기 때문이지요. 물도 그냥 뿌리는 것보다 가습기로 샤악(생생) 분사할 때 습도가 빠르게 올라가잖아요.(비유) 피부에 빠르게 쏙(생생) 침투해서 곧바로 수분을 머금게 해 준답니다. 티슈도 물에 적셔야 투명해지죠.(비유) "오! 피부가 더 투명해 보이는데?"라는 소리를 들을 수 있을 겁니다.(자잘)

사례 3: 가구회사, 붙박이장

"저희 붙박이장에는 옷을 걸어 두면 살균해 주는 '살균케어장'이 함께 설치되어 있습니다."

→ 사우나만 해도 몸이 개운해지는 이유를 아시죠?(관심) 몸에

있던 독소가 싹(생생) 빠져나가서 그렇답니다.(비유) 하루 종일 입은 옷에는 눈에 보이지는 않아도 세균이 드글드글(생생) 하죠. 그렇다고 매일 드라이클리닝을 할 수는 없으니(대조) 최소한 하루에 한 번 사우나를 시켜 주는 건 어떨까요?(비유) 붙박이장에 붙어 있는 살균케어장에 살짝(생생) 걸어 두기만 하면 됩니다. 매일 아침 꺼내 입을 때마다 새 옷을 입는 듯 포근하고 상큼한 기분을 느껴 보시죠.(자잘)

"저희 붙박이장을 보면 수납 공간이 잘 구분되어 있습니다."

→ 예전에 샀던 옷과 거의 같은 옷을 또 샀던 경험이 있나요?(관심) 저는 그런 적이 많습니다. 옷이 맘에 들어 새 옷을 샀는데 정리하다가 예전에 사 놓은 비슷한 옷을 발견하면 물 밀듯이 후회가 밀려오죠.(자잘) 스마트폰에 아무리 좋은 앱이 많이 깔려 있어도 어디 있는지 모르면 쓰지 않잖아요.(비유, 대조) 수납장도 마찬가지입니다. 구획 구분만 말끔하게 해 놓아도 쉽게 찾을 수 있습니다. 매일 아침 옷을 선택하는 것만 쉬워져도 멋쟁이 소리를 들을 겁니다.(자잘)

"붙박이장을 선택할 때는 뒤판도 꼭 확인해야 합니다. 저희 붙박이장은 두꺼운 자재를 썼습니다."

→ 붙박이장을 선택할 때는 정면에서만 보면 안 됩니다. 옆에서도 봐야 하지요.(관심) 눈에 잘 띄는 정면이야 저희 말고 다

른 회사에서도 잘 만들 겁니다. 하지만 붙박이장을 오래 쓰려면 뒤판도 봐야 합니다.(대조) 두꺼운 자재를 썼는지, '꿀렁거림'(생생)은 없는지도 꼭 확인해야 하니까요. 명품 옷과 보세 옷의 차이는 보이지 않는 안감의 소재와 바느질 상태에 있습니다.(비유, 대조) 이왕 마음먹고 선택하는 건데 10년을 넘게 써도 틀어짐이 없는 저희 붙박이장으로 하십시오.(자잘) 깐깐하게 선택할 이유는 충분합니다.

사례 4: 금융 상품

"저희 대출 상품에는 대출 수수료가 없습니다. 참 좋은 금융상품입니다."

→ 1년에 아무 이유 없이 은행에 갖다 바치는 돈이 6만 5천 원이라는 것을 아시나요?(관심) 1인당 평균 은행수수료가 그 정도라고 합니다. 내 돈을 내가 찾는 데 돈을 내라니 좀 억울하긴 합니다. 물론 납득은 갑니다. 곳곳에 ATM기기도 설치하고 사후관리도 해야 하니까요. 그래도 내가 이자를 내고 대출상품을 쓰겠다는데 거기에도 대출수수료라는 이름으로 휙(생생) 돈 떼어 가면 그건 진짜 속상하지요.(대조) 대출상품을 이용할 때는 이왕이면 수수료를 전혀 받지 않는(자잘) 상품을 이용하십시오.

사례 5: 여행 상품

"여행을 떠날 때는 남들이 잘 가지 않는 비수기 시즌을 이용하세요."

→ 직장인들의 카드한도 증액 신청이 가장 많은 달은 언제일까요?(관심) 바로 연말 직전과 휴가철 직전입니다. 그때 외국 여행을 떠나느라 목돈이 한꺼번에 확(생생) 빠져나가기 때문이지요. 그럼 더 알뜰살뜰하게 여행을 다녀오는 방법을 아시나요? 모피코트도 여름에 사면 훨씬 더 싸듯(비유) 휴가기간을 조금 당겨서 남들이 잘 가지 않는 비수기에 다녀오면 훨씬 더 합리적으로 다녀올 수 있습니다.(대조) 현명한 휴가를 떠나라고 갓 출시한 따끈따끈한(생생) 신규 여행 상품을 소개합니다. 성수기 대비 절반 가격이지만 인스타에 올릴 더 많은 사진을 챙겨 올 수 있습니다.(대조, 자잘)

사례 6: 화장품

"피부 관리에는 수분 못지않게 탄력도 중요합니다. 겉탄력과 속탄력을 함께 관리할 수 있는 제품입니다."

→ 고객님, 포카칩과 프링글스 중 어떤 걸 더 좋아하시나요?(관심) 피부는 무조건 프링글스처럼 관리해야 합니다.(비유, 자잘) 그 차이는 바로 '밀도'에 있는데요. 이 상품은 겉탄력뿐 아니라 속탄력까지 밀도 있게 잡아 주는 쫀쫀한(생생) 제품

입니다. 스프링이 고장 난 침대는 겉에 아무리 좋은 패드를 깔아도 금세 와르르(생생) 무너지죠.(비유) 남들이 꼬집어 보고 싶어 하는 피부로 관리해 보세요.(자잘) 겉탄력만 관리한 피부보다 속탄력도 같이 관리한 피부가 화장도 더 잘 받는답니다.(대조) 새벽 6시에 화장해서 저녁 6시까지 거울 들여다보지 않아도 됩니다.(자잘) 별명이 12시간 크림이에요.

"이 미스트는 빠른 수분 공급을 위해 태어난 제품입니다."

→ 피부에도 골든타임이 있다는 거 아시죠?(관심) 수건으로 물기를 닦고 난 후부터 딱 10초입니다.(자잘) 땀을 쫙(생생) 빼고 나서 조금만 지나도 갈증이 나죠? 피부도 마찬가지입니다.(비유) 세안이나 샤워 후 피부는 더 심한 갈증을 느끼지요. 좋은 화장품을 쓰는 것보다 더 중요한 것은 얼마나 빨리 수분을 다시 공급해 주는가입니다.(대조) 욕실 가까운 곳에 두고 자주 샥샥(생생) 뿌려 주세요.(자잘)

"이 로션은 피부의 유수분 밸런스를 잘 맞춰 주는 제품입니다."

→ 구두의 상극이 뭔지 아십니까?(관심) 바로 물입니다. 적당한 습도는 가죽을 부들부들(생생)하게 만들어 주지만 비나 땀 때문에 가죽이 푹(생생) 젖으면 마르면서 가죽이 심하게 손상됩니다.(대조) 피부도 마찬가지입니다.(비유) 수분을 흠뻑 공급하는 것도 중요하지만 더 중요한 건, 피부의 유수분 밸

런스를 얼마만큼 잘 조절하느냐입니다.(대조) 저희 로션은 이 부분에 가장 신경을 썼습니다.

사례 7: 보험 상품

"암 보험을 선택할 때는 재진단 암까지 보장해 주는지 꼭 확인해야 합니다."

→ 이왕이면 '리필'해 주는 커피숍이 좋죠?(관심) 보험도 마찬가지입니다. 특히 암 보험은 리필해 주는지 꼭 확인해야 합니다.(비유) 이제 불치병이 아닌 '만성질환' 같은 암에 대비하려면(대조) 내 암보험이 리필을 해 주는 보험(비유)인지 꼭 확인해 봐야 합니다. 암에 걸린 뒤 또다시 암에 걸려도 꽉꽉(생생) 보장을 다시 채워 주는 기특한 상품입니다.(자잘)

"기존 보험을 리모델링(재설계)하십시오. 쓰지도 않을 보장만 잘 확인하면 보험료를 줄일 수 있습니다."

→ 고객님, 보험에도 복부 비만이 있다는 거 아시나요?(관심) 필요 이상으로 배에 덕지덕지(생생) 지방을 쟁여 두는 걸 복부 비만이라고 하죠. 보험도 마찬가지입니다.(비유) 쓰지도 않을 보장으로 쓸데없이 보험료를 내느라 헉헉(생생)거리는 사람이 많습니다.(대조, 비유) 복부 지방이야 시간을 두고 천천히 노력해야 해결되지만, 보험 비만은 그냥 두시면 그게 다 돈입

니다. 지금 당장 제가 빼 드릴 수 있습니다.(대조) 보험 다이어트에 걸리는 시간, 10분이면 충분합니다.(자잘)

"보험을 선택할 때는 주보장 외에 다른 부가적인 부분도 같이 선택하는 것이 좋습니다."
→ 햄버거를 제일 알뜰하게 사는 방법, 잘 아시죠?(관심) 카드 할인도 좋고 이벤트 기간을 이용하는 것도 좋지만(자잘) 제일 손쉬운 방법은 '세트 메뉴'로 선택하는 거잖아요.(대조) 보험도 마찬가지입니다.(비유) 몇백 원만 더 쓰면 고소한(생생) 감자튀김도 먹고 탄산이 톡톡(생생) 터지는 무한리필 콜라도 먹듯(비유) 이왕이면 진단금은 진단금대로 챙기고 생활비도 챙겨 받는 '세트 보험'(비유) 어떠세요?

사례 8: 가전

"이 TV는 디자인에 크게 신경을 쓴 모델입니다. 참 예쁘죠?"
→ 고객님, 남의 집에 갔다 오면 가장 기억에 남는 물건은 뭘까요?(관심) 바로 거실 한복판에 자리 잡은 TV죠. 남의 집에 가서 세탁기나 냉장고 들여다보지는 않습니다.(자잘) 하지만 TV는 거실에 앉아 같이 보는 가전제품입니다.(대조) 외투를 벗을 일 없는 곳에 나갈 때 외투에 더 신경 쓰듯(비유) 남들 눈에 잘 띄는 TV는 디자인도 특별히 신경 써야 합니다. 이건

현존하는 TV 중 가장 날씬하고 예뻐 보이는 모델입니다.(비유) 거실 분위기, 나아가 집 안 전체 분위기를 더 블링블링(생생)하게 연출할 수 있습니다.

"이 에어컨은 약간 기울어져 있어서 바람이 더 멀리까지 날아갑니다."
→ 양궁을 할 때 화살을 포물선으로 날리는 이유가 뭘까요?(관심) 직선으로 쏠 때보다 약간 위쪽으로 쏴 줘야 예쁜 포물선을 그리며 멀리 날아가기 때문인데요.(대조) 에어컨에서 쏘는 바람도 마찬가지입니다.(비유) 포물선을 그리며 바람을 쏴야 구석구석 멀리까지 시원한 냉기가 휙(생생) 날아갑니다.(자잘) 저희 에어컨을 유심히 보면 피사의 사탑처럼(비유) 약간 기울어져 있는 걸 확인할 수 있습니다. 집 안 구석구석을 시원하게(생생) 만들어 주는 비밀입니다.

"저희 휴대전화는 사진이 잘 나오는 모델입니다."
→ 휴대전화로 사진을 잘 찍는 방법을 알려드릴게요.(관심) 렌즈의 화소도 중요하지만 그보다 더 중요한 건 조리개의 F값입니다.(대조) 깜깜한 방 안에서는 아무것도 보이지 않지만, 창문만 살짝 열어 줘도(대조) 자연광이 살포시(생생) 들어오면서 더 선명하게 피사체를 비춰 주잖아요.(비유) 그래서 휴대전화 카메라도 렌즈의 화소보다 조리개의 F값이 중요합니다. 이 휴대전화로 사진을 찍으면 5년 뒤에 봐도 그 여행지의 향

기가 생생하게 떠오르도록(자잘) 선명한 사진을 남길 수 있습니다.

"이 냉장고는 내부 보관대가 전부 스테인리스 소재라 아수 좋습니다."

→ 냉면은 왜 스테인리스 그릇에 담아 주는지 아시나요?(관심) 시원한(생생) 냉면의 냉기를 더 오래 간직하기 위해서지요. 같은 냉면도 스테인리스 그릇에 담긴 것과 플라스틱 그릇에 담긴 건, 먹을 때 느끼는 시원함이 다릅니다.(대조) 냉장고도 마찬가지입니다.(비유) 아무리 냉기를 가득 머금게 한들, 음식 보관 용기가 열전도에 약하면 소용이 없겠죠. 이것이 저희 냉장고 내부에 이처럼 스테인리스를 많이 사용한 중요한 이유입니다. 은행처럼 이자를 불려 드릴 수는 없지만 싱싱함만큼은 더 불려드릴 수 있습니다.(대조, 비유) 언제나 시원하고 싱싱한 재료로 맛깔 나는(생생) 요리를 해 드십시오.(자잘)

제4장

고객의 지갑을 여는
결정적 한마디

» Emotion

네 가지 감정의 산을
넘어라

감정을 의미하는 이모션emotion은 라틴어 'motere'에서 온 말로 '움직이게 하다'라는 뜻을 담고 있다. 그렇기에 감정은 인간을 움직이게 만드는 근간이라는 의미로 봐도 무방하다. 인간을 스마트폰에 비유하자면, 이성은 스마트폰의 본체라고 할 수 있다. 우리가 스마트폰으로 원하는 목적을 달성하려면 최첨단 신기술로 무장한 본체 작동법을 익혀야 한다. 하지만 본체 작동법을 익히고 작동을 시도할지라도 정작 배터리가 방전 상태면 그 스마트폰은 절대 작동하지 않는다. 그 배터리가 바로 '감정'에 해당한다. 당신의 탁월한 설명을 잘 들었다 해도 고객의 최종 선택을 이끌어 내는 것은 어디까지나 감정이다.

여기까지 꼼꼼하게 읽은 당신은 이제 '프로 세일즈맨'이다. 고객의 기대 가치도 발견했고 상품을 어떻게 설명해야 하는지 감도 잡았다. 이 정도만으로도 당신의 제안을 고객의 뇌리에 명확히 꽂을 수 있을 것이다. 하지만 뭔가 부족하다는 느낌이 들지 않는가?

당신과 내가 화법을 연마하는 이유는 바로 설득에 있다는 사실을 다시 한번 되새겨 봐야 한다. 당신이 아무리 탁월한 세일즈 화법을 구사해도, 그 화법이 고객의 감정을 공략하지 못한다면 고객은 절대 움직이지 않는다. 감정이라는 산을 넘지 못하면 세일즈 화법의 궁극적 목표인 성과를 이끌어 낼 수 없다.

▲ '감정의 산'을 넘어야 설득이 가능하다

이제부터는 세일즈의 성공을 가로막는 고객의 감정 상태를 네 가지로 분류하여 그 감정들을 어떻게 바라보고 응대해야 할지를 고민해 볼 것이다.

첫 번째, 망설이는 고객

"무슨 말인지 알겠는데 선택하기 좀 그래요."

흔히 접하게 되는 고객의 감정 상태다. 한 시간 동안 충실히 설명했음에도 고객이 이런 반응을 보이면 허탈하다 못해 화가 난다.

'뭐라고? 기껏 설명했더니 또 뭐라는 거야? 무슨 말인지는 알겠다고? 알면 아는 대로 행동하면 그만이지! 뭘 또 선택하기가 좀 그렇다는 거야! 아 진짜, 화를 낼 수도 없고.'

물론 프로 세일즈맨인 당신이 이렇게 반응하지는 않을 것이다. 그럼에도 당신의 감정 역시 하나의 유기체이기에, 그래서 시시각각 변할 수도 있기에, 간혹 감정적인 반응 때문에 다 된 세일즈에 재를 뿌릴 수 있다. 따라서 이후에 이어지는 다른 감정 상태도 마찬가지지만 고객의 감정을 공략하는 세일즈의 대원칙을 꼭 마음에 새기길 바란다.

'고객의 감정에 감정적으로 반응하지 말라. 대신 그 감정의 깊은 곳을 들여다보라.'

고객은 선택을 좋아할까 싫어할까

당신이 만나는 고객의 감정 상태를 들여다보자. 당신의 상품을 판다는 것은 고객으로부터 선택을 이끌어 내는 것을 의미한다. 고객을 비롯한 대다수의 사람들은(당신을 포함해) 선택을 좋아할까, 아니면 싫어할까? 정답은 없다. 때로는 좋아하지만 또 때로는 싫어하기 때문이다. 선택을 앞둔 고객의 감정 상태를 좀 더 정확하게 진단하자면 '좋아하지도 않고, 싫어하지도 않는다'라고 보는 게 맞다.

강의를 할 때 청중 중 30대 남성이 많으면 나는 이런 질문을 던진다. "평소에 아내나 연인에게 받는 질문 중 어떤 질문이 가장 대답하기 어렵던가요?" 다양한 답변이 나오긴 하지만 어느곳에서 강의를 하든 빠지지 않고 나오는 대답이 있다. "여보(오빠), 나 오늘 뭐 달라진 것 없어?" 혹은 "여보(오빠), 나 얼마만큼 사랑해?"가 아니다.

"여보(오빠), 오늘 뭐 먹지?"다. 이런 평범한 질문이 오히려 대답하기 더 어렵다고들 한다. 왜 이 간단해 보이는 질문에 남성들이 대답을 어려워하는 것일까? 이유는 간단하다. 그 질문을 한 여성은 질문을 하기 전에 이미 그녀가 먹고 싶은 것을 정해 놓았다. 정해 놓은 상태에서 남자에게 묻는 그 질문은, 남자의 의사를 물어보고자 함이 아니다. '그저 내가 선택한 걸 당신도 말해 주면 좋겠어'라는 암묵적 강요에 가깝기 때문이다.

여성의 입장에서는 이미 먹고 싶은 게 있다. 그럼에도 남성에게 질문을 한다. 즉 쉽게 선택하려 하지 않는다. 그렇다면 왜 굳이 자신의 선택지를 감추고 그런 질문을 던지는 걸까? 혹시라도 자신이 선택한 음식의 맛이 기대에 훨씬 미치지 못했을 경우 생기는 '후회'라는 감정과 마주하고 싶지 않기 때문이다. 이건 여성만의 딜레마는 아니다. 남성도 마찬가지다. 그래서일까? "여보(오빠), 뭐 먹지?"라는 질문에 남성들 역시 보통 "당신이(네가) 먹고 싶은 거!"라며 무겁게 다가오는 선택의 부담을 여성에게 떠넘겨 버린다.

이처럼 당신이 남자든 여자든 인간은 선택을 무작정 좋아하지만은 않는다. 그래서 선택 앞에서 늘 고민하며 피한다. 재미있는 사실은 이처럼 무작정 선택을 좋아하지 않는 인간이 선택을 싫어하지도 않는다는 것이다. 앞선 예에서와 같이 인간이 선택을 좋아하지 않는다면? 선택과 관련된 모든 문제는 의외로 쉽게 풀린다. 누군가가 그냥 선택해 주면 그만이기 때문이다. 그러면 상대는 선택을 대신 해 준 누군가에게 "아이고 고맙습니다. 제가 선택하는 걸 좋아하지 않는데 이렇게 대신 선택해 주시니 그저 감사할 따름입니다."라고 말할지도 모른다.

하지만 누군가가 당신의 의견을 묻지도 않고 당신이 해야 할 선택을 대신 했다면 어떤 기분일까? 만약 "뭐 먹을까?" 하는 여성에게 "닥치고 내가 먹고 싶은 추어탕!"이라며 강요하는 남자는 어떨까? 아마도 여성에게 배려가 부족한 나쁜 남자로 찍히고 말 것이다.

세일즈가 어려운 이유 중에 하나가 여기에 있다. 고객은 선택을 좋아하지도 않는다. 그러나 싫어하지도 않는다. 그 가운데에서 줄타기를 해야 하는 것이 세일즈이기 때문이다.

홈쇼핑 방송의 선택지는 많아야 3개다

선택을 좋아하지도 싫어하지도 않는 고객 그리고 그 앞에서 답답해하는 당신의 모습, 낯설지 않다. 고객은 늘 선택을 앞두고 망설이느라 많은 시간을 축낸다. 혹시 결정 장애(선택의 갈림길에서 선뜻 어느 한쪽을 고르지 못해 괴로워하는 심리)라는 말을 들어 보았는가. 성공적 세일즈를 위해 당신이 잘 알아야 할, 그리고 잘 다뤄야 할 고객의 첫 번째 감정 상태가 바로 이 결정 장애다.

그렇다면 이처럼 선택의 기로에 서서 늘 고민하는 고객을 내가 원하는 쪽으로 이끌기 위해서는 어떻게 말해야 할까? 무작정 선택권을 떠넘겨서도, 또는 선택을 윽박질러서도 안 된다. 그저 고객에게 선택의 힌트를 주면 된다.

홈쇼핑 방송을 유심히 보면 매 방송마다 고객이 쉽게 선택할 수 있도록 선택의 힌트를 주는 걸 확인할 수 있다. 예를 들면 "자동주문번호 1번은 대용량 830리터, 2번은 초대용량 910리터입니다."라고 제안하며 고객의 쉬운 선택을 돕는다. (절대 홈쇼핑에서 스물여섯 가지의 모델 중 선택하라고 하지 않는다. 또한 단 한 가지의 선택지만 보여 주지 않음을 기억하라.)

"지금 보고 계신 상품은 고객님께서 이미 알고 계신 대한민국 대표 냉장고의 명가, 바로 그 브랜드의 최신형 모델입니다. 게다가 오늘이 역대 최저가로 구입하실 수 있는 찬스입니다. 이것저것 고민하실 필요도 없습니다. 오늘은 딱 한 가지만 고민하시면 됩니다. 오늘 준비한 모델 중 자동주문번호 1번은 대용량, 2번은 초대용량입니다. 냉장고를 배치하실 공간과 가족 수만 감안하셔서 원하는 용량 두 개 중 하나만 선택해 보시죠, 3일 이내 빠른 배송과 설치를 약속 드립니다."

왜 홈쇼핑에서는 굳이 두 개 또는 세 개의 선택지를 주며 고객을 설득하는 걸까? 재미있는 사실은 매 방송마다 어차피 주로 팔려 나가는 모델(주력 모델)은 거의 정해져 있다는 점이다. 가령 위의 멘트에서도 두 가지의 선택지를 준비했지만 실상은 1번 대용량이 전체 주문의 90퍼센트 이상을 차지한다.

당신의 이해를 돕기 위해 극단적인 가정을 한번 해 보자. 만약 1번 모델이 전체 주문의 100퍼센트를 차지한다면? 즉 2번 모델은 아무도 사지 않는다면? 굳이 2번 모델을 노출할 필요가 있을까? 그럼에도 2번 모델을 방송에서 함께 노출하는 게 유리할까? 당연히 유리하다. 아무리 한 모델만 잘 팔린다 해도 모델 하나만 보여 줄 때보다는 두 개 혹은 세 개의 모델을 함께 노출할 때 결과적으론 더 많은 매출을 올릴 수 있다. 그 이유를 설명하기 전에 먼저 두 가지 질문에 대해 생각해 보라.

'첫째, 한 가지 모델만 노출할 때 고객의 선택지는 몇 가지인가?'

'둘째, 두 가지 모델을 노출할 때 고객의 선택지는 몇 가지인가?'

첫 번째 질문(한 모델만 노출할 경우)에서 고객의 선택지는 얼핏 생각하는 것처럼 단지 한 가지가 아니다. 두 가지도 아니다. 오히려 무수히 많을 수 있다. 살까, 말까, 내일 살까, 명절 전에 살까, 다른 브랜드로 살까 등 당장 눈에 보이지는 않지만 그 이면에는 무수히 많은 선택지가 존재한다. 너무 많은 선택지 앞에 놓인 고객은 오히려 더 선택을 회피하게 된다. 이를 '선택의 마비 현상'이라고 한다. 이는 세 개를 초과하는 선택지(네 개부터) 앞에서 인간이 경험하는 자연스러운 현상이다. 선택 자체가 너무 어려운 '과제'로 인식되는 순간, 우리는 그 선택을 그만 포기해 버리는 경우가 많다.

두 번째 질문(두 모델을 노출할 경우)에서는 고객의 선택지가 많지 않다. 두 가지로 좁혀진다. 자동주문번호 1번인지 아니면 2번인지로 말이다. 그런 의미에서 첫 번째(한 모델만 노출)보다는 두 번째(두 모델을 노출)가 고객의 입장에서 더 쉬운 선택이 될 수 있다. 더 중요한 것은 선택지가 좁혀졌기에 고객의 입장에서는 자연스레 고민의 범주가 이동한다는 사실이다. 바꿔 말해, 고민의 범주가 '냉장고를 살까 말까'에서 '대용량과 초대용량 중에서 어떤 용량으로 살까'로 이동한다. 고객이 어떤 선택을 해 주든(대용량을 사든 초대용량을 사든) 쇼호스트의 목적(냉장고를 산다)에 맞춰 고민의 범주가 자연스레 이동한다는 뜻이다.

당신이 당장 접목할 수 있는 세일즈 화법 아이디어는 이렇다. 고객이 선택할 수 있는 고민의 범주(살까 vs 말까)를, 당신이 원하는 곳(대용량 vs 초대용량)으로 이동시켜라. 고객이 어떤 선택을 하든 당신이 좁혀 놓은 범주 안에서 선택하도록 만드는 것이다.

만약 당신이 정장을 판매한다면 고객에게 어울릴 만한 옷을 당신 마음대로 정해서 권하는 것이 때론 위험할 수 있다. 이때도 마찬가지로 고민의 범주를 좁혀 선택권을 고객에게 넘겨주면 성공 확률이 높아질 수 있다.

> "많이 고민스러우시죠, 고객님? 제가 보기에 고객님께 가장 잘 어울릴 것 같은 색상은 남색이나 약간 줄무늬가 들어간 검은색, 이 두 가지입니다. 어떤 색상이 더 마음에 드시나요? 남이 봐 주는 것도 좋지만 아무리 유명 음식점도 직접 먹어 봐야 진짜 맛집인지 아닌지 알 수 있듯, 가장 잘 어울리는 옷은 본인이 제일 잘 아는 법이거든요. 일단 편안하게 입어 보세요. 저도 고객님께 어떤 색상이 더 잘 어울릴지 궁금합니다."

이때 고객이 남색을 골라 입었다면 '살 건가요? 사지 않을 건가요?'라고 묻지 마라. 한번 더 고객에게 선택권을 넘겨라. 정장을 구매한다는 전제 아래 두 가지 선택지를 준다면 이렇게도 말할 수 있다.

> "남색이 참 잘 어울리네요. 그럼 소매를 수선해야 하는데 정장 재킷 소매가 약간 긴 것이 편하세요, 아니면 와이셔츠 소매가 충

분히 보일 정도로 짧은 게 편하세요?"

이때도 마찬가지, 고객의 고민 범주는 남색 정장을 '살까? 말까?'에서 '소매가 긴 것? 짧은 것?'으로 이동할 수 있다. 고객이 어떤 걸 선택하든 남색 정장을 산다는 가정 하에 움직이게 된다. 이는 얄팍한 상술이 아니다. 앞서 말했듯 당신의 상품이 고객에게 어떤 형태로든 도움(남색 정장을 입고 최종 면접에서 좋은 인상을 주어 합격할 것이다 등)이 될 거라는 확신이 있다면? 망설이지 말고 과감하게 제안하라. 당신이 정장을 팔아 얻게 된 판매수수료는 1년 뒤 사라질 수 있는 돈이다. 하지만 그 정장을 구입한 고객은 1년 뒤에도 그 정장을 입고 당당하게 사회생활을 할 수 있다. 결국 세일즈를 통해 더 큰 가치를 얻게 되는 건 당신이 아닌 고객이다. 그러니 망설이지 마라. 그게 진짜 프로 세일즈맨이다.

만약 당신이 텔레마케터라면 지금은 바쁘다는 이유로 다음에 전화 달라는 고객에게 어떻게 제안해야 할까?

A: 네, 고객님 지금 바쁜데 전화 드려 죄송합니다. 다시 전화 드리겠습니다. 언제가 편하세요?

B: 네, 고객님 지금 바쁜데 전화 드려 죄송합니다. 다시 전화 드리겠습니다. 오후 세 시 이전이 편하십니까 아니면 세 시 이후가 편하십니까?

만약 당신이 레스토랑 웨이터라면 오늘의 추천 스테이크를 묻는 손님에게 어떻게 제안해야 할까?

> A: 네, 손님. 오늘은 등심보다 새로 들어온 안심이 더 신선합니다. 아, 안심으로요? 알겠습니다. 참, 전채요리도 별도로 추가 주문할 수 있습니다. 주문하겠습니까?
>
> B: 네, 손님. 오늘은 등심보다 새로 들어온 안심이 더 신선합니다. 아, 안심으로요? 알겠습니다. 참, 전채요리도 별도로 추가 주문할 수 있습니다. 오늘은 치킨 샐러드와 해산물 샐러드 중에서 선택이 가능합니다. 어떤 게 나으시겠습니까?

고민의 범주를 좁혀(두세 가지 정도가 적절하다.) 고객에게 선택권을 넘겨줘라. 그러면 당신의 목적을 달성할 가능성이 크다. 너무 다양한 선택지는 오히려 고객이 고개를 돌리게 만들 것이다.

- 한식을 먹을지 말지가 아닌 '불고기를 먹을지, 비빔밥을 먹을지'로
- 데이트를 할지 말지가 아닌 '영화를 볼지, 뮤지컬을 볼지'로
- 옷을 살지 말지가 아닌 '빨간색을 살지, 파란색을 살지'로
- 자동차를 살지 말지가 아닌 '3시리즈를 살지, 5시리즈를 살지'로
- 공부를 할지 말지가 아닌 '국어를 먼저 할지, 과학을 먼저 할지'로

- 휴대전화를 살지 말지가 아닌 '64기가바이트를 살지, 128기
  가바이트를 살지'로

결국 우리의 세일즈 화법이 추구하는 바는 선택 강요도, 선택 떠넘기기도 아니다. 고객의 감정을 읽는 큐레이터가 되어 큐레이션(여러 가지 정보를 수집한 후 상대를 위해 선별하고 여기에 새로운 가치를 부여해 전파하는 행동)을 해야 진짜 세일즈맨이다.

디코이 효과

이제 고객에게 제안하는 두세 가지의 선택지 중 당신이 더 원하는 방향으로 고객이 선택하게끔 할 수 있도록 하나의 선택지에 더 힘을 실어 줄 수 있는 방법에 대해 알아보자.

혹시 디코이 효과Decoy Effect를 알고 있는가? 다른 말로는 미끼 효과, 들러리 효과, 유인 효과라고도 한다. 디코이 효과는 선택을 유도하기 위해 고객에게 추가 선택지를 주는 일종의 트릭이다. 다시 말해 선택권을 좁혀 주더라도 그중 당신이 좀 더 원하는 선택지에 이끌리도록 만드는 것이다. 다음 둘 중에서 당신이 이끌리는 걸 골라 보라.

- A: 3,000원
- B: 볼펜

강의 때 청중에게 이 선택지를 주면 대개는 돈을 선택하고 극히 일부만 볼펜을 선택한다. 그럼 이 두 가지 선택지에 세 번째 선택지를 추가해 보자.

- A: 3,000원
- B: 볼펜
- C: B볼펜보다 훨씬 안 좋아 보이는 볼펜

이처럼 선택지가 바뀌면 앞의 경우(극히 일부만 볼펜을 선택했던)보다 더 많은 사람이 B볼펜을 선택한다. 결국 새롭게 추가한 선택지 C(B볼펜보다 훨씬 안 좋아 보이는 볼펜)는 B의 볼펜을 더 많이 선택하게 만들기 위한 들러리에 불과했던 것이다. 《상식 밖의 경제학》의 저자이자 미국의 행동경제학자인 댄 애리얼리Dan Ariely도 같은 맥락의 실험을 했다. 우선 그는 학생들에게 다음의 여행 상품 중에서 선택하도록 선택권을 주었다.

- A: 파리 여행(조식 포함)
- B: 로마 여행(조식 포함)

여기까지는 평범하다. 그런데 만약 댄 애리얼리 교수가 디코이 효과를 활용해 학생들이 파리 여행을 더 많이 선택하도록 힘을 싣고 싶다면 어떻게 해야 할까? 간단하다. 선택지를 하나 더 추가하면 된다.

- A: 파리 여행(조식 포함)
- B: 로마 여행(조식 포함)
- C: 파리 여행(조식 불포함)

이 경우 두 개의 선택지(파리 VS 로마)가 있을 때보다 훨씬 더 많은 학생이 A의 파리 여행(조식 포함)을 선택한다. 이처럼 상대가 특정 선택지를 선택하길 원한다면 은근슬쩍 그와 아주 비슷하지만 약간 더 '좋지 않은' 옵션을 선택지로 마련해 주는 것도 하나의 방법이다.

선택권을 쥐어 주는 진짜 목적은 따로 있다

미국의 사회심리학자 배리 슈워츠Barry Schwartz는 선택과 관련된 현상을 다룬 자신의 책《선택의 심리학》The Paradox of Choice에서 이렇게 말했다.

"지나치게 많은 선택권은 대개 불행으로 이어지며, 이는 아예 결정하지 못하게 만드는 원인이 되기도 한다."

앞서 살펴봤듯이 무수히 많은 선택지가 오히려 선택의 의욕을 꺾을 수도 있다는 얘기다. 큐레이션해서 선택권을 고객에게 넘긴다는 것은 고객이 보다 '적극적으로' 의사 결정에 참여하도록 독려한다는 것을 의미한다.

실제 인간은 자신이 선택한 것을 그렇지 않은 것보다 더 긍정적으로 생각하는 경향이 있다. 예를 들어 당신이 1년 전 종신 보험에 가입했다고 가정해 보자. 1년의 시간이 지난 지금, 갑자기 보험료를 내기 버거울

정도로 경제적 형편이 어려워졌다면 다음 중 어떤 계약 건을 그나마
더 유지하고 싶을까?

- A: 보험 설계시가 전적으로 선택해서 설계해 준 계약
- B: 당신이 고민하여 스스로 선택한 계약

당연히 당신은 스스로 선택한 것에 더 애착을 보이고 책임을 지려고
할 것이다. 역으로 당신이 보험 설계사라면 똑같은 상품을 팔아도 고객
이 스스로 선택했다고 느낄 수 있도록 선택권을 넘겨주어야 한다는 뜻
이다.

"고객님께 필요한 보장 내역을 위주로 뽑아 봤습니다. 보험료와
보험금을 어떻게 설계하느냐에 따라 약간씩 다른 세 가지 제안
이 적합해 보입니다. 설계사로서의 제 역할은 여기까지입니다.
가장 중요한 것은 고객님의 선택입니다. 제가 약간의 조언을 드
릴 수는 있지만, 고객님의 상황을 가장 잘 이해하고 있는 사람
은 바로 고객님 본인이므로 직접 선택하는 것이 좋습니다. 다만
제가 최선을 다해 뽑아 드린 선택지니 세 가지 중 어떤 것을 선
택하셔도 후회하시지는 않을 겁니다."

세일즈에만 국한되는 이야기가 아니다. 친구에게 저녁 메뉴를 권하
든, 상사에게 기획안을 보고하든 모두 마찬가지다. 언제나 상대에게 선

택의 기회를 만들어 주어야 한다. 그 선택을 책임진 상대는 이후 자신의 선택에 적극적으로 개입하게 될 것이다. 혹여라도 마음에 안 드는 저녁 메뉴를 선택했어도 맛있다며 잘 먹을 것이고, 제안서상의 프로젝트가 실패하지 않도록 물심양면으로 당신에게 지원을 아끼지 않을 것이다. 세일즈도 마찬가지다. 선택권을 넘기는 세일즈 화법은 고객의 적극적인 개입을 이끌어 내 선택을 신속하게 내리게 하는 방법이다.

결정을 부르는 말은
따로 있다

금융 관련 기업 직원들을 대상으로 세일즈 강의를 할 때, 가장 많이 받는 질문 중 하나가 '선택을 미루는 고객'에 대한 고민이다. 고객을 설득하기 위해 열심히 상품을 소개해도 정작 결정적인 순간에 이르면 고객은 선택을 미뤄 버린다. 한번 선택을 미룬 고객이 다음에 다시 찾아와 당신을 찾을 가능성은 매우 낮다. 말이 좋아 미루는 것이지 사실은 거절이나 다름없는 것이다. 그러자니 그 고객을 아예 거절 고객으로 분류해 관리하기도 애매모호하다며 울상을 짓는 청중이 있었다. 만약 '거절'의 우회적 표현이 '미루기'라면 더 이상 고객이 선택을 미루지 않도록 막해야 한다

왜 '지금' 선택해야 하는지 설명하라

홈쇼핑 방송을 보다 보면 가끔 매진이라는 자막이 뜨면서 쇼호스트들이 들뜬 목소리로 준비한 모든 수량이 매진되었음을 알려 온다. 홈쇼핑의 매진은 진짜일까 아니면 하나의 쇼일까? 많은 사람이 '에이, 설마… 매진은 무슨 매진, 그저 꼼수겠지'라고 생각한다. 결론부터 말하자면 홈쇼핑에서 매진이라고 하면 진짜 매진이다. 요즘처럼 감시가 사방에서 이뤄지는 시대에 방송에서 거짓을 말한다는 건 있을 수 없는 일이다. 만약 거짓으로 매진인 척했다면 해당 방송 관계자들은 몽땅 쇠고랑을 차야 할지도 모른다.

물론 해당 상품을 제조하는 공장의 창고에 가면 재고가 수북하게 쌓여 있을 것이다. 방송에서 말하는 매진이란 약속한 방송시간 동안 판매하기로 한 수량을 다 팔았음을 의미한다. 방송 시작 전에 상품 수급을 담당하는 MD가 '준비 수량 1만 세트'라고 정확하게 방송 시스템에 수량을 입력한다. 그리고 그렇게 준비했던 1만 세트의 수량이 한 시간의 방송 시간 내에 모두 팔리면 고객에게 매진임을 알릴 수 있다.

그러면 왜 굳이 사전에 준비 수량을 정해서 방송을 하는 것일까? 더 많은 매출을 올릴 수 있음에도 제한된 수량이 매출의 족쇄가 될 것만 같다. 쇼호스트들이 목소리 높여 연기하듯 '안타까운 매진 사태'가 벌어지지 않도록 사전에 수량을 넉넉히 준비해서 많이 팔면 훨씬 더 이익을 낼 수 있지 않을까? 여기에는 두 가지 이유가 있다.

첫째, 매진된 방송을 본 고객에게 '잠재적 상실감'(원래 내 것은 아니었으나 그것이 누군가의 소유가 되는 순간 느끼는 감정)을 선사하기 위해서다. 방송 상품을 사기 위해 고민했거나 과거에 조금이라도 상품에 관심이 있던 고객이 매진 방송을 보게 되면 '아, 나도 얼른 살 걸' 하고 후회하게 마련이다. 그 감정을 좀 더 들여다보면 거기에는 '그건 내 건데'라는 감정이 자리 잡고 있다. 그리고 '그건 내 건데'라는 감정의 밑바닥에는 '아, 빼앗겼다' 하는 상실감이 자리하고 있다. 마치 내가 구입해서 누려야 할 상품의 고귀한 가치를 누군가에게 억울하게 빼앗긴 듯한 상실감을 느낀다는 뜻이다.

물론 매진된 상품이 꼭 그 고객의 것이 되어야 할 이유는 전혀 없다. 하지만 매진으로 인해 고객이 느끼는 잠재적 상실감은 잠시 뒤 후회의 감정으로 변해 몰려온다. 이 감정은 나중에 같은 기회가 왔을 때 그 상품을 갖고자 하는 강한 열망으로 변할 확률이 높다. 홈쇼핑사의 입장에서 또다시 동일한 방송을 내보낼 때 고객의 구매 동기를 유발할 수 있는 것이다.

둘째, 뜨거운 반응을 불러일으키기 위해서다. 홈쇼핑 방송에서 준비 수량을 명확히 제시하지 않고 방송한다면 어떻게 될까? "많이 준비했으니 여유를 갖고 천천히 사세요"라고 말한다면? '주문 콜 그래프'의 반응은 당연히 미지근할 수밖에 없다. 반대로 방송 종료시간을 정확히 알려 주고 오른쪽 하단에 깜빡거리는 타이머를 보여 주며 쇼호스트가 목에 핏줄을 세워 가며 긴박하게 말한다면? "남아 있는 수량이 몇 개 되지 않는다."라는 멘트에 고객은 자신도 모르게 전화기를 들게 된다.

쇼호스트 시절, 후배들이 비법을 물어보면 이렇게 말해 주었다.

"아마추어는 이 상품이 왜 좋고 왜 사야 하는지에 대해서만 이야기한다. 하지만 프로는 그와 함께 왜 꼭 '지금' 사야 하는지를 말한다. 결국 프로는 딱 두 가지를 생각하며 방송에 임해야 한다. 첫째는 '왜 사야하는지'이고 둘째는 '왜 지금 사야 하는지'이다."

세일즈의 아마추어는 왜 사야 하는지만 설명하며 고객 앞에서 목에 핏대를 세운다. 반면 프로는 쉽게 핏대를 세우지 않는다. 다만 고객이 왜 '지금' 이 상품을 선택해야 하는지를 함께 말한다.

홈쇼핑에서는 시간이 생명이다. 1분의 시간 동안 적게는 몇백 만원, 많게는 몇천 만원의 매출이 결정된다. 결국 정해진 시간 내에 얼마만큼 많은 매출을 올리느냐가 관건이다. 상품 전문가인 MD든, 방송 전문가인 PD든, 세일즈 화술 전문가인 쇼호스트든 주문 그래프에 찍힌 숫자로 실력을 인정받는다. 시간을 강조하는 세일즈 화법의 힌트를 얻고 싶다면 지금 당장 홈쇼핑 채널을 돌려 보시라. 무수히 많은 시간의 단서를 발견할 수 있을 것이다. 이를테면 구매 조건이 좋다는 것을 강조하는 '5월 중 오늘까지만', '단 하루 특별 구성', '다음 방송 가격 인상 확정', '특별 사은품은 오늘까지만' 등을 발견할 수 있다. 이뿐만이 아니다. '졸업·입학 시즌을 맞아', '겨울이 오기 전', '휴가를 대비해', '크리스마스 전', '월드컵 시작 전'같이 고객이 방송을 보고 있는 이 시간이 구입의 최적 시기임을 강조하는 문구도 등장한다.

고객에게 '왜 지금?' 선택해야 하는지를 말하라. 고객은 결정 장애와 선택 미루기의 달인이다. 하지만 그건 고객의 '잘못'이 아니라 당연한 '권리'다. 이걸 인정할 때 프로 세일즈맨으로 거듭날 수 있다.

바로 '지금' 선택하게 만드는 세 가지 키워드

지금 손가락을 쫙 펴 보자. 세상에는 다섯 가지 성질을 보이는 사람들이 딱 그 손가락의 길이만큼 존재한다고 한다. 엄지는 특질, 검지는 고질, 가운데는 평질, 약지는 저질 그리고 새끼손가락은 악질이다. 사람들은 그렇게 뒤섞여 있다. 관심법觀心法 도사가 아닌 이상 겉으로만 봐서 상대의 내면을 속속들이 알 수 없다. 고객도 마찬가지다. 눈앞에 있는 그의 감정을 면밀히 들여다보기는 어렵다. 하지만 그럼에도 그 감정을 공략할 요령은 존재한다고 믿는다. 이제부터 이야기할 세 가지 키워드는 당신의 세일즈 성과를 올릴 수 있는 특별한 요령들이다. 선택을 미루는 고객을 잡아 둘 소중한 키워드이니 꼭 익혀서 현장에서 써먹을 수 있기를 바란다. 물론 어떤 키워드에 고객이 격하게 반응할지는 알 수 없다. 하지만 적어도 당신이 준비한 세 가지 키워드로 해결의 실마리를 찾을 수 있다.

고객의 선택 미루기를 차단하면서 '지금' 선택하게 만드는 강력한 키워드는 세 가지다. 바로 수량(수), 혜택(돈), 시기(때). 이 세 가지는 오늘 당장 당신이 세일즈 현장에서 써먹어야 하기에 유치하나마 일단 외워 보자. '수, 돈, 때.' 영어 문법을 공부하며 숱하게 들었던 '수동태'를 떠올리면 이 키워드가 금세 머릿속에 들어올 것이다.

예를 들어 당신이 화장품을 판매해야 한다고 가정해 보자. 당신의 설명을 듣고 나 고객이 곧바로 선택하지 않는다. "다음에 다시 올게요" 라고 말한다면? 즉각 '수돈때'를 떠올려 다시금 '왜 지금 선택해야 하는

지'를 설명해야 한다.

수량(수)

아, 안타깝게도 지금 남아 있는 제품이 몇 개 없네요. 오늘 하루 팔린 개수를 생각하면 내일까지 남아 있을 거라 보장할 수 없습니다. 보셨던 제품이 워낙 인기가 많아 수요를 따라가기가 힘듭니다. 수량이 별로 없으니 제품이 괜찮다고 생각된다면 지금 선택하세요.

혜택(돈)

구매하신 분들께 오늘까지만 사은품을 드리고 있습니다. 정품 용량에 버금가는 멋진 사은품입니다. 사은품도 좋은 데다가 오늘이 한시적으로 진행되는 가격 이벤트의 마지막 날이라, 내일부터는 가격이 오릅니다. 하루 차이로 이 모든 혜택이 사라지는 게 너무 속상합니다. 지금 구입하세요.

시기(때)

요즘처럼 건조한 시기에는 유수분 밸런스가 매우 중요합니다. 잘 아시겠지만 피부는 망가지기는 쉬워도 복구하기는 굉장히 어렵지요. 기상청에서 계속 건조 주의보를 발령하고 있던데 이 제품은 집중 관리가 필요한 지금 같은 시기에 딱입니다. 하루라도 빨리 피부의 보호 장벽을 만들어 주셔야 됩니다.

'왜 지금 선택'을 설명하는 또 다른 예를 보자. 이번엔 의자다.

수량(수)

요즘 국제적 상황 때문에 원자재 수급이 어려워 공급이 원활치 않습니다. 지금 본사에조차 남아 있는 재고가 별로 없습니다. 저희 매장에도 지금 딱 하나 남았습니다. 더 미루시면 안 됩니다.

혜택(돈)

오늘 구매하면 한시적 할인가를 적용받아 최저가격으로 구매할 수 있습니다. 저희 제품은 본래 할인을 하지 않기로 유명합니다. 오늘이 지나면 다시 원래의 가격으로 돌아가지요. 여기에다 오늘은 아이들이 좋아하는 캐릭터의 쿠션을 사은품으로 챙겨 드리는 마지막 날입니다.

시기(때)

조금 있으면 아이들 방학 기간이죠. 집에서 의자에 앉아 있는 시간이 확 늘어납니다. 요즘 아이들이 겉보기엔 키도 크고 건강해 보이지만 알게 모르게 척추측만증으로 허리 통증을 호소하더라고요. 한 살이라도 어릴 때부터 바른 자세 습관을 들이는데 이 의자만한 것이 없습니다. 더 늦기 전에 열심히 공부하려는 자녀의 허리를 보호해 주세요.

이번엔 보험 상품이다.

수량(수)

사실 저는 우리 회사에서 실적도 가장 좋고 또 고객으로부터 신뢰받는 설계사 중에 하나입니다. 제 나름의 영업 철학이 있다면 한 달에 딱 정해 놓은 만큼만 신규고객을 받자입니다. 고객을 보다 철저히 관리하고 우수한 서비스를 제공하기 위한 제 나름의 규칙입니다. 이달의 제 마지막 고객이 되어 주십시오.

혜택(돈)

다음 달에 보험업 법이 바뀔 예정이라 기존에 나와 있는 보장 내역은 이번 달까지 가입하는 고객에게만 적용됩니다. 이번 달을 놓치면 지금과 같은 혜택을 받기가 어렵습니다. 보험료가 인상되고 보장이 축소되기 전에 가입하십시오. 다음 달만 돼도 분명 이번 달에 가입하길 잘하셨다는 생각을 하실 겁니다.

시기(때)

아이들은 그야말로 콩나물 자라듯 쑥쑥 자라지요. 고등학교 진학하면 더 많은 돈이 들어가고요, 대학 진학할 때쯤 되면 부모 허리는 더 휘어 갑니다. 어차피 가입하셔야 할 보험이라면 경제적으로 조금 더 여유 있을 때 시작하셔야 합니다. 겨울 전에 구스다운을 구입하듯 미리 가입하세요. 미루시면 늦습니다.

이 세 가지 키워드는 고객의 선택을 앞당길 수 있다. 당신이 이 세 가지의 개념을 충분히 이해했다는 가정 하에 질문을 하고 싶다.

"세일즈의 고수는 이 세 가지 키워드 중 어떤 키워드를 즐겨 활용할까?"

정답은 '수, 돈, 때' 세 가지 모두다. 수많은 세일즈맨들을 코칭하며 발견한 사실이다. 세일즈 경험이 많지 않은 초보는 '수'와 '돈'만을 가지고 고객을 설득한다. 하지만 세일즈의 고수는 '수'와 '돈'과 '때'를 함께 활용한다. '수'와 '돈'은 세일즈맨이 어찌할 수 없는 외부적 조건이다. 이미 정해져 있기에 활용하기가 자유롭지 않다. 또 내가 아닌 다른 경쟁 상대도 할 수 있는 말이다. 반면 '때'는 내가 어떻게 활용하느냐에 따라 얼마든지 다양한 화법이 가능하다. 세일즈의 초보들이 외부적 환경을 탓하며 손을 놓고 있을 때 고수들은 그럼에도 불구하고 '때'라는 키워드를 활용하여 고객을 설득해 낸다.

아래의 빈칸에 왜 고객이 당신의 상품을 '지금' 선택해야 하는지에 대해 정리해 보라. 세 가지면 충분하다.

- 수: _____
- 돈: _____
- 때: _____

'왜 지금' 선택해야 하는가를 설명할 수 있다는 건 세일즈 클로징 단계에서 강력한 한 방을 날릴 수 있다는 뜻이다. 세일즈 화법이 면도 거품이라면, '왜 지금'을 이야기하는 화법은 면도칼이다. 실컷 거품만 발라 놓고 면도칼을 들이대지 못하는 건 아마추어다. '수, 돈, 때' 이 세 가지 키워드로 당신만의 날카로운 면도칼을 준비해야 한다.

두 번째, 거부하는 고객

"그런데 그건 아니지 않나요?"

남의 남편은 장점부터 보이지만 내 남편은 단점부터 보인다. 남의 며느리는 장점부터 보이지만 내 며느리는 단점부터 보인다. 같은 사람을 보는 시각조차 처해 있는 상황에 따라 다르게 해석된다. 상품을 대하는 세일즈맨과 고객의 상황도 마찬가지다. 세일즈맨에게는 상품의 장점부터 보이지만 고객은 상품의 단점부터 보는 법이다. 여기서 다룰 고객의 두 번째 감정은 일단 선택하려는 상품이 가지고 있는 단점부터 꼬집어 내려는 요상한 마음이다.

만약 당신의 상품이 한 시간을 떠들어도 모자랄 정도로 장점만으로 똘똘 뭉쳐 있다면 이 부분은 그냥 넘겨도 좋다. 하지만 당신의 상품에 소소한 단점이 하나라도 있다면 눈여겨봐야 할 것이다. 우리 말은 '아'

다르고 '어' 다르다. 단점조차 어떻게 포장하여 세일즈 화법을 던질지 깊이 고민해 봐야 한다. 감추고만 싶은 그 단점이 오히려 세일즈의 강력한 무기가 될 수도 있다.

단점을 설명하라

단점을 굳이 노출할 필요가 있을까? 내 경험을 토대로 보건대, 노출하는 쪽에 한 표를 던지고 싶다. 물론 굳이 노출하지 않아도 좋은 경우도 있다. 어떤 상황일까? 이를테면 상품을 선택하는 고객이 내일 머나먼 해외로 이민을 간다고 한다. 더구나 영원히 돌아오지 않을 계획이다. 게다가 이민을 가는 곳에는 인터넷 같은 사회적 연결망이 전무하다. 이런 경우라면 굳이 단점을 노출하지 않아도 괜찮다.

그렇지 않다면 단점까지도 소개하는 배짱과 용기를 발휘하는 것이 낫다. 아무리 사소한 것이라도 당신이 단점을 쏙 뺀 채로 이야기했는데, 고객이 상품을 선택한 후 시간이 지난 어느 날 고객이 이 사실(단점을 쏙 빼고 설명한 것)을 알게 됐다면 치명적인 결과를 불러올 수도 있다. 고객이 판단하기에 인격적 신뢰의 문제이기 때문이다. 신뢰에 금이 가면 어지간한 노력으로는 회복하기 어렵다. 사소한 단점일지언정 내가 사전에 설명하지 않았고 구입 후에 고객이 발견하는 순간, 그 사소한 단점은 치명적 단점으로 부풀려진다. 예를 들어 노트북 USB 단자가 이전 모델에 비해 하나가 줄어들어 세 개밖에 없다는 사실을 고객에게 설명하지 않았다면 고객은 어떻게 느낄까? 사실 노트북 USB 단자를 한꺼번에 네 개 이상 쓰는 사람은 별로 없다. 세 개면 충분하다. 그럼에도 세일즈맨이 미리 알려 주지 않았다는 것을 나중에 고객이 알게 되는 순간 크나큰 배신감에 치를 떨지도 모른다. 그런 맥락에서 단점은 미리 설명하는 것이 낫다.

보통 자기소개서를 쓸 때, 면접을 볼 때, 선을 볼 때, 중요한 계약 건을 성사시키기 위해 미팅을 할 때 사람들은 온통 자신 혹은 자신의 제안이 갖고 있는 장점만 늘어놓는다. 혹시 그런 자리에서 상대의 반응을 유심히 살펴본 적이 있는가? 장점만 늘어놓는 일장 연설에 상대가 보이는 반응은 딱 두 가지다. '그래, 너 잘났다'와 '도저히 믿을 수 없다'이다. 일을 성사시켜 보겠다는 욕심이 우리의 판단력을 흐리게 만든 경우다. 많은 사람이 '빛 좋은 개살구', '보기 좋은 떡이 늘 먹기 좋은 것은 아니다', '의심은 현대를 살아가는 우리에게 가장 필요한 덕목이다' 등의 말에 동의한다. 그러니 어찌 당신이 말하는 상품의 장점을 고객이 있는 그대로 순수하게만 봐 주겠는가?

오히려 감추고 싶은 단점에서 실마리를 찾아보라. 열 가지 장점을 말하고 싶을 경우, 침을 튀겨 가며 무작정 열 가지 장점을 한꺼번에 쏟아낼 것이 아니라 마지막 열 번째에 과감하게 단점을 노출하면 상대의 반응은 이전과 사뭇 달라질 것이다. '어? 단점도 이야기를 해 주네? 이 세일즈맨은 거짓말하지 않는 걸 보니 믿을 만하군' 하고 말이다.

《황금사과》The Golden Apple의 저자로 심리학자인 캐시 애론슨Kathy Aaron-son의 연구에 따르면, 사람들은 실력 있는 사람을 좋아하긴 하지만 너무 완벽한 사람보다는 약간 빈틈이 있는 사람을 더 좋아한다고 한다.

연구를 위해 애론슨은 사람들에게 다음의 네 가지 유형을 제시하고 이 중 가장 비호감인 사람과 가장 호감이 가는 사람을 각각 한 명씩 뽑아 달라고 부탁했다.

- A: 실력이 부족한 사람
- B: 실력이 부족하면서 가끔 실수를 저지른 사람
- C: 실력이 뛰어난 사람
- D: 실력이 뛰어나면서 가끔 실수를 저지른 사람

그 결과 가장 비호감인 사람은 B였고, 가장 호감이 가는 사람은 D였다. 이 결과는 사람들이 실력을 갖추고도 가끔은 실수를 해서 빈틈(단점)을 보이는 사람에게 호감을 보인다는 것을 의미한다. 이는 너무 잘난 남자 혹은 너무 완벽한 여자보다는 모성 본능을 자극하는 남자와 보호 본능을 자극하는 여자가 인기를 끄는 이유를 설명해 준다. "당신은 참 인간적이야."라는 주변의 평가에 불같이 화를 내는 사람은 없다. 살다 보면 실수할 수도 있다. 그게 더 인간적이다. 팔다 보면 단점이 있을 수도 있다. 그게 더 인간적이다.

단점으로 암시 걸기

의도적으로 단점을 노출하는 세일즈 화법은 고객이 스스로에게 암시를 걸게 도와준다. 예를 들면 이렇다. 자동차 전시장을 찾은 고객에게 세일즈맨이 장점을 이야기한 후 말미에 이렇게 덧붙인다. "하지만 고객님, 다 좋은데 보시는 이 차는 자칫 디자인이 조금은 밋밋해 보일 수도 있습니다."

이때 고객의 뇌 속을 들여다보면 이렇게 스스로에게 암시를 걸 수도 있다.

'자동차의 디자인이 밋밋해 보일 수 있다고? 뭐야, 단점을 이렇게 솔직히 이야기해 주다니. 참 진실된 세일즈맨인 것 같군. 하긴 모든 차가 다 화려할 필요는 없지. 밋밋하다는 건 결국 그만큼 무난하다는 것 아닐까? 디자인이 무난하니 오래 타도 질리지도 않을 테고, 게다가 중고차로 되팔 때도 큰 무리 없이 제값 받고 팔 수 있다는 거 아냐? 생각해 보니 밋밋한 게 단점이라고만 볼 수는 없겠군. 오히려 난 밋밋한 게 좋은 거 같은데?'

이처럼 사소한 단점을 고객에게 털어놓는 것은 고객의 평가 방식까지 바꿔 놓을 수 있다. 그런데 왜 100퍼센트 완벽하다고 주장하기보다 약간의 단점을 노출했을 때 고객의 신뢰도가 더 높아지는 걸까? 많은 광고학자들의 공통적인 연구 결과에 따르면 여기에는 대략 세 가지의 이유가 있다.

첫째, 약점(단점)을 공개하는 상대를 객관적이라고 평가한다. 둘째, 약간의 단점을 알면서도 그 제안을 받아들인다는 것은 자신이 수준 높게 꼼꼼히 판단하고 분석했다는 것을 의미하므로, 고객 스스로 우월감을 느끼게 만든다. 셋째, 상대가 말하는 다른 내용에도 신뢰를 보내게 된다.

결국 감추고만 싶었던 단점은 오히려 장점을 무한 신뢰하게 만드는 무기로 작용할 수 있다. 단점까지 끄집어냈을 때 고객은 오히려 스스로에게 암시를 건다. 단점은 감춰야만 하는 대상이 아니다. 오히려 세일즈맨의 신뢰를 보여 줄 수 있는 무기라는 것을 기억해야 한다.

당신의 고객은 생각보다 의심이 많다. 사소한 것 하나라도 뭔가 감추려는 듯한 인상을 받는 순간, 고객은 당신을 믿지 못한다. 만약 사전에 설명하지 않은 상품의 단점을 고객이 먼저 발견하면 그것은 되돌리기 힘든 치명적 결함이 되고 만다. 그렇지만 당신이 먼저 공개할 경우, 그 단점은 오히려 신선한 무기가 될 수도 있다.

그래도 자폭은 금물

단점까지도 노출하는 용기를 발휘하는 세일즈맨은 고객의 마음을 얻을 수 있다. 그렇다고 초장부터 단점을 언급하라는 것은 아니다. '단점도 말해야 한다'는 것에 심취한 나머지, 개중에는 앞뒤 연결을 싹둑 잘라 내고 단점 그 자체에만 집중하는 경우도 있기 때문이다. 이건 그냥 '자폭'이다.

단점을 노출하면서도 기대하는 효과를 얻으려면 약간의 전략이 필요하다. 단점도 노출하되 긍정적으로 포장하는 것이다. 일단 내 상품의 단점을 객관적 시각으로 들여다보라. 그런 다음 그 단점을 가볍게 건드리되 그것이 오히려 다른 장점이 될 수도 있음을 보여 주어야 한다. 고객은 상품을 통해 달라질 긍정적 미래를 기대하지, 그걸 통해 최악의 상황으로 치닫기를 기대하지는 않는다. 결국 관건은 화법이다. 어떻게 말하느냐에 따라 당신이 호기롭게 꺼낸 단점도 고객이 느끼기에 장점으로 승화시킬 수 있다.

세상에 존재하는 모든 것은 단점과 장점을 고루 갖추고 있다. 다만 어디를 집중해서 보느냐에 따라 한쪽이 도드라져 보이는 것일 뿐, 온전히 단점만 있는 것도, 장점만 갖춘 것도 없다. 그러므로 단점은 인정하되 장점을 부각시키는 화법으로 둘을 결합해야 한다.

샴푸를 샀다고 가정해 보자. 뽀글뽀글 거품이 나야 머리를 감는 맛이 나는데 어찌된 일인지 당신이 선택한 샴푸는 아무리 비벼도 거품이 별로 나지 않는다. 거품도 잘 나지 않는 샴푸지만 긍정의 렌즈로 다시 한번 들여다보라.

"음, 거품이 많이 나지 않는 걸 보니 그만큼 천연 성분이고 계면활성제가 덜 들어갔겠군. 헹구기도 쉽고."

긍정의 렌즈만 준비한다면 상품의 단점을 인정하면서도 장점을 부각시킬 방법은 얼마든지 찾을 수 있다.

- 휴대전화 단말기 화면이 작아서 불편한가요? 휴대하기는 간편합니다.
- 음식점 메뉴가 단출해서 불만인가요? 전문화되어 있다는 의미입니다.
- 말이 많다고요? 다양하게 표현할 줄 아는 것입니다.
- 쫀쫀하다고요? 꼼꼼하고 세심한 것입니다.

- 냉정하다고요? 맺고 끊는 것이 확실한 겁니다.
- 겁이 많습니까? 조심성이 많은 겁니다.

다시 한번 강조하지만 자폭은 금물이다. 단점조차 전할 수 있는 배짱과 그 단점조차 장점으로 승화시킬 수 있는 긍정의 렌즈라면 당신의 세일즈 화법은 고객의 신뢰를 얻을 수 있다.

단점 노출에도 순서가 있다

이제 단점도 설득력을 높여 주는 무기가 될 수 있음을 알았다. 딱 한 가지만 더 주의해 주시길. 바로 단점을 노출하는 순서다. 먼저 다음의 문장을 읽어 보면서 어떤 사람이 당신에게 더 매력적으로 보이는지 생각해 보라.

- 그 친구는 일은 참 잘하는데, 술을 너무 많이 마셔.
  → 일을 잘한다는 것보다 술을 너무 많이 마신다는 이미지가 강하게 남아 기대감이 거의 없다.
- 그 친구는 술을 너무 많이 먹긴 하는데, 일을 참 잘해.
  → '세상에 단점이 없는 사람이 어딨어?' 하며 일을 잘한다는 쪽에 집중해 어느 정도 기대감을 갖게 된다.
- 와! 새로 산 냉장고가 품질은 좋은데, 너무 비싸.
  → 품질이 좋다는 장점보다 비싸다는 단점을 더 오래 기억하

게 된다.

- 와! 새로 산 냉장고가 비싸긴 한데, 품질이 아주 좋아.

  → 비싸다는 단점보다 품질이 좋다는 장점을 더 오래 기억하

  게 된다.

똑같은 내용을 단순히 순서만 바꿔 놓은 것뿐인데 다르게 느껴진다.

당신이 전략적으로 단점을 노출할 계획이라면 마무리는 단점으로 끝내서는 안 된다. 항상 마무리는 장점으로 끝맺어야 한다. 우리 뇌에는 잔상 효과殘像效果가 있다. 시간적으로 가장 최근에 듣거나 경험한 내용을 뇌가 더 오랫동안 기억하는 특성을 말한다.

단점을 노출하는 것은 훌륭한 무기가 될 수 있다. 그러나 단 하나 '장점-약간의 단점-장점'의 순으로 샌드위치를 만들어 구사해야 함을 기억하길 바란다.

공감하라,
고객 마음의 빗장이 풀린다

삼성전자를 대표해 해외법인에 자사의 전자기기를 세일즈하는 전문 프레젠터들을 대상으로 강의를 진행한 적이 있다. 먼저 이론 강의를 마친 뒤 담당자들의 PT를 개별적으로 점검하기 위해 '모의 PT'를 진행했다. 그중 한 분의 발표가 끝나자 이어진 질의응답 시간, 그분을 향한 다분히 공격적인(?) 질문이 나왔다.

"○○ 부분에 이런저런 문제가 있지 않나요?"

공격을 받은 발표자는 질문을 받자마자 상대에게 즉각 카운터펀치를 날렸다.

"그건 현실을 고려하지 않은 지적입니다. 그럴 줄 알고 미리 관련 데이터를 준비했습니다. 자, 보시죠!"

짝짝짝! 발표자의 카운터펀치가 질문자의 관자놀이를 강타하자 여기저기서 통쾌하다는 의미의 박수가 쏟아졌다. 발표자의 답변은 논리적으로 타당했다. 이성적으로도 충분히 납득할 만했다.

그렇다면 이 상황이 모의 PT가 아닌 실전이었다면 그 발표자는 원하는 목적, 즉 수주 계약 등에 성공할 수 있었을까? 아마 그렇지 않았을 것이다. 모의 PT에선 다행히도 발표자가 예상한 범주 내의 질문이라 반박 데이터가 효과를 발휘했지만, 만약 한 치라도 빈틈을 드러낼 수밖에 없는 질문이었다면 역전승은커녕 분명 KO패를 당했을 것이다. 더 흥미로운 사실은 한 치의 빈틈도 없이 완벽한 카운터펀치를 날려 KO승을 한 발표자는 결과적으로 판정패를 당할 수도 있다는 것이다. 판정패를 당한 발표자는 '왜 내가 진 거지? 분명 KO승을 거뒀는데…'라며 억울해할지도 모른다. 무엇이 문제였을까?

3F로 받아치는 공감 세일즈 화법

노련한 권투 선수는 경기를 치르기 전, 상대를 끊임없이 연구한다. 상대 선수의 경기 영상을 수백 번 넘게 돌려 보며 치밀하게 분석한다. 분석 결과 자신이 월등히 낫다고 판단하면 경기를 질질 끌지 않고 한 방에 KO승을 거둘 기회를 노린다. 반면 실력 차이가 크지 않거나 대등한 상대라면 판정승을 염두에 두고 경기를 이끌어 간다.

그러나 설득이라는 최종 결과를 목표로 고객과 한판 승부를 벌이는 당신은 권투 경기와 달리 무작정 KO승을 노리면 안 된다. 판정승도 준비해야 한다는 뜻이다. 아무리 유리한 고지를 점령하고 있어도 고객의 반박에 카운터펀치를 날려서는 안 된다. 적어도 맞아 주는 척이라도 해야 한다. 한마디로 '지는 것이 곧 이기는 것'이라는 말을 마음에 새겨야 한다.

당신의 카운터펀치가 고객의 관자놀이를 강타하면 순간적으로는 쾌감이 느껴질지 모르지만 결과적으로는 지는 거다. 고객의 감정에 커다란 생채기를 남기기 때문이다. 이런 일을 피하려면 고객의 펀치(반박)를 부드럽게 소화하면서도 판정승을 거두는 화법을 구사해야 한다. 그 대표적인 방법이 3F, 즉 Feel(느끼다), Felt(느꼈다), Found(발견하다)이다.

- "당신이 어떻게 **느끼는지** 충분히 이해합니다."(Feel)
- "저도 그랬고 다른 분들도 대부분 그렇게 **느꼈죠.**"(Felt)
- "그렇지만 그분들도 고민해 본 다음 ~라는 것을 **발견했답니다.**"(Found)

예를 들어 보자. 먼저 고객이 당신에게 반박한다.

"좋은 건 알겠는데, 왜 이리 비싼 거죠?"

"뭐라고요! 요즘이 어떤 시대인데 그런 말씀을 하세요! 대체 언제 적 얘기를 하는 겁니까! 원자재 가격 상승 관련 기사를 보여 드리지요."

고객의 공격적인 질문 앞에서 곧바로 발끈하며 카운터펀치를 날리면 안 된다. 설령 당신의 반론이 상당히 논리적이라 해도 고객이 머리로는 'Yes'라고 할지언정 감정은 'No'라고 외칠 수 있다.

'그래, 잘났다. 네 말이 맞긴 하지만 별로 동의하고 싶지가 않네.'
그러면 이것을 3F에 맞춰 바꿔 보자.

- Feel: "고객님께서 비싸다고 느끼시는 거 충분히 이해합니다."
- Felt : "저도 그랬고 다른 분들도 대부분 처음에는 비싸다고 느꼈습니다."
- Found : "그렇지만 이 상품은 한번도 써 보지 않은 분은 있어도 한 번만 써 본 분은 없는 상품입니다. 한 번 구매한 분들은 꼭 재구매를 합니다. 처음에 느꼈던 금액 부담이 중요한 게 아니라 쓰면서 누리는 가치가 훨씬 더 중요하다는 걸 발견하더라고요."

보다시피 고객의 공격적인 반박에 기분 나쁘게 날을 세우지 않으면서도 할 말은 다 하고 있다. 이것이 현명한 자세다. 상대방이 송곳으로 꾹 찌르면 부드럽게 모포로 감싸야지 방패로 막아 쨍 소리가 나게 하면 곤란하다. 해야 할 말을 충분히 하면서도 고객의 감정을 부드럽게 감싸 주는 것이 곧 지혜로운 세일즈 화법이다.

왜 3F가 통하는가

세일즈를 업으로 삼은 사람들이 가장 두려워하는 것은 고객의 거절이다. 반면 고객은 진정성 없는 세일즈맨을 만나 혹시 잘못된 선택을 하지는 않을까 늘 두려워한다. 그러한 위험을 최소화하기 위해 고객의 입장에서 선택하는 방법 중 하나가 타인들의 선택을 참고하는 것이다. 인터넷 쇼핑몰들이 상품 후기와 댓글에 엄청나게 공을 들이며 신경 쓰는 이유도 여기에 있다. 심지어 그것은 상품의 생명을 좌우하기도 한다.

나 역시 처음 가는 식당에서는 종업원에게 먼저 이렇게 묻는다. "사람들이 무얼 많이 먹나요?", "이 집은 뭐가 유명합니까?"라고. 분명 선택의 주체는 나지만 우리는 늘 타인의 선택을 참고하면서 자신이 내릴 선택에 따른 실패의 두려움을 최소화하고자 한다.

혼란스러운 상황에 놓일 때, 사람들은 흔히 세 가지를 고민한다.

- A: 나는 누구인가?
- B: 이것은 어떤 상황인가?
- C: 다른 사람들은 이런 상황에서 어떻게 행동하는가?

A와 B는 충분히 이해가 가지만 C는 좀 의아하지 않은가? 혼란을 겪는 사람은 정작 나인데, 나의 판단 기준을 타인에게서 찾으려고 한다. 3F 화법이 통하는 이유가 바로 여기에 있다.

'어, 그래? 남들도 그렇게 느끼고 또 그런 걸 발견했다는 말이지?'

이러한 생각은 불안해하던 고객의 마음에 안정과 평안을 선물한다. 그러면 공격적이던 고객의 질문은 한결 부드러워진다. 적어도 나만 동떨어진 판단을 내리는 건 아니라는 안도감이 공격적인 질문의 날을 무뎌지게 만드는 것이다.

요즘은 물건을 구입할 때 인터넷을 검색하지 않는 사람이 드물다. 어떤 물건이든 추천을 바란다는 질문도 상당히 많이 올라온다. 그리고 가능하면 남들 역시 많이 선택한 것을 선택하려는 경향이 있다. 선택을 앞두고 타인의 판단이나 대세를 추종하고자 하는 고객의 마음이 그대로 보인다. 고객의 감정을 공략하려거든, '다른 사람들도'라는 화법을 활용하라. 혈혈단신 고객과 맞짱을 뜨느라 고생하지 마라. 다수의 타인이라는 든든한 지원군을 등에 업고 고객에게 팔아라. 그게 세일즈의 지름길이다.

이러한 인간의 당연한 심리는 세일즈 화법의 서두에서도 충분히 활용할 만한 가치가 있다.

- "다 알고 계신 사실이겠지만"
- "고객님께서도 이미 들어 보셨겠지만"
- "이건 굉장히 유명해서 이미 알고 있으시겠지만"
- "꼬맹이들도 다 아는 얘기라 또 말씀드리기 그렇지만"
- "고객님 정도 사회생활을 하신 분들이라면 당연히 아는 얘기지만"
- "이건 업계에서 공식적으로 받아들이는 말이지만"

주변에 보면 이런 멘트로 이야기를 시작해 사람들의 관심을 끌어당기는 사람이 종종 있다 "이건 뭐, 너 정도 회사 생활 했으면 당연히 아는 공식과도 같은 얘기지만… 아, 아니다."

상대가 여기까지 말하고 입을 다물어 버리면? 듣는 사람은 정말 미칠 지경이 된다. 뒷이야기를 듣지 않으면 하루 종일 그 말이 맴돌아 다른 일에는 전혀 신경을 못 쓸 수도 있다. 남들이 다 아는 얘기를 내가 모른다는 건 있을 수 없는 일이나. 꼭 알아내고 싶은 마음이 간절해진다.

그럼 실전 연습에 들어가 보자. 다음과 같은 고객의 부정적인 반응에 부딪힐 경우 어떻게 말할 것인가? 앞서 읽었던 '비유'의 개념을 활용해도 좋지만 이번에는 3F 화법으로 반론을 펼쳐 보자.

- "당장은 살 생각이 없습니다."
- "그걸 살 형편이 못 되네요."
- "너무 비싸요."
- "관심이 없어요."
- "다른 사람은 더 싸게 팔던데."
- "예산을 초과하는 가격이에요."
- "기존 상품에 아주 만족하고 있어요."
- "현재로서는 당신의 제품을 고려할 처지가 아닙니다."
- "사업이 잘 굴러가지 않아서 지금은 고려할 상황이 아닙니다."
- "이 문제는 다른 사람과 상의해 봐야 하는데 그가 현재 여기에 없습니다."
- "자료를 주면 검토해 보고 차후에 연락을 드리지요."

세 번째, 의심하는 고객

"에이, 정말 그런가요?"

기껏 설명하고 났더니 고객이 "에이, 설마요?"라고 의심한다면? 이유는 단 하나다. 당신의 말에 확신이 없기 때문이다.

쇼호스트로 근무하며 가장 즐거웠던 순간은 내 마음에 쏙 드는 상품을 판매할 때였다. 마음에 드는 상품을 판매할 때는 목소리부터가 달랐다. 여기에 더불어 매출까지 정점을 찍으면 세상을 다 가진 듯한 희열을 느꼈다. 하지만 매번 내가 원하는 상품만 팔 수는 없었다. 하루는 어느 협력사에서 ○○스네이크라는 상품을 판매해 달라고 의뢰를 해 왔다. 이름부터 수상한(?) 이 상품은 우리가 지하철 세일즈맨들에게 한 번쯤 들어 봤음직한 세면대, 배수관 등에 낀 머리카락을 빼내는 상품이었다. 유용한 상품이긴 했지만 5개들이 한 세트 가격이 무려 4

만 원에 육박했던지라 놀랄 수밖에 없었다.

'아니, 이런 물건을 홈쇼핑에서 팔겠다니! 그것도 말도 안 되는 가격으로 말이야!!'

상품으로서의 매력은 있었다. 하지만 가격을 듣고 난 후 '누가 사셨어?' 하는 의혹이 강하게 들었기에 회의감에 젖었다. 그러나 쇼호스트의 숙명은 좋든 싫든 팔아야 하는 것이다. 어쨌든 자신 없는 태도로 방송에 임했다. 내 말과 표정에 진심과 자신감이 담기지 않아서 그랬을까? 결과는 해당 연도에 진행했던 방송 중 역대 최저 매출을 기록하고 말았다. 그런 말도 안 되는 상품을 팔아 달라는 협력사도, 그 제품을 선정한 MD도 모두 원망스러웠다. 그런데 며칠 뒤, 고객 게시판에 올라온 한 편의 글이 내 마음을 후려쳤다.

"안녕하세요? 저는 경남 ○○시에 사는 ○○○입니다. 얼마 전 우연히 홈쇼핑에서 ○○스네이크라는 제품을 보고 구매했습니다. 제품이 너무 좋아 감사한 마음을 담아 이렇게 글을 남깁니다. 그동안 화장실과 세면대의 물이 내려가지 않기 일쑤라 거의 포기하고 살았거든요. 아내가 머리카락이 많이 빠지는 편입니다. 그런데 그 제품을 사용해 보니 정말 좋더라고요. 좋은 제품을 소개해 주신 홈쇼핑 관계자와 방송을 진행한 쇼호스트 분께 진심으로 감사드립니다. 앞으로도 건승하세요."

이 글을 읽고 한동안 멍했다.

나는 팔기 싫었지만 고객은 샀다. 나는 죄송해했는데 고객은 감사를 전했다. 나는 억지로 방송했으나 고객은 공짜 쿠폰이라도 얻은 것처럼 좋아했다. 그제서야 깨달았다. 나에겐 '어떤 상품이 좋다, 싫다를 구분할 자격이 없다는 것'을. 세상에는 무조건 좋은 상품도, 무조건 나쁜 상품도 존재하지 않았다. 그저 '더 많은 사람이 필요로 하는 상품'과 '더 적은 사람이 필요로 하는 상품'만 있을 뿐이었다.

그 이후 방송에 임하는 내 자세는 확연하게 달라졌다. 선입견을 가지고 미리 판단을 내려 버리면 고객의 선택 기회를 빼앗는 우를 범할 수 있다고 생각했기 때문이다. '내게는 이 상품이 좋아 보이지 않을 수도 있어. 하지만 그건 내 편협한 생각일 수 있어. 누군가에게는 꼭 필요한 상품일 거야. 이 상품으로 삶의 질을 높일 누군가가 구입해 주었으면 좋겠다.'

당신의 상품은 어떤 형태로든 고객에게 이로움을 제공하는가? 만약 이 질문에 'Yes'라고 대답했다면 더 이상 망설일 필요가 없다. 확신을 갖고 설명하라. 당신의 상품을 통해 고객이 자기의 삶을 업그레이드할 기회를 주어야 한다.

세일즈맨은 확신을 판다

똑같은 말도 표현에 따라 전해지는 감각에는 커다란 차이가 있다는 것은 누구나 알고 있다 다만 제대로 선별해서 사용하려는 노력을 하지 않아 문제가 된다. 보험쟁이와 보험컨설턴트는 다른 느낌이다. 셰이크와 스무디도 같지만 스무디가 더 맛있어 보인다. 야채가 섞인 파스타를 파스타가 아닌 샐러드라고 부르면 괜히 더 건강에 좋을 것 같다.

이왕이면 다홍치마라고 세일즈 언어는 선별해서 사용해야 한다. 만약 당신이 은연중에 다음과 같은 말을 입버릇처럼 사용하고 있다면 다시 한번 생각해 봐야 한다. 고객은 당신이 말하는 대로 받아들이니까.

- "많은 고객 분을 뵙다 보니 그렇더라고요."
- "~라고 생각합니다. ~인 것 같습니다."
- "시간 관계상 짧게 말씀드리자면,"
- "아까 말씀드렸죠? 아실 만한 부분이니까 넘어가고요."
- "저보다 잘 알고 계시리라 생각합니다만,"

말의 느낌이 나쁘지는 않다. 공손하게 예의를 차린 것 같다. 하지만 딱 거기까지다. 결코 세일즈 언어가 될 수는 없다. 말에 확신이 없다 보니 어딘지 모르게 물렁하다. 의심을 안겨 줄 뿐이다. 적어도 고객에게 확신을 줘야 하는 세일즈맨의 입장이라면 모호한 표현은 피해야 한다. 공손하게 예의를 차리는 언어와 확신을 주는 언어는 상충하지 않는다. 공손하게 예의를 차리면서도 얼마든지 확신을 담아 말할 수 있다. 그러면 위의 표현들을 좀 더 확신에 찬 세일즈 화법으로 바꿔 보자.

- "많은 고객 분을 뵙다 보니 그렇더라고요."
  → **"많은 고객 분을 뵈면서 놀라운 사실을 발견했습니다."**

- "~라고 생각합니다. ~인 것 같습니다."

  → "~라고 확신합니다. ~는 매우 중요합니다."
- "시간 관계상 짧게 말씀드리자면,"

  → "시간이 없어도 이 부분은 기억해야 합니다."
- "아까 말씀드렸죠? 아실 만한 부분이니까 넘어가고요."

  → "기억하십니까? 이 부분! 들어 본 것과 아는 것은 다릅니다."
- "저보다 잘 알고 계시리라 생각합니다만,"

  → "이 분야에서는 분명 제가 전문가입니다."

내가 느끼는 느낌은 언어를 타고 고객에게 그대로 전달된다. 스스로 확신한다면 그 확신을 언어에 담아 그대로 전달해야 한다.

단정적으로 말하라

설득으로 이끄는 세일즈 화법에는 확신이 담겨 있어야 한다. 절대로 모호하게 에둘러서 말하면 안 된다. 겸손을 미덕으로 여기는 한국인은 흔히 '~인 것 같아요', '그런 것 같습니다', '그럴지도 모릅니다' 등의 말을 사용한다. 그러나 이런 말은 확신과 자신감이 부족해 보일 수밖에 없다. 고객은 당신이 확신을 담아 단정적으로 말해 주길 원한다.

예를 들어 보자

"라면은 OOO가 맛있는 것 같죠?"

"라면은 OOO가 맛있습니다."

당신은 어떤 말에 사고 싶은 마음이 생기는가? 고객도 마찬가지다.

특히 세일즈 클로징에서 중요한 것은 "얼른 하세요."라고 고객이 바로 행동하도록 방아쇠를 당겨 주는 일이다. 홈쇼핑 쇼호스트들은 고객이 바로 실천하도록 행동을 촉구한다. 상품 설명을 마무리하면서 상품이 좋다는 것에서 끝내지 않고, 그 상품을 고객이 소유할 수 있는 구체적인 행동지침을 알려 준다.

- "오늘은 부담 갖지 마시고 무료상담 예약신청만 남기시죠."
- "할인받으실 수 있는 자동 주문 전화 연결을 부탁드립니다."
- "100사이즈 선택할 분은 서둘러 수화기 들어 주세요."
- "2017년 마지막 혜택, 절대 놓치지 마십시오. 하단의 전화번호로 선택하실 수 있습니다."
- "현명한 선택, 지금 바로 내리시죠."

고객은 당신이 개떡같이 말해도 찰떡같이 알아듣는 존재가 결코 아니다. "저 치마, 참 예쁘지?"라고만 말하면 안 된다. "저 치마, 참 예쁘지? 사 줘!"까지 말해야 한다. "여기에 휴지를 버리지 마세요."로 끝내서는 안 된다. "여기에 휴지를 버리지 말고, 왼쪽 쓰레기통에 버리세요."라고 말해야 알아듣는다.

아래는 한 정수기 회사의 광고 문구다.

'에버퓨어' 정수기는 필터의 성능을 보여 드립니다.

상업용 정수기 시장 60퍼센트 이상 점유.(세계 1위)

한국 내 프랜차이즈 레스토랑과 카페에서 선택한 공신력.

광고 비용을 지출하지 않습니다.

참 좋은 정수기, '에버퓨어.'

정수기가 꽤 좋아 보인다. 하지만 이 문구만 보고서 고객이 선뜻 구매할 것 같지는 않다. 이 역시 다음과 같이 구체적인 행동 지침 방아쇠를 당기는 문구를 덧붙여야 한다.

080-123-4567로 전화하셔서 무료상담을 받아 보시죠.

그래야 고객은 인식한다. '그저 좋은 정수기'가 아닌 '내가 가질 수 있는 정수기'로.

자승자박은 금물

한국 사회는 권위주의 문화의 색채가 매우 강하다. 그래서 그런지 권위가 중요한 설득 도구로 작용하는 경우가 많다. 세일즈도 마찬가지다. 세일즈맨의 나이, 전문성을 입증할 수 있는 경력, 학력, 출신학교, 수상 경력, 상품의 인지도, 회사의 브랜드, 광고 모델, 선택한 고객의 숫자 등 당신과 상품이 갖는 권위는 어쩌면 백 마디 말보다 강력할 수 있다. 당신이 한국에서 활동하는 세일즈맨이라면 이런 권위주의 문화는 우리 사회의 밑바탕이므로 설령 거부감이 든다 해도 거부할 수만은 없다.

그렇다고 이번에 다룰 이야기가 권위를 내세워 고객을 압도하라는 얘기는 아니다. 게다가 권위라는 것이 하루아침에 하늘에서 뚝 떨어지는 것도 아니다. 적어도 당신과 상품의 권위를 드높이지는 못할지언정 권위를 뚝뚝 떨어뜨리는 말의 습관이라도 바로잡아야 한다는 의미다. '글쎄, 아마도, 어쩌면, ~인 것 같아, 맞을지는 모르겠지만, 확실하지는 않지만 등'의 주저하는 표현은 과감하게 도려내라. 고객은 스스로 망설이는 세일즈맨의 말을 절대 신뢰하지 않는다.

간혹 중요한 발표를 앞둔 분들을 대상으로 스피치 코칭을 진행하다 보면 이런 '주저 화법'이 귀에 거슬린다. 이름하여 '어설픈 겸손함'이 묻어나는 표현들이다. 그들은 대개 "음, 준비를 제대로 하지 못해서…" 혹은 "준비 시간이 부족해 내용이 부실하겠지만…" 같은 말로 발표를 시작한다. 발표자가 그런 모습을 보일 때면 난 눈에 독기를 품고 독하게 코칭한다.

"선생님, 밑밥 깔지 말고 다시 시작하세요."

시작부터 어설프게 자신감 없는 말로 시작해서는 안 된다. 피치 못할 사정이 생겨서 정말로 준비를 제대로 하지 못했더라도 괜찮다. 주어진 시간에 최선을 다하기로 결심했다면 그걸로 충분하다. 청중은 당신이 준비를 못 한 이유가 궁금하지 않다. 오히려 준비를 못 했다는 사실을 알게 되는 순간 등을 돌린다. 본인은 변명에 가까운 그런 말을 어떻게 생각하는지 잘 모르겠다. 하지만 그것은 겸손한 표현도 아니고 오히려 청중 기만이자 교만에 가득 찬 행동에 가깝다. 그들의 속내는 이렇다.

'내가 원래 준비만 제대로 하면 끝내주게 잘할 수 있는데 앞에 있는 당신들과 지금의 이 자리가 하찮아서 제대로 준비하지 않았어. 그러니까 대충 감안하고 들어 줘. 다시 한번 말하지만 난 원래 준비만 하면 엄청나게 잘하는 사람이야.'

황당하게도 시작은 잘하고도 마지막에 권위를 뚝뚝 떨어뜨리며 상대로 하여금 불신의 벽을 더 탄탄히 다져 주는 한마디를 던지는 사람이 있다. 열심히 발표했음에도 불구하고 다음처럼 맺음말에서 실수를 한다.

"지금까지 두서없는 얘기를 잘 들어 주셔서 감사합니다."라고.

최악이다. 기껏 열심히 해 놓고 마지막에 겸손한 척을 한다. 듣고 있던 청중은 김이 샌다. 그런 말을 듣고 상대가 '저 사람 참 겸손하네'라고 생각해 줄까? 절대 그렇지 않다. '맞아, 두서가 좀 없긴 했어'라고 생각한다.

세일즈 화법도 마찬가지다. 당신의 화술이 아무리 훌륭할지라도 권위를 떨어뜨리는 사소한 언어 습관이 들러붙는 순간 고객은 떠난다. 강한 책임감이 묻어나는 확신에 찬 말은 고객의 귀를 솔깃하게 한다.

저녁 무렵 마트의 수산물 코너에서 '떨이 판매'를 외치는 판매 직원들의 우렁찬 목소리를 들어 본 적이 있는가? 설사 수산물을 살 생각이 없었어도 누구나 그 강렬한 목소리와 말투에 마음이 끌려 한번쯤 쳐다보기라도 한다.

당신의 상품에 대한 확신이 있다면, 그 확신을 고스란히 전하는 것만으로도 설득력은 높아진다. 그것이 당신의 언어든, 목소리든, 복장이든, 표정이든 무엇이든 상관없다. 다만 어설픈 겸손함으로 자승자박自繩自縛만은 하지 말기를.

'내 이야기'로 고객의 의심을
확신으로 바꿔라

고객에게 확신과 신뢰를 선물하는 방법은 많다. 가령 이성적 근거(숫자나 실제 데이터)를 들면 고객의 이성을, 감정적 근거(연민과 공감)를 들면 고객의 감성을 자극할 수 있다. 그런데 의외로 많은 세일즈맨들이 확신과 신뢰를 줄 수 있는 최고의 방법인 '나' 노출하기를 간과한다.

'나' 노출하기

얼마전 일곱 살된 딸을 위해 책상을 사 주고 싶어 가구 판매점에 방문했다. 다양한 책상들을 둘러보던 중 판매 직원의 한 마디가 내 귀에 강렬하게 꽂혔다.

"제 딸도 이 모델로 사 줬습니다."

더 이상 고민하지 않았다. 두말하지 않고 계약서에 사인을 했다.

고대 그리스의 철학자 아리스토텔레스는 설득의 세 가지 요소로 로고스(이성적 판단), 파토스(감정적 공감)와 더불어 에토스(인격적 신뢰)를 강조했다. 이 중 가장 중요한 요소는 바로 에토스다.

세일즈 화법도 마찬가지다. 이성적 설명과 감정적 화법도 중요하지만 결정적으로 고객의 마음을 열려면 '왜 내가 이 이야기를 다른 사람이 아닌 너에게 들어야 해?'라는 질문에 명쾌하게 답변할 수 있어야 한다. 카메라의 삼각대를 떠올려 보라. 두 개의 다리만으로는 카메라가 안정적으로 설 수 없다. 당신의 화법 역시 기울어지지 않고 고객의 뇌리에 제대로 서려면 당신의 이야기(나 노출하기)가 들어가야 한다.

다음은 어느 어린이재단의 한 담당자가 대한민국 최고의 부유층을 대상으로 아동 지원 사업의 필요성을 역설하는 내용이다. 한마디로 재단에 후원하라는 세일즈 메시지다.

"지금까지 아동 지원 사업의 필요성 그리고 용인에 거주하는 민철이와 민철이 할머니의 이야기를 들려 드렸습니다.(여기까지는 로고스와 파토스 완성) 며칠 전 제가 직접 민철이의 집을 방문했을 때가 생각납니다. 그때 민철이와 민철이 할머니는 이불로 온몸을 돌돌 감싸고 있었습니다. 뉴스에서 사상 최고의 한파라고 떠들던 그날, 집 안의 온도는 겨우 5도에 불과했습니다. 급히 인근 주유소에서 난방에 필요한 기름을 사다 넣고 민철이에게 물었습니다. '배고프지? 뭐 먹고 싶어?' 그때 '자장면이요'라고 말하던 녀석의 초롱초롱한 눈망울을 아직도 잊을 수가 없습니다. 저는 그날 민철이와 함께 세상에서 가장 맛있는 자장면을 먹었습니다."

마지막 문구에 설득력이 생길 수밖에 없는 이유는 남의 이야기가 아닌 담당자 자신의 이야기가 들어 있기 때문이다. 아무리 숫자와 데이터를 들어가며 아동 지원 사업의 필요성을 논리적으로 설명해도, 정작 담당자 자신의 이야기가 빠져 버리면 메시지(재단에 후원하시오.)는 온전히 서 있을 수 없다. 또한 힘들게 생활하는 아이의 이야기를 들려주며 청중의 감정을 자극해도 정작 담당자 스스로 작은 실천조차 해 본 적이 없다면 청중의 마음을 움직이기는 어렵다. 이 경우 청중은 담당자에게 속으로 물어 온다.

'그래서 너는?'

'그러면 너는 그걸 실천해?'

'너는 해 봤어?'

'해 보기나 하고 하는 말이야?'

아무리 좋은 이야기를 들려줄지라도 상대방이 당신에게 신뢰를 느끼지 못하면 그건 공허한 외침에 불과하다. 공허한 메아리로는 사람의 마음을 움직일 수 없다. 고객의 신뢰를 얻고 싶은가? 당신을 노출할 수 있는 자잘하고 소소한 이야기를 들려주어야 한다. 심리학에서 '프라이버시 이펙트'Privacy Effect라고 부르는 법칙을 기반으로 한 이 화법은 지금 당장 당신의 인격적 신뢰를 만드는 가장 손쉬운 방법이다. 한마디로 먼저 다가가 고객에게 자신의 경험을 털어놓으면 더 많은 신뢰를 주고, 나아가 친밀함을 나눌 수 있다.

- 상대를 움직이고 싶다면, 내가 움직인 이야기를 먼저 들려주면 된다.
- 상대가 믿게 하고 싶다면, 내가 믿은 이야기를 먼저 들려주면 된다.
- 상대의 감동을 이끌어 내고 싶다면, 내가 감동한 이야기를 먼저 들려주면 된다.
- 상대가 사게 하고 싶다면, 내가 산 이야기를 먼저 들려주면 된다.

너무나 간단한 이 원리를 세일즈맨들은 망각한다. 한마디로 정리하자. '솔선수범', 이거면 충분하다.

처음 강의를 시작할 무렵, 내가 가장 신경 썼던 건 사례 수집이었다. 당시 책, 영화, 드라마, 강연 등에서 미친 듯이 사례를 모았다. 그런데 이상하게도 별 탈 없이 강의를 마무리한 뒤, 질의응답 시간에 청중이 내게 묻는 것은 내가 야심차게 준비한 강의 내용과 관련된 것들이 아니었다. 그들이 물었던 것은 '결혼하셨어요?'나 '왜 쇼호스트 일을 그만두었어요?'와 같은 지극히 사소한 질문이었다.

집에 돌아와 곰곰 생각해 보니 강의 중에도 청중이 가장 귀를 기울이고 박장대소하며 흥미롭게 듣는 얘기는 남의 이야기가 아닌 내가 겪었던 나의 경험이었다. 홈쇼핑 방송 중에 겪은 당황스러웠던 이야기, 연애 경험, 다른 강의에서 겪었던 황당한 일 등이었다. 흔한 강사들이 쏟아 내는 고상한 '남'의 말씀 따위가 아니었던 것이다.

남의 이야기는 남에게서도 얼마든지 들을 수 있다. 거란족을 설득하기 위해 지혜롭게 행동한 서희의 담판 이야기를 들려줄 수 있는 사람은 대한민국에 1,000만 명도 넘는다. 그렇지만 쇼호스트 시절 눈앞에 보이지 않는 고객을 설득하기 위해 경험했던 에피소드들은 소소하지만 내가 아니면 할 수 없는 이야기다.

아무리 훌륭한 이야기라 할지라도 남의 이야기로는 고객의 마음을 움직이기가 어렵다. 반면 작고 소소한 이야기도 내 이야기에는 고객이 진심으로 귀를 기울인다. 최소한 내가 내 이야기를 꺼내면 고객이 '그래서 너는?'이라고 묻지 않는다.

"진짜 강사는 강의하는 대로 사는 강사야."라는 한 선배 강사의 말은 지금도 내 마음에 품고 있는 좌우명이다. 강사가 강의하는 대로 살고 그 경험을 들려주는 것에는 유명한 외국 학자의 어마어마한 연구 결과를 꺼내는 것 이상의 힘이 담겨 있음을 새삼 느끼기 때문이다.

상해 보험(다쳤을 때 보상 받는 보험)을 고객에게 팔고 싶은가? 제발 작년에 영동고속도로에서 일어난 거창한 14중 추돌사고를 이야기하지 마라. 그저 당신이 집에서 소파를 옮기다 그만 발가락을 찧어 병원에 다녀왔던 소소한 경험을 이야기하면 된다.

네 번째, 재차 확인하는 고객

"흠, 잘 선택하는 거 맞죠?"

당신의 정성을 다한 설명을 듣고 드디어 최종 선택을 했더라도 고객의 질문은 끊이지 않는다. 끊임없이 확인받고자 한다. 결혼식 날짜를 잡고도 마음이 싱숭생숭해서 제대로 배우자를 선택한 것인지 계속 고민하는 신랑 신부와 참 닮아 있다.

"원래 생각지도 않던 건데 워낙 말씀을 잘해 주셔서 제가 혹했네요, 하하. 어쨌든 의미 있는 선택을 하게 해 주셔서 감사합니다. 그나저나 제가 잘 선택한 것인지 모르겠네요. 잘 선택한 거 맞죠?"

당신은 고객의 이 질문에 어떻게 대답할 것인가?

"당연하죠. 탁월한 선택입니다."

"물론입니다. 그 어떤 선택보다 의미 있는 선택입니다."

"그럼요. 저를 믿으십시오."

세 가지 답변 모두 훌륭하다. 하지만 당신이 프로 세일즈맨을 꿈꾼다면 고객의 질문을 다시 곱씹어 봐야 한다. 단순히 고객이 '네, 잘 선택한 겁니다'라는 말을 듣기 위해 질문을 던진 것은 아닐테니 말이다.

세일즈맨은 언제 가장 행복한가

어느 날 내 직업에 대해 다시 한 번 곰곰 생각해 보니 그냥 '강사'라는 말로 설명하기에는 한계가 있다고 느꼈다. 너무 많은 일을 하고 있었기 때문이다. 더구나 그 많은 일들은 세일즈맨이 하는 일과 흡사했다.

기업교육 시장의 흐름을 파악하고(시장조사 및 분석), 먹힐 만한 콘텐츠를 개발하고(상품 개발), 기업교육 담당자를 만나고(고객 발굴), 제안서를 들이밀고(상품 브로슈어 전달), 내 강의에 대해 설명하고(상품 설명), 강의 일정을 잡고(상품 판매 계약서 작성), 강의를 하고(상품 제공), 피드백을 받고(고객 후기), 피드백을 다음 강의에 반영하고(고객의 피드백 반영), 강사료를 받는다.(상품대금 결제)

나는 강의를 하고 돈을 버는 내 업의 본질을 '세일즈'로 정의한다. 다시 말해 나는 지식 소매상이자 방문 판매인, 장돌뱅이, 보따리장수다. 세계적인 미래학자 다니엘 핑크Daniel Pink 는《파는 것이 인간이다》To sell is Human에서 "우리가 하는 모든 일은 결국 세일즈다."라고 역설했다. 나 역시 이 말에 격하게 동의한다

콘텐츠를 파는 세일즈맨인 내가 가장 큰 행복을 느끼는 때는 언제

일까? 청중의 반응이 뜨거울 때? 강의를 마친 뒤 감사하다는 피드백을 받을 때? 강사료가 입금될 때? 다 정답이다. 하지만 가장 크게 행복을 느끼는 순간은 출강했던 기업에서 '다시' 강의를 의뢰해 올 때다. 내 강의를 구매한 기업에서 나를 다시 찾는다는 것은 적어도 나를 그 분야의 전문가로 인식하고 있다는 증거이기 때문이다.

세일즈와 관계된 수많은 직군의 청중에게 똑같이 물어봤다. "일하면서 언제가 가장 행복한지요?" 돌아오는 대답은 거의 언제나 비슷했다. "저를 선택한 고객이 다시 저를 찾거나 매장을 방문할 때입니다."

나아가 그 고객이 지인을 소개해 줄 때면 금전적 보상을 뛰어넘어 굉장히 뿌듯하다고 말했다.

세일즈의 꽃은 판매와 계약이다. 그리고 그 꽃을 키우는 최고의 자양분은 '재구매'와 '소개'다. 고객이 나를 전문가로 인식했기에 나를 다시 찾아 준 거다. 나를 다시 찾아 주는 그 행동(재구매, 소개)에는 그 어떤 보상도 뛰어넘는 커다란 가치가 있다. 명심하라. 하루살이 세일즈맨이 되고 싶지 않다면 당신 분야의 전문가로서 고객에게 다가가야 한다.

전문가로서 고객에게 다가가고 싶은가? 그렇다면 지금부터 다룰 고객의 질문과 그 바탕에 깔린 감정에도 전문가답게 답변을 준비해야 한다. 고객이 묻는다. "잘 선택하는 거 맞죠?"라고. 이 질문에 대한 전문가의 해독 공식은 이렇다.

"잘 선택하는 거 맞죠?" → '선택하고 나면 어떻게 되나요?'

구매 고객을
평생 고객으로 만드는 한마디

당신의 탁월한 세일즈 화법들로 고객의 선택을 이끌어 냈다. 모든 일이 잘 끝난 것만 같다. 하지만 고객이 최종 선택을 결정하는 순간, 새로운 세일즈의 무대가 열리게 된다. 당신의 입장에서 보면 내 상품을 선택했으니 모든 게 끝난 것처럼 보인다. 하지만 고객의 최종 선택은 고객에게 내 상품과 본격적으로 함께하게 될 '시작'일 뿐이다. 예를 들어 휴대 전화 대리점에서 최신형 스마트폰을 2년 약정으로 선택한 고객에게 선택은 끝이 아닌 시작이다. 좋든 싫든 2년을 꼬박 써야 하기에 최종 선택을 결심한 그 순간 궁금한 것이 더 많아진다. 당신이 전문가로서 고개이 질문을 제대로 해독했다면, 서택 '이후'를 친절하게 설명해 주어야 한다.

- 휴대전화를 선택한 고객에게는 향후 A/S나 요금제 변경과 관련된 팁을 설명하라.
- 화장품을 선택한 고객에게는 사용법, 보관법, 같이 쓰면 이득인 팁을 설명하라.
- 먹거리를 선택한 고객에게는 조리법, 곁들이면 좋은 음식을 설명하라.
- 옷을 선택한 고객에게는 코디법, 세탁법, 보관법을 설명하라.
- 보험을 선택한 고객에게는 보상 절차를 설명하라.
- 학원에 등록한 고객에게는 향후 커리큘럼과 학습 노하우를 설명하라.

선택 이후를 설명하라

고객의 최종 선택은 아직 야구의 9회 말일 뿐이다. 끝날 때까지는 끝난 게 아니다. 얼마 전 아내의 부탁을 받고 두부를 사기 위해 마트에 들렀다. 대다수 남성이 그러하듯 나는 귀찮은 일을 해치우듯 대충 양이 많아 보이는 두부를 집어 들었다. 막 두부 코너를 벗어나려는데 판매 직원이 나를 붙들어 세웠다.

"고객님, 혼자 드실 것 아니죠?"

"네."

"선택하신 두부가 양이 좀 많은 편이에요. (실제로 증정용 두부가 하나 더 붙어 있었다.) 이건 부쳐서 드시고 이건 찌개에 넣어 드세요. 남은 것은 이러저러하게 보관하면 더 오래 드실 수 있어요. 맛있게 드세요."

"네, 감사합니다."

두부를 들고 마트를 나오면서 괜히 기분이 좋았다. 판매 직원이 굳이 나에게 '선택 이후'를 설명해 줄 의무는 없었다. '선택 이후'를 설명해 주지 않았다 한들 내가 두부를 사지 않았을 리도 없다. 그럼에도 그분은 내게 '선택 이후'를 설명해 주었다. 그분은 그 분야의 전문가로서 고객에게 먼저 다가갔다. 다음에 다시 두부를 사게 된다면 꼭 그 코너로 가서 그분께 반갑게 인사하고 싶다는 생각이 들었다.

선택 이후를 설명하는 데에는 긴 시간이 필요하지 않다. 두부 조리법과 보관법을 설명해 준 판매 직원처럼 딱 10초 정도만 투자하라. 분명한 사실은 당신이 선택 이후를 설명할 경우, 고객이 당신을 그 분야 최고의 전문가로 기억한다는 점이다.

에어쿠션(화장품)을 팔 때도 마찬가지다. 쫀쫀한 발림성, 좋은 성분, 화장 시간의 단축, 브랜드의 역사 등을 설명하는 것 모두 좋다. 하지만 고객이 감동을 받는 지점은 지금부터다.

"퍼프는 자주 바꿔 주는 것이 좋습니다. 저희 매장에서도 퍼프를 개당 2,000원에 팔고는 있지만 혹시 집 근처에 다이소가 있으면 거기 가서 사셔도 됩니다. 거기는 개당 1,000원에 팔더라고요."

진통제를 팔 경우 빠른 효과, 오랜 지속력, 손쉬운 섭취 방법을 설명하는 것은 그저 형식상의 설명으로만 보인다. 그렇지만 여기에 다음과 같은 설명을 곁들이면 고객은 감동을 받는다.

"이 제품을 꾸준히 복용한 뒤 허리가 좋아지면 근처에 있는 산에 자주 오르세요. 허리 건강에는 등산만한 게 없다더라고요. 그럼 더 이상 진통제를 복용하지 않아도 허리에 통증이 느껴지지는 않을 겁니다."

선택 이후를 설명하는 것이 대단히 거창하고 어려워 보이는가? 쉽게 생각하라. 그저 '고객에게 도움이 될 만한 꿀팁이 무얼까?'를 생각해 보는 것으로 충분하다. 고객이 느끼기에 '아, 이런 이야기까지? 고마운 걸?' 정도면 족하다. 무언가 작은 것 하나라도 더 얹어 주고 싶은 마음이 세일즈맨의 진정성이다. 그 진정성만 있다면 자연스레 선택 이후를 이야기해 줄 수 있다. 고객의 입장에 서서 선택 이후를 들려줘라. 그것이 전문가인 당신이 수행해야 할 마지막 과제다.

에필로그

'

당신의 말을
사게 하라

강의와 코칭을 통해 매년 약 3만여 명의 세일즈맨을 만나 왔다. 보험설계사, 자동차딜러, 백화점 판매사원, 방문 영업사원부터 창업을 앞둔 예비 CEO와 의사, 변호사에 이르기까지 그들이 파는 상품은 제각각이었지만 하나 같이 고민은 같았다. '참 좋은 상품과 서비스인데 왜 고객은 알아주지 않을까? 내가 어떻게 말해야 이 상품의 가치를 알아봐줄까?'

그들은 언제나 반짝이는 눈으로 내 강연을 경청했다. 한 마디라도 놓칠세라 수첩에 빼곡히 메모하는 사람도 부지기수였다. 그런 모습을 볼 때마다 쇼호스트로 활동하면서 적당한 '말'을 찾지 못해 헤매던 내가 떠오르기도 했고, 말이 중요한 일을 한다는 점에서 미묘한 동질감을 느끼기도 했다. 그래서였을까, 매번 더 많이 알려드리지 못해 아쉬웠다. 강연 두 시간으로는 턱없이 부족하기에 기회가 된다면 더 많은 노하우를 전하고, 나누고 싶었다.

《세일즈, 말부터 바꿔라》는 그런 바람으로 만든 책이다. 내가 터득한 노하우를 싹싹 긁어모았다. 빠르게 읽고 쉽게 이해할 수 있도록 수천 장의 자료를 압축하고 압축해 꽉꽉 눌러 남았다. 지금껏 만난 수십만 명의 세일즈맨과 호흡하며 정리한 내용이 이 책에 담겨 있다. 그래서 나는 이 책이 혼자 쓴 책이라기보다는 내가 함께했던 진짜 세일즈맨들과 같이 만든 책이라 생각한다. 그들에게서 받은 아이디어와 영감, 그리고 살아있는 말 한마디, 문장 하나가 이 책을 읽는 당신의 말에도 날개를 달아 주리라 확신한다. 그러니 '고객님'에게 거절당한 순간에도 일희일비하지 말고 이 책을 봐 주길 바란다.

한 가지 더 당부하자면 책을 가까운 곳에 두고 '말'로 고민이 될 때마다 펼쳐 보길 권한다. 그러면 이 책에 담긴 다양한 아이디어가 '당신만의 말'을 만들어 '당신만의 세일즈'를 개척하는 나침반이, 더 먼 곳을 바라볼 수 있게 도와주는 망원경이 되어 줄 것이다.

끝으로 진짜 세일즈맨인 당신에게, 그리고 진짜 세일즈맨을 응원하는 나 자신에게 건네고 싶은 문구를 소개하며 글을 마친다. 로마의 철학자이자 웅변가인 마르쿠스 툴리우스 키케로의 말이다.

"당신이 나를 설득하길 원한다면 내 생각을 하고, 내 감정을 느끼고, 내 말을 해야 한다."

바로 써먹는
업종별 세일즈 스크립트

각 세일즈 분야에서 지금 당장 써먹을 수 있을 만한 세일즈 화법 예시들을 수록했다. 그저 따라 읽으면서 입으로 익히기만 해도 상품의 가치를 좀 더 잘 전달하게 될 것이다. 당신의 분야가 아닌 다른 분야의 화법들도 눈여겨보길 바란다. 세일즈 화법의 본질은 동일하기에 여기에서 새로운 아이디어와 영감을 얻을 수 있을 것이다. 다시 말하지만 다음 내용이 무조건 정답은 아닐 것이다. 그러나 당신만의 정답을 만들기 위한 가이드 라인이 되어 줄 수 있다. 가까운 곳에 두고 상품을 잘 전달할 방법이 떠오르지 않을 때마다 틈틈이 펼쳐 보길 바란다.

보험

보험과 같은 금융상품은 실체를 눈으로 확인하거나 만질 수 없는 상품이다. 따라서 고객이 쉽게 상품의 필요성을 인식하기 어렵다. 고객이 이미 알고 있는 쉬운 이야기를 통해 '공감'을 이끌어 내는 '비유'가 세일즈 화법의 핵심이 되어야 한다.

◇ 보험에도 남성용, 여성용이 있다는 거 아세요? 옷도 남성용, 여성용이 따로 있습니다. 심지어 아기들 기저귀도 남아용, 여아용이 따로 있잖아요. 보험도 마찬가지입니다.
남자가 많이 걸리는 암(간암, 폐암, 전립선 암 등), 여자가 많이 걸리는 암(유방암, 갑상선암, 난소암, 자궁암 등)은 따로 있습니다. 당신의 암 보험이 남성용인지, 여성용인지 다시 한 번 확인해 보셔야 합니다.

◇ 실직하면 휴대폰 요금 내 주는 통신사, 들어 보셨어요? 물론 그런 회사는 없겠죠. 만약 있다면 얼마나 좋을까요? 근데 그런 보험사는 있습니다. 암으로 가장이 실직한 상황에서 보험료 내시라고 하지 않습니다. 오히려 보험료를 대신 내 드려요.
휴대폰 고지서는 매달 확인하시면서, 평생 가져가야 할 보험 증권을 대충 보셔서는 안 됩니다. 납입면제 기능이 있는지 꼭 확인해 보세요.

◇ 핸드백 샀다고 지갑까지 사은품으로 챙겨 주면 더 좋겠죠? 보험도 마찬가지입니다. 주보장(진단금)만 보지 마시고 생활비도 챙겨 주는지 보셔요.
100세 시대 보험 가입의 포인트는 보험금보다도 생활비입니다. 경제력을 상실한 가장은 죽었다고 해도 과언이 아니죠. 암으로 가장이 실직한 상황에서 정말 요긴하게 쓸 만한 '생활비 지갑'까지 챙겨 주는 상품입니다.

◇ 성형과 보험에는 공통점이 있습니다. 욕심내서 한꺼번에 확 손대면 오히려 더

안 예뻐질 수 있다는 점입니다. 성형도 조금만 손댔을 때 가장 자연스럽고 예쁘잖아요?

보험도 마찬가지입니다. 기존의 보험은 최대한 유지하면서 가장 부족한 부분만 조금 더 채워주시면 좋습니다. 기존 보장이 잘 설계되어 있으니 이런 부분만 더 챙겨 보시죠.

◇ 포도주스와 와인의 차이 잘 아시죠? 같은 포도 맛이지만 가격은 천지차이입니다. 바로 얼만큼 오래 숙성되었느냐가 풍미와 가격을 좌우하기 때문입니다. 보험도 마찬가지입니다. 똑같은 보험도 역사 있는 회사에서 오랜 기간 사랑받았는지 꼭 따져야 합니다. 다른 회사 상품이랑 비교하시면 너무 속상합니다.

◇ 남편과 자녀에게 제일 쉽게 상처 주는 방법 아세요? 말끝마다 '옆 집 남편은…, 옆 집 아들은…' 하면서 비교하는 거래요. 가족은 비교하는 순간 상처를 받지만, 보험은 비교하지 않으면 언젠가 고객님께서 큰 상처를 받게 됩니다. 갈비탕 전문점에서 파는 갈비탕과 분식집 갈비탕은 다릅니다. 꼭 꼼꼼하게 비교하세요. 전문 보험으로 설계하셔야 합니다.

◇ 누구나 입 안에 차 한 대씩은 갖고 다니는 거 아세요? 치아가 건강할 때는 전혀 모릅니다. 그런데 30대 지나 치과 한 번 가면 돈 천 만원 깨지는 건 일도 아니잖아요. 내 치아가 아직은 잘 굴러갈 때, 미리 준비하시면 치아 수리비 걱정 확! 줄일 수 있어요.

🚗 자동차

자동차와 같은 고관여상품군(고객이 선택 시 충분한 고민을 하는 상품군)의 경우, 단순한 기능 설명만 하면 안 된다. 가격 저항을 고객이 이겨낼 수 있게끔 앞서 언급한 다섯 가지 기대 요소(이익, 해결, 안심, 가족, 자부심) 중 안심, 가족, 자부심의 세 가지 가치를 강조해야 한다.

◇ 자녀를 태워주실 차가 필요하신가요, 자녀를 세워주실 차가 필요하신가요? 자녀가 둘이나 된다고 하니 잘 아실 것 같습니다만, 요즘 아이들이 참 영악하죠? 어떤 아파트 단지가 비싸고 어떤 차가 비싼지 자기들끼리도 대충 알잖아요? 학교다 학원이다 자녀분들 태울 일 많다면 승차감(차를 탔을 때의 안락함)도 중요하지만 하차감(차에서 내릴 때 느끼는 타인의 시선)도 무시할 수 없습니다. TV는 구입해서 집에 놓는 순간 비교할 일이 없어지지만, 차는 구입해서 도로에 나가는 순간 비교가 시작됩니다.

가격 부담은 조금 더 되시겠지만 한 단계 더 높은 등급으로 선택해 보세요. 자녀분의 기도 확 세워 주실 수 있습니다. 앞으로 10년 동안 자녀분께서 부모님을 자랑스러워할 겁니다.

◇ 안전한 자동차는 문을 열 때 차이가 납니다. 실제 교통사고도 정면에서 받치는 경우보다는 측면에서 받치는 경우가 더 많습니다. 아무리 차체의 프레임이 견고해도, 문짝에 사용된 강판이 알루미늄 조각 같다면 그건 안전하지 못한 차입니다.

문을 열었다 닫았다 해 보시죠. 경쟁 차종에 비해 얼마나 묵직하고 튼튼한지가 바로 느껴지실 겁니다. 알루미늄 같은 강판이 아닙니다. 강철 같은 강판인 초고장력 강판이 무려 60퍼센트 이상 들어간 안전한 모델입니다.

◇ 같은 회덮밥도 일식 전문점에서 파는 것과 분식점에서 파는 건 분명 다르죠? 아무래도 비싼 회를 다뤄 본 노하우가 회덮밥에도 그대로 녹아 나오기 때문일 겁니다. 자동차도 마찬가지입니다. 지금 보시는 금액대의 중형차는 다른 브랜드에도 많습니다. 하지만 초고가 라인의 차를 만들어 본 회사에서 만든 중형차는 분명 다릅니다.

초고가 라인의 차를 만드는 기술력은 그대로 담아내되, 가격만큼은 합리적으로 실현한 모델이 지금 보시는 모델입니다. '가성비'에 있어서는 저희 브랜드에서 엄지를 치켜세우는 차종입니다.

◇ 좋은 차를 선택하시는 가장 손쉬운 방법 아시죠? 맞습니다. 무조건 그 브랜드에서 제일 비싼 차 선택하시면 됩니다. 하지만 그러려고 일부러 이렇게 귀한 시간 내셔서 돌아보는 건 아닐 겁니다. 휴대폰이든, 카메라든, TV이든, 냉장고든 각 브랜드에서 가장 인기 많은 모델은 따로 있습니다. 이유가 뭘까요? 맞습니다. 가성비가 좋아서 그렇죠. 고객님께서 투자하시는 금액대비 얼마나 괜찮은 성능이 있느냐를 보셔야 됩니다. 무작정 비싼 차가 좋은 건 사실입니다만, 가성비 좋은 모델로 선택하셔서 보다 현명한 선택 하는 것도 추천드리고 싶습니다.

◇ 자동차는 머리로 타시는 거 아닙니다. 마음으로 타시는 겁니다. 고가이고 오래 타야 하니 머리로 많은 고민 하시는 게 당연합니다. 근데 그러기엔 차가 너무 많습니다. 각각의 장단점도 분명히 있고요. 그저 마음이 조금이라도 움직였으면 그 차가 고객님 차입니다. 옷장에 있는 수많은 옷의 가격을 다 일일이 기억하시지는 못하잖아요. 다만 매일매일 마음에 드는 옷을 입는 거죠? 자동차도 마찬가지입니다. 차는 움직이는 사무실과도 같습니다. 사무실은 언젠가 리모델링이 가능하겠지만 차는 그렇지 않습니다. 처음부터 감성에 맞는 걸로 선택하셔야 후회가 없습니다. 마음으로 선택하고, 마음으로 타면 그게 최고입니다.

🛒 매장 영업

식품: 식품과 같은 저관여상품(고객이 많은 고민을 하지 않고 비교적 쉽게 선택하는 상품군)의 경우, 많은 말은 오히려 세일즈의 독이 될 수 있다. 식품군은 상품에 대한 정보를 전달하는 것 자체가 어렵지는 않다. 다만 그 정보를 전달할 수 있게 고객의 관심을 갖게 만드는 것이 이 세일즈 화법의 핵심이다.

◇ (오이를 살펴보는 고객에게) 요즘 호박이 제일 질투하는 채소예요. 찌개에 호박

만 넣어 드시는 게 지겹다면 오이 찌개 한번 도전해 보세요. 생각지도 못한 시원함을 맛보실 수 있습니다.

◇ (수박을 두들겨 보는 고객에게) 수박 고르실 때, 두들겨 보시는 건 큰 의미 없다는 거 아시죠? 좋은 수박 고르시려면 딱 두 가지만 보세요. 첫째, 선이 선명한지 둘째, 밑구멍이 좁은지. 선이 선명하다는 건 당도가 높다는 증거고요, 밑구멍이 좁다는 건 씨가 많지 않다는 증거랍니다. 제가 좀 골라드려도 될까요?

◇ 랩에 싸인 전복을 고를 땐, 누르지 말고 쓰다듬어 보세요. 간혹 꾹꾹 눌러보는 고객님들이 계시는데요, 전복도 귀찮은지 누를 때는 잘 반응하지 않더라고요. 그저 스윽 쓰다듬어 보세요. 부드럽게 움직인다면 싱싱한 전복입니다.

◇ 국에 넣으실 고기 찾으시나요? 고깃국 드실 때, '고기'가 중요하세요? 아니면 '국'이 중요하세요? 깊은 국물의 맛을 더 선호하신다면 물 끓기 전에 고기도 같이 넣으시고요, 부드러운 고기의 풍미를 더 선호하신다면 물 끓고 난 후에 고기를 넣으셔야 질겨지지 않습니다. 오늘 갓 들어온 고기가 있는데 보여 드릴까요?

◇ 고객님, 당근은 꼭지를 봐야 해요. 꼭지 부분이 쏘옥 들어가 있는 게 맛있는 당근이랍니다.

◇ 생선의 적이 뭔지 아세요? 바로 물입니다. 남은 생선을 냉동고에 보관하실 때, 물기가 남아 있으면 큰일 납니다. 왜냐하면 나중에라도 해동해서 먹을 때 남아 있던 물기가 녹으면서 생선살에 스며드는 순간, 생선 본연의 맛이 흐려지거든요.

패션 상품: 패션 상품군의 경우, 일단 고객이 눈으로 확인하는 순간 구매 결정이 이루어지는 경우가 대다수다. 따라서 고객이 눈으로 확인하기 어려운 정보를 전달함으로써 세일즈맨의 전문성을 보여 주는 것이 핵심이다. 더불어 타 상품에 비해 가격에 대한 저항선이 있을 가능성이 높은데, 그럴 때는 오래 활용할 수 있다는 것을 강조하면 효과적이다.

◇ 재킷은 눈으로 보시면 안 됩니다. 목으로 보셔야 해요. 연락처에 지인들 번호는 많지만, 막상 심심할 때 생각나는 진짜 편한 친구는 딱 정해져 있잖아요. 재킷도 그렇더라고요. 아무리 예뻐도, 막상 손이 가는 재킷은 정해져 있습니다. 특히 남성분들은 목에 감기는 느낌이 불편하면 안 입으시더라고요.
눈으로만 보지 마시고 괜찮으시면 한번 입어 보세요. 목이 편한 재킷이 좋은 재킷입니다.

◇ 가죽 소재를 선택하실 때는 꼬집어 봐야 해요. 피부도 늘어질수록 속상하죠. 가죽 소재도 마찬가집니다. 허벅지보다 손등에 주름이 많이 생기는 이유 역시 가죽의 두께 때문인데요, 오래 입으실 계획이면 추천해 드리고 싶은 재킷입니다.
저희 가죽 제품 중, 가장 두꺼운 가죽을 사용했습니다. 10년 넘게 입으실 거라면 가죽의 두께도 꼭 확인해 주세요.

◇ '눈 때' 타는 옷보다는, '손때'를 많이 타는 옷이 좋은 옷인 건 아시죠? 눈으로 봐서 예쁜 옷은 많습니다. 하지만 정작 손이 가지 않는 경우가 많죠. 옷장에만 걸어두고 눈으로만 보려고 값비싼 상품을 선택하시는 건 아닐 겁니다. 옷은 모름지기 손이 가야 됩니다.
좋은 가방은 어떤 옷에도 잘 어울릴 수 있는 가방이듯이, 옷도 마찬가지입니다. 평상복 차림에 받쳐 입기도 좋고 정장 차림에 받쳐 입기도 좋은, 기본에 충실한 블라우스입니다.

가구: 가구의 경우, 패션 상품군과 마찬가지로 겉에서 보이는 디자인이 중요한 선택 요인이다. 그래서 눈으로 당장 확인하기 어려운 부분(몸이 닿는 가구의 경우 건강 또는 수납 기능 등, 목적성 가구의 경우 문제 해결의 측면)을 고객이 인식하게끔 만드는 것이 세일즈 화법의 핵심이다.

◇ 주무실 때 많이 뒤척일수록 오히려 허리 건강에는 좋다는 거 아세요? 주무실 때 보통 수십 번 뒤척인다고 합니다. 이때 발생되는 진동에 의해, 종일 고생한 내 골격이 다시 제자리를 잡는 거죠. 화투 패도 정리할 땐 뒤척여 줘야 깔끔하게 정리가 됩니다. 이런 효과는 딱딱한 침대를 쓰셨을 때 누리실 수 있는 겁니다. 침대가 너무 푹신하면 골격이 자리를 잡을 수 있는 기회가 없어질 수도 있습니다.

처음엔 불편할 수 있지만 100세 인생을 위해 차근차근 습관을 들여 보세요. 건강을 위한 매우 의미 있는 투자입니다.

◇ 자고 나면 얼굴에 자국이 잘 생기는 이유 아시죠? 나이 들수록 겉 피부층뿐 아니라 속 피부층의 탄력이 떨어져서 그렇습니다. 진짜 피부 미인은 속 피부 탄력까지 신경 써 줘야 한다더라고요.

침대도 마찬가지입니다. 눈에 보이지는 않지만 속 스프링이 얼마나 과학적인지 보셔야 합니다. 10년 지나도록 꺼짐 현상을 잡아 줍니다.

◇ 비싼 침대를 원하세요, 비싸 보이는 침대를 원하세요? 비싸 보이면서도 좋은 가격의 침대라면? 최고겠죠. 여성분들 아이라인 조금만 더 빼 줘도 눈이 훨씬 커 보입니다.

침대도 마찬가지입니다. 이쪽 헤드레스트 보면 양쪽 귀퉁이가 다른 제품보다 조금 더 빠져 있어요. 이게 침대가 웅장해 보이는 비밀이랍니다. 비싼 내 몸 위해 구입하는 건데 이왕이면 비싸 보이는 게 더 좋겠죠.

◇ 명품백 시장에서 가장 선호하는 컬러를 쓴 침대입니다. 밝은 곳에서 볼 때와 어두운 곳에서 볼 때 오묘하게 다른 색의 차이가 매력적인 침대입니다. 에르메스와 같은 명품백에서도 블랙 컬러가 조금 나이 들어 보인다는 분들이 선택하는 컬러가 바로 카멜브라운 컬러입니다.

촌스럽거나 쉽게 싫증나는 단순한 갈색이 아닙니다. 침대 컬러만 바꿔 주셔도 침실이 10년 더 젊어 보일 수 있습니다.

가전: 가전의 경우, 고객이 생소할 수 있는 기술적 요소를 얼마나 쉽게 전달할 수 있느냐가 핵심이다. 기능의 장점을 비유로 충분히 설명하여 고객을 납득시키되, 그에 반해 가격(앞서 언급한 '이익' 측면 중 '사용 비용'(쓸 때)을 많이 언급하는 것도 좋다.)이 합리적임을 납득시키는 것이 이 세일즈 화법의 핵심이다.

◇ 스탠드형 에어컨은 우리나라랑 중국에서 특히 더 잘 팔리는 거 아세요? 유럽 등지는 에어컨을 다 천장에 넣어서(매립) 설치합니다. 하지만 우리나라랑 중국에는 유난히 스탠드 에어컨이 많이 출시됩니다. 이유인즉슨 남에게 보여지는 시선도 중요한 선택의 기준이라는 뜻입니다.

저희 회사 상품 중에서도 최고가 라인의 디자인을 그대로 본뜬 제품입니다. 값비싼 인테리어용 가구도 중요하지만 꼭 설치해야 될 가전도 디자인만 조금 신경 쓰면 값비싼 해외 명품 가구 부럽지 않으실 겁니다. 이참에 인테리어 비용도 아껴 보시죠.

◇ 새 옷을 사서 옷장을 정리하려고 보니 작년에 비슷한 거 사 놨던 걸 발견했던 경험 있으시죠? 옷장에 무슨 옷이 들어 있는지만 알아도 같은 옷을 또 사는 일은 없는데 말이죠. 근데 옷은 말이죠. 비슷한 게 있으면 누구 줘도 되고 아니면 팔아도 됩니다.

냉장고는 그럴 수 없습니다. 신선이 생명인데, 뭐가 있는지 놀라서 또 사면 그건 그냥 낭비입니다. 많이 저장하는 것보다도 중요한 건 뭐가 얼마나 많이 저장되어 있는지 보이느냐입니다. 투명한 유리문이 들어간 모델로 선택하세요. 불필요한 식자재만 더 구입하지 않아도 식비로 쓰는 돈 줄이실 수 있습니다.

◇ 구멍이 큰 그물로는 고능어는 잡겠지만 멸치까지 잡지는 못합니다. 그러니 촘촘한 그물을 던져야 멸치도 잡을 수 있겠죠?
TV의 화소도 마찬가지입니다. 기존 모델에 비해 네 배 더 촘촘해진 화소를 자랑합니다. 즉 네 배 더 촘촘한 그물이라고 생각하면 됩니다. 여배우의 머리카락 한 올 한 올까지, 아주 작은 빛과 색의 차이도 싹 잡아내어 고객님의 눈을 호강시켜 드릴 겁니다.

◇ 시골에서 보는 별과 도심에서 보는 별이 달라 보이는 이유 아시죠? 물론 하늘에 떠 있는 별이 다른 건 아닙니다. 다만 주변이 까맣게 어두우면 어두울수록 더 선명하게 보이는 것입니다.
같은 도로도 새까만 아스팔트가 깔린 도로에선 흰색 차선이 선명하게 보이듯이 제품은 현존하는 가장 까만 패널을 채택한 TV입니다. 그래서 보시듯이 색상의 깊이가 느껴지고, 제대로 표현할 수 있는 색상의 범위가 넓습니다. 좀 더 선명하게 시청하실 수 있습니다.

◇ 중학교 3년, 고등학교 3년, 대학 4년간 10년 내내 전교 1등 한 번 놓치지 않은 아이가 있습니다. 이 녀석이야말로 소위 말하는 엄친아(엄마친구아들)죠? 저희 브랜드가 그렇습니다. 즐겨 보는 프로그램인 '복면가왕'도 하물며 10주 이상 가는 건 기적이라고들 합니다.
저희 브랜드는 10년 연속 세계 판매 1위를 차지했습니다. 천만 관객을 동원하는 영화에는 그만한 이유가 있듯이, 전 세계적으로 많은 사랑을 받은 데에도 그만한 이유가 있습니다. 더 이상 힘들게 고민하지 마시고 저희 브랜드로 선택하시길 추천합니다.

방문 판매

화장품: 화장품은 다른 상품군에 비해 오감을 자극할 수 있는 생생한 표현이 세일즈 화법의 핵심이다. 현상에 안주하려는 고객이 상품을 통해 누릴 수 있는 가치를 상상할 수 있게끔 만들면 판매는 쉬워진다. 다양한 '감각어'를 충분히 동원해 세일즈 화법을 구사해야 한다.

◇ 예쁜 여성분들이 더 외로운 거 아시죠? 주변에 연락 와서 만나자는 남자는 많은데, 정작 확실하게 내 남자로 잡아 둔 사람은 하나도 없고. 그래서 외롭다나?(웃음)

피부와 수분의 관계도 마찬가지입니다. 어차피 피부에서 한 번에 받아들일 수 있는 수분의 양은 한계가 있어요. 따라서 피부에 들어온 수분을 얼마나 오래 콱 잡아 두느냐가 수분 관리의 핵심입니다. 저희 브랜드 대표적 수분 감금 크림입니다. 별명이 7시 크림(오전 7시~저녁 7시까지 지속)이에요.

◇ 마른 한지와 젖은 한지 중, 먹물을 떨어뜨렸을 때 더 넓게 퍼지는 건 어떤 걸까요? 당연히 약간이라도 젖어 있는 한지에서 먹물이 더 넓게 퍼질 겁니다.

피부도 마찬가지입니다. 아무리 좋은 제품을 바른다 하셔도 피부가 바싹 말라 있어서 그 좋은 성분이 넓게 퍼지지 못한다면? 그건 쓰나 마나입니다. 좋은 제품 쓰기 전에 먼저 하셔야 될 건, 보습입니다. 피부가 좋은 성분을 받아들일 준비, 수분 크림으로 시작해 주세요.

◇ 제일 씻기 어려운 과일이 포도라고 하잖아요? 알알이 하나씩 다 씻어 내기는 너무 귀찮다 보니 안전한 과일 전용 세제에 폭 담갔다가 깨끗하게 드시잖아요. 고작 30알 정도밖에 안 되는 포도도 특별한 방법으로 씻어내면서 2만 개나 되는 모공은 왜 아직도 예전 방법으로 클렌징하세요? 2만 개의 모공도 특별한 제품과 함께하다면 더 깨끗하게 관리하실 수 있습니다.

◇ 팩 하실 땐, 가만히 앉아 계시면 안 됩니다. 가만히 '누워' 계셔야 해요. 피부 탄력 위해 팩하는 거잖아요. 근데 앉거나 서 있으면 오히려 시트의 무게 때문에 피부가 처질 수 있습니다. 누워서 20분 이내로 해 주시는 게 제일 좋아요. 그렇다고 매번 누워 있을 수 없다면 가벼운 시트로 선택하세요.
가볍게 사악 밀착되는 마스크입니다. 별명이 '깃털 마스크'이에요. 마스크를 얼굴에 올리고 패디 큐어를 해도 문제 없답니다.

◇ 검은색 즐겨 입는 분들이 '생얼 미인'이라는 이야기 들어 보셨죠? 검은색을 즐겨 입는다는 건, 적어도 비듬 고민에서는 자유롭다는 뜻이죠. 비듬이 없다는 건? 그만큼 두피가 건강하다는 뜻이고요. 사실 두피도 화장만 안 했지, 얼굴 피부랑 같거든요.
매일 관리하는 얼굴이야 푸석함을 그다지 못 느낄 수도 있습니다. 하지만 여름 다가오면서 두피가 간질간질하다고 느끼신다면 건조 예보입니다. 두피 각질은 사각사각 긁어 내는 게 아니라 미리 예방하는 겁니다.

◇ 코트랑 블라우스. 어떤 걸 입고 비 맞는 게 더 섹시해 보일까요? 당연히 얇은 블라우스겠죠. 원단이 얇으니까 젖으면 몸의 굴곡을 따라 밀착되죠. 음식 양념도 대충 슥슥 바르는 거랑, 구석구석 꼼꼼히 바르는 거랑은 맛이 다르죠.
얼굴에 붙이는 마스크 시트도 마찬가지입니다. 아무리 좋은 성분을 머금었다 한들, 얼굴 구석구석 심지어 땀구멍까지 쫙 밀착되지 않으면 안 돼요. 그래서 시트의 원단도 따져 보셔야 합니다. 초박형 바이오세룰로오스 원단으로 만든 마스크 시트입니다.

건강 기능 식품: 식품이라 해도 건강 기능 식품군은 또 다르다. 먼 미래를 내다보며 투자하는 상품이라 할 수 있다. 따라서 '건강'의 중요성을 고객이 스스로 인식할 수 있게끔 '가족' 그리고 '투자'의 가치를 충분히 전달하는 것이 이 세일즈 화법의 핵심이다.

◇ 인체에도 병목현상이 생길 수 있다는 이야기 들어 보셨어요? 혈관도 마찬가지입니다. 서구화된 식습관으로 인해 포화지방산을 많이 섭취하게 되면 혈관에 지방으로 쌓이게 됩니다. 그렇다보니 혈관에도 피가 잘 흐르지 못하는 병목현상이 발생된다는 거죠.

하수구에 낀 머리카락 한 올도 얼른 제거하지 않으면 언젠가 막히고, 계속 막히다 보면 터져 버리죠? 더 늦기 전에 드셔야 합니다. 혈행 개선만 잘 이루어져도 생기 넘치는 인생을 보낼 수 있습니다.

◇ 성인 몸의 뼈는 과연 몇 개나 될까요? 무려 206개라고 합니다. 엄청나게 많죠? 이 뼈들을 잘 연결해서 제 역할을 하게 만드는 게 바로 관절입니다. 아무리 고급 차도 기름칠이 잘 안 되면 제대로 굴러가지 않죠? 몸도 마찬가지입니다. 눈에 보이지는 않지만 수많은 관절에도 기름칠이 필요합니다.

한번 망가진 관절은 다시 되돌리기 어렵다는 사실 아시죠? 더 늦기 전에 기름칠해 주세요. 100세 시대입니다. 앞으로 50년은 더 써야 될 관절입니다. 관절 건강에 도움 드릴 수 있는 게 바로 저희 상품입니다.

◇ 요즘 태어나는 아이들이 부모들보다 속눈썹이 길게 태어난다는 이야기 들어 보셨나요? 미세먼지다 뭐다 해서 환경이 많이 변하다 보니 자연스레 진화(?)한 결과라고 하더라고요. 다이어트도 마찬가지입니다. 불규칙한 식사, 서구화된 음식, 과다한 칼로리 섭취, 활동량 저하 등 변화된 환경에선 그에 맞는 새로운 방법이 필요합니다.

예전에야 콜택시 불렀지, 요즘은 다들 카카오택시 이용하잖아요? 처음에 애플리케이션을 깔 때는 귀찮았지만 하고 나니 세상에 이렇게 편할 수가 없습니다. 다이어트도 새로운 방법으로 새롭게 시작해 보시는 건 어떨까요?

◇ 교사 주도 학습이 효과적일까요, 자기 주도 학습이 효과적일까요? 물론 단기적으로만 본다면 선생님께 강압적으로 혼나며 공부하면 성적이 반짝 오를 수

도 있겠죠. 하지만 끝내 한계를 보이게 될 겁니다.

다이어트도 마찬가지입니다. 강압적 방법(뱃살 꼬집고, 흔들고, 때리고, 굶고, 억지로 땀 빼고)에 의한 다이어트는 금세 한계를 보일 겁니다. 내 몸이 주도적으로 관리될 수 있도록 계기만 마련해 주면 그게 최고의 방법입니다.(체지방 감소에 도움을 주는 기능성분 언급) 다이어트도 이젠 내 몸이 주도적으로 할 수 있게끔 고객님께 딱 맞는 방법으로 시작해 보시죠.

교육: 교육 상품군 역시 가족(자녀)을 위한 투자임을 강조해야 한다. 다만 현재 눈에 보이지는 않는 상품이기에 고객이 현재 상황에서 인식할 수 있는 비유 거리들을 충분히 고민하여 전달하는 것이 이 세일즈 화법의 핵심이다.

◇ 제주행 비행기는 연료를 언제 가장 많이 쓸까요? 이륙하는 고작 몇 분 동안에 전체 연료의 30퍼센트 이상을 쓴답니다. 이륙할 때 충분히 써 줘야 제대로 고도에 진입해서 주욱 날아간다고 합니다. 자녀 교육도 마찬가지입니다. 부담되실 수도 있지만 이 시기에 충분히 투자해 주셔야 정상 궤도에 진입합니다. 자녀분이 안정적으로 멀리 멀리 날 수 있기를 원하신다면, 더 늦기 전에 시작하셔야 합니다. 자녀분 손에 쥐어 주는 장난감 쪼가리보다도 훨씬 의미 있는 투자입니다.

◇ 자녀를 위한 최고의 유산 두 가지 아시죠? 요즘 같은 불확실한 경제 상황 속에서, 자녀에게 물려줄 수 있는 최고의 유산은 두 가지라고 합니다. 바로 '금'과 '언어' 입니다. 둘 다 시간이 지나도 그 가치가 변하지 않는 것들입니다. '금'은 지금 당장 물려줄 수 없을지언정, '언어' 만큼은 지금 당장 작은 관심으로 물려줄 수 있지 않을까요?

결혼에도 때가 있듯이, 언어 학습에도 때가 있습니다. 언제일까요? 바로 지금입니다.

◇ 학습에도 골든타임이 있다는 거 아세요? 연구에 따르면, 무엇을 배우든 '10 분'이 지나면 망각이 시작됩니다. 결국 핵심은 '반복' 입니다. 이 프로그램은 10분, 하루, 한 주, 한 달 단위로 반복하게 해 까먹지 않게 만듭니다.

공중에 띄워 올린 풍선은 땅에 떨어지지 않게끔 툭툭 쳐 올려줘야 하듯, 검증된 반복 학습으로 한 날 뒤에도 고스란히 기억하게 만듭니다.

◇ 명품 가방 하면 어느 나라 떠오르세요? 보통 이태리나 프랑스 생각하실 겁니다. 같은 가죽도 동남아에서 만들면 그냥 가방이 됩니다만, 이태리나 프랑스에 갔다 오면 명품 가방으로 탄생됩니다. 언어 교육도 마찬가지입니다. 다른 곳에서도 교육 시키실 수 있지만, 제대로 된 곳에서 명품 실력이 탄생되는 것 아니겠습니까?

30년 넘게 오로지 외국어 교육의 한 우물만 판, 최고의 교육 그룹입니다. 저희와 함께 하실 이유는 충분합니다.

🩺 기타 전문 분야

법조계 및 의료계 등 전문 분야 그리고 영업 관리직군의 경우, 상품에 대한 세일즈 화법만으로 원하는 성과를 올리기에는 한계가 있다. 이때 승패를 결정짓는 포인트는 고객(클라이언트)의 다양한 반박에 설득력 있는 반론을 펼치는 것이다. 앞에서 언급한 화법 스킬을 적절하게 활용하되, 특히 '비유'를 적절하게 활용해 상대가 이해하고 납득할 수 있게 반론을 펼치는 것이 화법의 핵심이다.

◇ "그냥 대충 빨리 빨리 처리해 주세요. 절차가 뭐 이리도 복잡한지…. 저 바빠요. 내가 왜 이렇게 굳이 시간을 내야 되는 건가요. 시간이 아깝다는 생각이 듭니다."

번거롭게 해 드리는 것 같아 너무 죄송합니다. 근데 모든 일이 그렇지만 지키면 좋은 순서(절차)가 있습니다. 처음엔 좀 귀찮지만 이것만 잘 지켜줘도 나중엔 그게 더 이득이더라고요. 피부 화장을 먼저하고 색조 화장을 해야지, 색조 해놓고 파운데이션 바르면 화장 망치는 겁니다. 조금 번거롭겠지만 시간 내 주세요. 최대한 도움이 될 수 있는 방향으로 확인해 드리고 싶습니다.

◇ "그래도 주변에 다른 사람들 이야기 들어보니까, 이렇게 대충 처리해 버리면 안 된다던데요? 난 잘 모르겠지만, 남들이 그러더라고요."
→ 무작정 이렇게 처리해야 된다고 강요하고 싶지 않습니다. 다만 남들의 의견도 중요하지만 이해당사자인 고객님이 직접 판단하는 게 맞는 것 아닐까요? 음식점도 그렇고, 옷도 그렇죠. 내가 먹어보고 입어봐야 제대로 판단할 수 있습니다. 남들이야 큰 평수의 집이 보기 좋다고 입을 모아 이야기합니다만, 부부 둘만 사는데 방 많아봐야 청소만 힘듭니다. 제일 중요한 건 고객님의 생각입니다. 현명하게 판단할 수 있게 어렵다 느끼는 부분들 다시 한 번 설명해도 괜찮을까요?

◇ "뭐 틀린 말씀은 아닌지라 이렇게 처리해야 될 것 같기는 한데…. 그래도 고민되고, 속도 상해요."(망설이는 중)
→ 지금은 고민되겠지만, 지나고 나면 '그래도 빨리 잘 해결했다'라고 생각이 들 겁니다. 예방주사도 그렇고, 다이어트도 그렇고, 금연도 그렇고 결심하는 순간엔 물론 고통스럽습니다. 하지만 주사 맞고, 다이어트하고, 금연하고 나면 얼마 안 지나 참 잘했다 생각하잖아요? 제 입장에선 최선을 다해 특별히 신경 썼습니다. 홀홀 털어버리시고 다시 일상생활에 전념하셨으면 좋겠습니다. 더 묵혀 두면 더 불편해질 것 같아 걱정됩니다. 고객님이 제 부모님(기타 가족 등)이라면 하루 빨리 해결하라고 조언 드렸을 겁니다.

◇ "세금계산서 안 받고 당신네 회사와 거래 가능합니까?"(상대의 무리한 요구)
→ 아, 물론 가능합니다. 고객님. 대신 다음 달에 저 잘려서 요 앞에서 붕어빵

팔면 되니까 시원하게 해 드리겠습니다.(하하)

작년에도 그런 경우가 있었는데요, 그 사장님도 피해는 피해대로 보고 저희도 벌금 맞았습니다.(근거 제시) 사고 안 나고 안전하게 오래 운전할 수 있는 방법 아시죠? 신호만 잘 지켜도 훨씬 더 안전하고 빠르게 갈 수 있습니다. 최소한의 기준이라고 생각해 주십시오. 못 해 드려 너무 죄송합니다.

* 그밖에 더 다양한 상황의 반론 응대에 대한 아이디어는 제3장에서 다룬 반론 세일즈 화법을 참고하라.